COURS
DE
LITTÉRATURE CELTIQUE

PAR

H. D'ARBOIS DE JUBAINVILLE

MEMBRE DE L'INSTITUT

—

TOME XII

—

PRINCIPAUX AUTEURS DE L'ANTIQUITÉ A CONSULTER
SUR L'HISTOIRE DES CELTES
DEPUIS LES TEMPS LES PLUS ANCIENS JUSQU'AU RÈGNE DE THÉODOSE Ier

PARIS
ANCIENNE LIBRAIRIE THORIN ET FILS
ALBERT FONTEMOING, ÉDITEUR
LIBRAIRE DES ÉCOLES FRANÇAISES D'ATHÈNES ET DE ROME
DU COLLÈGE DE FRANCE ET DE L'ÉCOLE NORMALE SUPÉRIEURE
4, Rue Le Goff, 4

Librairie A. FONTEMOING, 4, rue Le Goff, Paris.

VIENNENT DE PARAITRE :

MARC-AURÈLE
PENSÉES
TRADUCTION NOUVELLE
Par G. MICHAUT
Ancien élève de l'École normale supérieure, Professeur à l'Université de Fribourg (Suisse)
DEUXIÈME ÉDITION
Un volume in-16 écu . . . . 3 fr. 50

SERVICE DES MONUMENTS HISTORIQUES DE L'ALGÉRIE

LES
MONUMENTS ANTIQUES DE L'ALGÉRIE
Par Stéphane GSELL
Professeur à l'École supérieure des lettres et Directeur du Musée d'Alger
Ouvrage publié sous les auspices du Gouvernement général de l'Algérie

Deux forts volumes du format in-8° raisin, contenant 106 planches hors texte et 174 illustrations dans le texte. Prix . . . 40 fr.
Chaque volume se vend séparément . . . . 20 fr.
Cet ouvrage est complet en deux volumes

LA
CONSPIRATION DE CINQ-MARS
D'APRÈS DES DOCUMENTS INÉDITS
(1642)
Par LOUIS D'HAUCOUR
Sous-chef de bureau du Ministère de la Marine, en retraite, Chevalier de la Légion d'honneur

Un beau volume in-16 cartonné . . . . . 1 fr. 50

CLERMONTOIS ET BEAUVAISIS
NOTES D'HISTOIRE ET DE LITTÉRATURE LOCALES
Par A. PINVERT
Avocat à la Cour d'appel

Un beau volume grand in-8° . . . . 6 fr.

OUVRAGES DE M. H. D'ARBOIS DE JUBAINVILLE

EN VENTE

A la librairie ALBERT FONTEMOING, 4, rue Le Goff, à Paris

COURS DE LITTÉRATURE CELTIQUE. Tome I-XII. In-8°.
  Chaque volume se vend séparément : 8 fr.
  Tome I : Introduction à l'étude de la littérature celtique. 1883. 1 vol.
  — II : Le cycle mythologique irlandais et la mythologie celtique. 1884. 1 vol.
  — III, IV : Les Mabinogion (contes gallois), traduits en entier, pour la première fois, en français, avec un commentaire explicatif et des notes critiques, par J. Loth, professeur à la Faculté des lettres de Rennes. 1889. 2 vol.
    Ouvrage couronné par l'Académie française (prix Langlois).
  — V : L'Epopée celtique en Irlande, avec la collaboration de MM. Georges Dottin, maître de conférences à la Faculté des lettres de Dijon; Maurice Grammont, agrégé de l'Université; Louis Duvau, maître de conférences à l'Ecole des Hautes-Etudes; Ferdinand Loth, ancien élève de l'Ecole des Chartes. 1892. T. Ier, 1 vol.
  — VI : La civilisation des Celtes et celle de l'épopée homérique. 1 vol.
  — VII, VIII : Etudes sur le droit celtique. 2 vol.
  — IX, X, XI : La Métrique galloise, depuis les plus anciens textes jusqu'à nos jours, par J. Loth, doyen de la Faculté des lettres de l'Université de Rennes, correspondant de l'Institut. 1900-1902. 3 vol. (Le 3° est sous presse.)
  — XII : Principaux auteurs de l'antiquité à consulter sur l'histoire des Celtes. 1902. 1 vol.

LES PREMIERS HABITANTS DE L'EUROPE, d'après les écrivains de l'antiquité et les travaux des linguistes. *Seconde édition*, corrigée et considérablement augmentée par l'auteur, avec la collaboration de M. G. Dottin, secrétaire de la rédaction de la *Revue celtique*. 2 vol. grand in-8° raisin.
  Tome I : 1° Peuples étrangers à la race indo-européenne (habitants des cavernes, Ibères, Pélasges, Etrusques, Phéniciens) ; — 2° Indo-Européens. (Scythes, Thraces, Illyriens, Ligures.) 1889. 1 vol.   10 »
  — II : Les Hellènes, les Italiotes, les Gaulois. 1892. 1 vol.   12 »

ESSAI D'UN CATALOGUE DE LA LITTÉRATURE ÉPIQUE DE L'IRLANDE, précédé d'une étude sur les manuscrits en langue irlandaise conservés dans les Iles Britanniques et sur le continent. 1883. 1 vol. in-8°.   12 »

RECHERCHES SUR L'ORIGINE DE LA PROPRIÉTÉ FONCIÈRE et des noms de lieux habités en France (période celtique et période romaine). Avec la collaboration de M. G. Dottin. 1891. 1 fort. vol. gr. in-8° raisin, avec Tables.   16 »

HISTOIRE DES DUCS ET DES COMTES DE CHAMPAGNE, avec la collaboration de M. L. Pigeotte. 1859-1869. 6 tomes en 7 volumes in-8°. (*Epuisé.*) 70 »

CATALOGUE D'ACTES DES COMTES DE BRIENNE (950-1350). 1872. Gr. in-8°, 48 pages.   3 50

INVENTAIRE SOMMAIRE DES ARCHIVES COMMUNALES ANTÉRIEURES A 1790.
  VILLE DE BAR-SUR-SEINE. Grand in-4°.   5

I

La librairie FONTEMOING est en mesure de procurer à sa clientèle les ouvrages suivants de M. d'Arbois de Jubainville :

RÉPERTOIRE ARCHÉOLOGIQUE DU DÉPARTEMENT DE L'AUBE, publié par ordre du ministre de l'Instruction publique. 1861, in-4°, 146 pages.

L'ADMINISTRATION DES INTENDANTS, d'après les archives de l'Aube. 1880, in-8°, xviii-231 pages.

ÉTUDES GRAMMATICALES SUR LES LANGUES CELTIQUES, par MM. d'Arbois de Jubainville et Emile Ernault. Deux volumes in-8°, dont le second, xxviii-833 pages, 1895-1896, contient un glossaire du breton moyen, par M. E. Ernault.

LES NOMS GAULOIS CHEZ CÉSAR ET HIRTIUS, *De bello gallico*. Première série : Les composés dont *rix* est le dernier terme, par M. d'Arbois de Jubainville, avec la collaboration de MM. E. Ernault et G. Dottin. 1891, in-12, xv-259 pages.

DEUX MANIÈRES D'ÉCRIRE L'HISTOIRE. Critique de Bossuet, d'Augustin Thierry et de Fustel de Coulanges. 1896, in-12, xxvii-277 pages.

ÉTUDES SUR LA LANGUE DES FRANCS A L'ÉPOQUE MÉROVINGIENNE. 1900, in-8°, xi-232-110 pages.

INVENTAIRE SOMMAIRE DES ARCHIVES DÉPARTEMENTALES ANTÉRIEURES A 1790, AUBE, archives ecclésiastiques, série G. Deux volumes in-4°, l'un publié en 1873, lxviii-489 pages, l'autre achevé par M. Francisque André en 1896, xxviii-479 pages. Le volume des archives civiles, 1864, in-4°, 85-355-35 pages, est épuisé.

La **REVUE CELTIQUE**, fondée par M. Gaidoz et dirigée, à partir du tome VII, par M. d'Arbois de Jubainville, avec le concours de MM. J. Loth, E. Ernault, G. Dottin, L. Duvau, Whitley Stokes, E. Windisch, Kuno Meyer, etc., atteint en ce moment son tome XXII.

La même librairie fournira, après un délai suffisant pour la recherche, les ouvrages du même auteur qui ne se trouvent plus en librairie, savoir :

RECHERCHES SUR LA MINORITÉ EN DROIT FÉODAL FRANÇAIS, extrait de la *Bibliothèque de l'Ecole des Chartes*. 1852, in-8°, 81 pages.

POUILLÉ DU DIOCÈSE DE TROYES. 1853, in-8°, 318 pages.

VOYAGE PALÉOGRAPHIQUE DANS LE DÉPARTEMENT DE L'AUBE. 1855, in-8°, 356 pages.

ÉTUDES SUR L'ÉTAT INTÉRIEUR DES ABBAYES CISTERCIENNES, ET PRINCIPALEMENT DE CLAIRVAUX AU XII° ET AU XIII° SIÈCLE, avec la collaboration de M. L. Pigeotte. 1858, in-8°, xviii-489 pages.

HISTOIRE DE BAR-SUR-AUBE SOUS LES COMTES DE CHAMPAGNE, avec la collaboration de M. L. Pigeotte. 1859, in-8°, 164 pages.

LA DÉCLINAISON LATINE EN GAULE A L'ÉPOQUE MÉROVINGIENNE. 1872, in-8°, 162 pages.

COURS
DE
LITTÉRATURE CELTIQUE

XII

TOULOUSE. — IMP. A. CHAUVIN ET FILS, RUE DES SALENQUES, 28.

COURS

DE

LITTÉRATURE CELTIQUE

PAR

H. D'ARBOIS DE JUBAINVILLE

MEMBRE DE L'INSTITUT

TOME XII

PARIS

ANCIENNE LIBRAIRIE THORIN ET FILS

ALBERT FONTEMOING, ÉDITEUR

LIBRAIRE DES ÉCOLES FRANÇAISES D'ATHÈNES ET DE ROME
DU COLLÈGE DE FRANCE ET DE L'ÉCOLE NORMALE SUPÉRIEURE

4, Rue Le Goff, 4

1902

PRINCIPAUX AUTEURS DE L'ANTIQUITÉ

A CONSULTER

SUR L'HISTOIRE DES CELTES

DEPUIS LES TEMPS LES PLUS ANCIENS

JUSQU'AU RÈGNE DE THÉODOSE Ier

ESSAI CHRONOLOGIQUE

PAR

H. D'ARBOIS DE JUBAINVILLE

MEMBRE DE L'INSTITUT
PROFESSEUR AU COLLÈGE DE FRANCE

PARIS

ANCIENNE LIBRAIRIE THORIN ET FILS

ALBERT FONTEMOING, ÉDITEUR

LIBRAIRE DES ÉCOLES FRANÇAISES D'ATHÈNES ET DE ROME
DU COLLÈGE DE FRANCE ET DE L'ÉCOLE NORMALE SUPÉRIEURE

4, Rue Le Goff, 4

1902

INTRODUCTION

De l'année 1738 date le tome premier de la vaste publication commencée par D. Bouquet : *Rerum gallicarum et francicarum scriptores*, « Re- » cueil des historiens des Gaules et de la France. » Ce tome premier contient, dit le titre, « tout ce » qui a été fait par les Gaulois et qui s'est passé » dans les Gaules avant l'arrivée des François, et » plusieurs autres choses qui regardent les Fran- » çois depuis leur origine jusqu'à Clovis. » Au lieu de « les François », on dit aujourd'hui les Francs. Ce volume est depuis longtemps épuisé. Une réimpression, publiée par la maison Palmé, a paru sous la direction de M. Léopold Delisle.

D. Bouquet a réparti les auteurs en trois séries : 1° les géographes, p. 1-146 ; 2° les historiens,

p. 147-650, 821-822 ; 3° les auteurs divers : philosophes, orateurs, poètes, etc., qui ne rentrent ni dans la première ni dans la seconde série, p. 651-821. Ce plan a été suivi par Edmond Cougny dans ses Γαλλικῶν συγγραφεῖς ἑλληνικοί, « Extraits des auteurs grecs concernant la géo- » graphie et l'histoire des Gaules, » 1878-1892. Dans le tome Ier, on trouve les géographes ; les historiens, parmi lesquels l'auteur a placé Pausanias, occupent les tomes II, III, IV et V ; le tome VI renferme les auteurs qui ne sont ni géographes ni historiens.

Le même plan a été observé dans les *Ex scriptoribus graecis atque latinis excerpta de Britannia*, qui occupent les pages i-cv des MONUMENTA HISTORICA BRITANNICA *or Materials for the History of the Britons from the earliest Period*, par Henry Petrie et Thomas Duffus Hardy. On trouve les géographes aux pages i-xxvi, les historiens aux pages xxvii-lxxxvii, les auteurs divers, poètes, orateurs, etc., aux pages lxxxvii-ciii. Un supplément aux deux premières catégories remplit les pages ciii-cv. Ce volume date de 1848.

D. Bouquet a cherché à placer, dans chacun de ses trois chapitres, les textes dans l'ordre chronologique en prenant pour base la date approximative de la rédaction. Mais il n'y a pas toujours parfaitement réussi ; c'est ainsi qu'il met à la page 96 le périple dit *de Scylax*, quatrième siècle avant J.-C.; chez lui, ce périple est précédé (p. 90) par Denys le Périégète, qui écrivait au deuxième siècle après notre ère.

L'ordre chronologique suivi par Cougny est encore moins bon. Cougny commence par Denys le Périégète, qui vivait, comme nous venons de le dire, au deuxième siècle de notre ère, ou, avec plus de précision, sous Hadrien (117-138 après J.-C.). Suivent : deux auteurs du moyen âge, Eustathe, douzième siècle; Nicéphore le Blemmide, treizième siècle; puis : le soi-disant Scymnus de Chio, dont le périple remonte à l'an 100 avant J.-C.; Strabon, qui écrivait sous Tibère (14-37 après J.-C.); Arrien de Nicomédie, 95-175 après J.-C.; le géographe Ptolémée, deuxième siècle de notre ère, et, après Ptolémée, le périple dit *de Scylax*, remontant au quatrième siècle avant J.-C., et qui, prétend une note de Cougny (t. I, p. 311), daterait du troisième ou quatrième siècle après J.-C. (?). Ce point d'interrogation est de Cougny, et Cougny a rarement écrit quelque chose de plus savant que ce point d'interrogation; mais je ne puis m'empêcher de prendre en pitié les braves gens qui, ayant acheté et lu le livre de Cougny, croient avoir trouvé, dans la description donnée par le soi-disant *Scylax* des côtes méridionales de la France, l'état de cette région au temps de Dioclétien, 284-305 de notre ère. Excellentes gens! mais pauvres gens!

Au système adopté dans les trois ouvrages dont nous venons de parler, on doit, suivant nous, préférer celui qu'a suivi J.-A. Giles dans son volume intitulé : *Historical Documents concerning the ancient Britons*, Londres, 1847. Ce livre est aujourd'hui fort arriéré. Ainsi l'auteur débute par un fragment des *orphiques*, qu'il attribue au sixième siècle avant J.-C., tandis que le poème dont ce morceau est extrait est postérieur d'environ neuf cents ans et date de la seconde moitié du quatrième siècle après J.-C. Mais l'ordre adopté par Giles est beaucoup plus rationnel que l'ordre choisi par D. Bouquet, Petrie et Cougny. Pour étudier une époque de l'histoire, il est bien plus commode de trouver réunis immédiatement les uns à la suite des autres les textes de même date que d'aller les chercher dans trois chapitres différents, suivant que les auteurs auront été rangés dans la catégorie des géographes, dans celle des historiens ou dans celle des écrivains qui ne sont ni géographes ni historiens. Ces trois catégories d'écrivains peuvent également donner des renseignements importants, qu'il s'agisse d'histoire ou de géographie.

Enfin il y a chez Giles un grand défaut qu'il partage avec D. Bouquet, Petrie et Cougny. En 1870 a paru le livre intitulé : *Historicorum romanorum relliquiae, volumen prius*, par Hermann Peter. En 1874, MM. C. et Th. Müller ont commencé la publication des *Fragmenta historicorum graecorum*. Ni D. Bouquet, ni Petrie, ni Giles n'ont pu connaître ces savantes publications, et Cougny n'en a pas saisi l'idée fondamentale : des ouvrages relativement récents, qui subsistent, extraire les fragments d'auteurs perdus et les mettre autant que possible à leur date. Exemple : Hécatée de Milet a écrit vers la fin du sixième siècle avant J.-C. Il avait composé un traité de géographie qui est perdu; MM. Müller en ont réuni les fragments dans l'ouvrage précité, p. 1-30. Pour trouver chez D. Bouquet et Cougny les fragments de cet auteur qui concernent la Gaule, il faut les aller chercher dans l'abrégé, fait par Hermolaos au sixième siècle après J.-C., d'un dictionnaire géographique compilé après l'an 400 de notre ère par Etienne de Byzance (D. Bouquet, t. I, p. 116 et suivantes; Cougny, t. I, p. 366 et suivantes). C'est peu commode.

J'ai donc, dans ce volume-ci, observé, autant que j'ai pu, l'ordre chronologique des auteurs en mettant à leur date ceux dont les œuvres n'existent plus et dont on ne connaît que les quelques passages cités par des écrivains postérieurs.

Comme tous mes livres, ce livre-ci, cours professé au Collège de France pendant l'année scolaire 1900-1901, a été composé trop rapidement; les critiques y relèveront beaucoup de défauts (1). Toute mon ambition est qu'il soit refait un jour par un érudit plus compétent et plus patient que moi. J'espère que cet érudit paraîtra bientôt.

Ce que je lui souhaite avant tout, c'est d'éviter l'écueil contre lequel, pendant près d'un siècle, sont venus se heurter, sauf quelques glo-

(1) On me reprochera, par exemple, de n'avoir cité d'autres éditions que celles que j'ai dans ma bibliothèque, tandis que souvent il en existe de plus récentes et de meilleures. On aura raison. J'ai le malheur de ne pouvoir travailler qu'avec mes livres et je ne suis pas assez riche pour tout acheter.

rieuses exceptions, tant d'érudits français. Le dix-septième siècle et le commencement du dix-huitième, dans lesquels ont vécu Mabillon, Tillemont et D. Bouquet, a été pour l'érudition française une période de triomphe. Puis la plupart des érudits français ont vécu de traditions, c'est-à-dire de routine, d'un mélange de mémoire et de paresse, sans voir les progrès merveilleux des étrangers.

Quand nous avons été vaincus dans les champs de bataille, en 1870, il y avait longtemps que nous l'étions dans le champ de la littérature érudite. J'entends souvent dire : « M. d'Arbois dit ceci, M. d'Arbois dit cela. » La plupart du temps, les doctrines auxquelles on prétend donner mon nom ont été empruntées par moi à nos voisins de l'Est et du Nord ; ceux qui ne le savent pas n'ont pas lu les notes de mes livres et ignorent ce qui s'écrit hors de France.

NOTA

Nous n'avons rien dit d'Aristodème de Nysée et de Parthenios de Nicée, qui ont raconté les aventures du Gaulois Cavara, de sa prisonnière et du mari de celle-ci. Il est douteux que dans leur récit il y ait rien d'historique. On peut le lire dans les *Fragmenta historicorum graecorum*, t. III, p. 307, 308; dans l'édition des *Erotici scriptores* donnée chez Didot par G. A. Hirschig, en 1856, p. 8-9, et dans celle qui a paru chez Teubner, en 1858-1859, par les soins de Rudolf Hercher, t. I, p. 11.

Il n'y a pas plus de valeur historique dans la légende d'Atepomaros rapportée, d'après Aristide de Milet, par Plutarque, *Moralia*, Parallèles 30, édition Didot, t. I, p. 384-385; cf. *Fragmenta historicorum graecorum*, t. IV p. 320.

PRINCIPAUX AUTEURS DE L'ANTIQUITÉ

A CONSULTER

SUR L'HISTOIRE DES CELTES

PREMIÈRE LEÇON.

7 décembre 1900.

§ 1er.

Il n'y a pas une manière unique de commencer une histoire de France et de faire les premières recherches nécessaires à celui qui veut réunir les matériaux de cette histoire. Il y a au moins deux façons de procéder. En voici une :

Pour préparer les premiers chapitres d'une histoire de France, on peut consulter les travaux que les géologues ont consacrés aux plus anciennes révolutions du sol sur lequel nous habitons, aux végétaux que ce sol a d'abord produits, aux animaux qui l'ont les premiers foulé ; c'est déjà l'histoire de France, mais ce n'est pas encore l'histoire des Français.

On peut étudier ensuite les publications si nombreuses des anthropologistes et des archéologues sur les hommes qui, dans les mêmes régions, ont précédé les premiers documents écrits, sur les tombeaux où alors on enterrait les ancêtres, sur les armes et les instruments de toutes sortes dont ces hommes primitifs se sont servi, sur les animaux contemporains de ces hommes et avec lesquels ces hommes ont eu à combattre ou dont ils se sont nourris; c'est déjà, en un sens large, l'histoire des Français. Il est ainsi possible, si l'on veut, de faire remonter l'histoire des Français à dix mille ans et plus, comme je l'entendais dire à un savant archéologue; en tout cas, bien plus haut que les plus anciens documents écrits, puisque c'est à environ quatre mille cinq cents ans avant notre ère que remontent les plus vieux cylindres babyloniens, et qu'en Egypte, il n'y a pas de textes auxquels on puisse avec certitude attribuer une date antérieure à l'année 3500 environ avant Jésus-Christ.

Voilà une manière. Il y en a une autre. Les données que nous fournissent la géologie, l'anthropologie, l'archéologie antérieurement aux textes écrits sont bien maigres; elles ne nous apprennent rien de certain sur l'organisation de la famille et de la société, rien sur la langue, la religion, le droit des peuples primitifs. Le maître dans la famille était-il alors l'homme, c'est-à-dire le plus fort, ou la femme, c'est-à-dire la plus faible, comme certains érudits, un peu hardis, je crois, le supposent? Les hommes avaient-ils alors des rois? Comment concevaient-ils la notion de la propriété? A quelle date a-t-on commencé sur le sol de la France à parler une langue indo-européenne? Quand y a-t-on pour la première fois pensé que les âmes des hommes morts trouvaient chacune dans un autre monde un nouveau corps, vivant avec un double de tous les objets déposés près du cadavre dans le tombeau? Les premiers habitants de notre sol attribuaient-ils une âme et une personnalité divine à chacune des forces, à chacun des phénomènes naturels qui s'offraient à leurs regards? A ces questions, ni la géologie, ni l'anthropologie, ni l'archéologie ne peuvent donner une réponse certaine, et c'est pourtant dans l'étude des questions de cet ordre que se trouve le vrai sujet des préoccupations de l'historien. De la durée de la période glaciaire, de la forme des crânes, du mode de fabrication, des pots et des couteaux, on ne peut tirer aucune conséquence ni quant à la langue, ni quant à l'organisation familiale et politique, ni quant à la religion des peuples ; des usages funéraires, il est de même impossible de conclure une religion déterminée : Rome païenne est passée de l'inhumation à l'incinération sans changer de religion : l'incinération n'était autre chose qu'un moyen relativement moderne de mettre à l'abri des violateurs de sépulture les cadavres des gens riches et les objets précieux qui accompagnaient ces cadavres dans la fosse quand on employait le vieux procédé de l'inhumation.

§ 2

Si nous entendons l'histoire dans le sens vrai de ce mot, il n'y a pas d'histoire avant les documents écrits. Quand donc les Gaulois apparaissent-ils pour la première fois dans un document écrit?

Les premiers textes écrits qui puissent être cités, à titre d'hypothèse bien entendu, sont neuf passages de l'*Iliade* (1) où il est question de l'étain, sous le nom de κασσίτερος. On suppose, non sans vraisemblance, que ce mot est celtique. Or, on le lit aux chants XI, XVIII, XX, XXI, XXIII de l'*Iliade*. La cuirasse et le bouclier d'Agamemnon avaient tous deux des ornements d'étain (XI, 25, 34). Héphaistos se sert d'étain pour fabriquer les armes d'Achille (XVIII, 561), il emploie l'étain à décorer le bouclier de ce héros (XVIII, 565, 574), et des cinq lames métalliques dont ce bouclier est formé, deux sont d'étain (XX, 270, 271); les jam-

---

(1) Sur l'*Iliade*, voyez dans le *Handbuch* d'Iwan Müller, t. VII, 3ᵉ édition, l'ouvrage de M. Wilhelm Christ, *Geschichte der Griechischen Litteratur bis auf die Zeit Justinians* (1898), § 29, p. 42-44; Alfred et Maurice Croiset, *Histoire de la Littérature grecque*, 2ᵉ édition, t. I (1896), p. 187-204.

bières d'Achille sont en airain couvert d'étain (XXI, 592, cf. XVIII, 613). Lors des jeux célébrés aux funérailles de Patrocle, un des prix est une cuirasse enlevée par Achille à un guerrier vaincu, cette cuirasse est d'airain avec ornements d'étain (XXIII, 561) (1).

Dans tous ces passages, l'étain s'appelle κασσίτερος, et, comme l'a fait observer M. Salomon Reinach (2), ce mot paraît celtique : c'est un comparatif d'un thème *cassi-*, attesté par de nombreux textes gaulois où il apparaît comme nom de divinité, *dii Casses*, ou comme premier élément dans des noms d'hommes composés *Cassi-gnato-s*, *Cassimara*, etc. ; comme second élément dans des noms de peuples : *Bodio-casses*, *Vidu-casses*, etc. L'étain employé en Europe et dans tout le bassin de la Méditerranée pendant l'antiquité, paraît avoir été originaire de Grande-Bretagne et apporté dans le bassin de la Méditerranée par le commerce phénicien (3).

(1) Ebeling, *Lexicon homericum*, t. I, page 659. E. Buchholz, *Die homerischen Realien*, t. I, 2ᵉ partie (1873), pages 343-346 ; cet auteur préfère l'explication par le sanscrit ; cf. Prellwitz, *Etymologisches Wœrterbuch der griechischen Sprache* (1892), p. 140 ; et Schrader, *Reallexicon der Indogermanischen Altertumskunde*, t. II (1901), p. 993.

(2) *Revue archéologique*, 3ᵉ série, t. XX, p. 262 ; *Académie des Inscriptions et Belles-Lettres, Comptes rendus des séances*, 4ᵉ série, t. XX (1892), p. 154 ; cf. Holder, *Altceltischer Sprachschatz*, t. I, col. 824-834 (1893).

(3) Strabon, livre III, c. 5, § 11, édition donnée chez Didot par C. Müller et F. Dübner, p. 146.

§ 2. ILIADE.

Les auteurs de l'antiquité par lesquels nous l'apprenons, c'est-à-dire Strabon (1) et Diodore de Sicile (2), croient devoir distinguer des îles Britanniques les îles de l'étain, et attestent par là l'incapacité avec laquelle ils font usage de leurs sources qui dans leurs écrits ont seules une valeur : trouvant deux noms différents, Κασσιτέριδες et Βρεττανική, ils s'imaginent qu'il s'agit de deux pays distincts et ils ne comprennent pas que l'île Βρεττανική est une des Κασσιτέριδες.

Mais revenons à Κασσίτερος.

On a quelquefois donné aux métaux le nom du pays d'origine. Ainsi un nom du cuivre, en latin *cuprum*, en 301, dans un édit de Dioclétien (3), et quelques années après, chez Spartien, *Vie de Caracalla*, chap. IX, § 5 (4), est identique, sauf le le genre, au grec κύπρος, nom de l'île de Chypre, d'où venait une espèce de cuivre (Pline, l. XXXIV, § 2) (5), en latin classique chez Pline, l. XII, § 131,

---

(1) Strabon, *ibid.*, et l. II, c. 5, § 15, 30; l. III, c. 2, § 9; p. 99, 106, 122.

(2) Diodore de Sicile, l. V, c. 38, § 5, édition donnée chez Didot par C. Müller, p. 278.

(3) *Corpus inscriptionum latinarum*, t. III, p. 830, chap. VII, art. 25.

(4) *Scriptores historiae augustae*, édition donnée chez Teubner par Hermann Peter en 1865, t. I, p. 174, l. 7. Sur Spartien, voir Teuffel-Schwabe, *Geschichte der römischen Literatur*, 5ᵉ édition (1890), t. II, § 392, 4, 5; p. 989, 990.

(5) *C. Plini Secundi naturalis historiae libri XXXVII*, édition donnée chez Teubner par L. Jan, t. V (1860), p. 34, l. 6.

§ 2. ILIADE.

etc., *cyprium aes*; et de *cuprum* sont venus l'allemand *Kupfer*, l'anglais *copper*. *Cyprius*, mot classique a eu une variante populaire *cupreus, *copreus, d'où le français « cuivre. »

Bronze, nom d'un alliage de cuivre et d'étain, vient de *Brundusium*, ou *Brundisium*, nom de la ville de Brindisi, où cet alliage se fabriquait dans l'antiquité. Pline parle des miroirs faits à Brindisi avec un mélange de cuivre et d'étain et les appelle *specula brundisina* (l. XXXIII, § 130) (1).

De ce phénomène de sémantique, il y a un exemple grec : Eschyle, dans son *Prométhée*, vers 133, appelle l'acier χάλυψ, au génitif χάλυβος :

κτύπου γὰρ ἀχὼ χάλυβος (2) ;

« le bruit du grincement de l'acier. »

Et Sophocle s'exprime de même dans les *Trachiniennes*, aux vers 1260-1261 :

χάλυβος
λιθοκόλλητον στόμον παρέχουσ' (3);

« mettant à ma bouche un frein d'acier orné de pierres précieuses. »

Or Χάλυψ est le nom du peuple d'Asie-Mineure

---

(1) *Ibid.*, p. 27, l. 3.
(2) Guillaume Dindorf, *Poetarum scenicorum graecorum... fabulae superstites*, Teubner, 1869, 1re partie, p. 3; Eschyle, édition Didot, p. 4.
(3) G. Dindorf, *ibid.*, 2e partie, p. 102; édition Didot, p. 244.

§ 2. ILIADE.

qui fabriquait l'acier ; Eschyle, par exemple, dans son *Prométhée enchaîné*, vers 714 et 715, place non loin du Caucase la région où

σιδηροτέκτονες
οἰκοῦσι Χάλυβες (1)

Le nom grec κασσίτερος de l'étain peut de même avoir été un nom du pays d'où ce métal provenait, une épithète celtique des Iles Britanniques, désignées plus tard par le nom dérivé de Κασσιτέριδες (Hérodote, l. III, c. 115, § 1 (2); Diodore de Sicile, (l. V, c. 38, § 4) (3) ou Καττιτέριδες (Strabon, l. III, ch. 2, § 9; c. 5, § 11 (4); Ptolémée, l. II, c. 6, § 73) (5). Ce nom, d'origine celtique, aurait été porté chez les Grecs par les Phéniciens, dès l'époque homérique ; car ce sont les Phéniciens, qui au début des temps historiques, ont eu le monopole du commerce de l'étain dans le bassin de la Méditerranée. Voyez à ce sujet Strabon, l. III, c. 5, § 11 (6).

---

(1) G. Dindorf, *ibid.*, 1ʳᵉ partie, p. 8; édition Didot, p. 16.

(2) Edition donnée chez Didot par Guillaume Dindorf, p. 169, 43-45. Petrie et Thomas Duffus Hardy, *Monumenta historica britannica*, t. I, p. I.

(3) Edition donnée chez Didot par Charles Müller, t. I, p. 278, l 17-21.

(4) Edition donnée chez Didot par Charles Müller et F. Dübner, p. 122, l. 15-19 ; p. 145-146. Petrie et Thomas Duffus Hardy, *Monumenta historica britannica*, t. I, p. v.

(5) Edition donnée chez Didot par Charles Müller, t. I, p. 197, 7-8.

(6) Edition donnée chez Didot par C. Müller et F. Dübner,

§ 3. ODYSSÉE.   9

On peut donc conclure que, dès l'époque homérique, vers le neuvième siècle avant J.-C., un groupe celtique, les Goidels, était déjà établi dans les Iles Britanniques. Toutefois les Goidels, c'est-à-dire les Irlandais et leurs frères des *Highlands* en Ecosse et de l'île de Man, forment un groupe celtique qu'il faut distinguer des Gaulois, c'est-à-dire des Celtes, Κελτοί, de l'antiquité grecque.

§ 3.

Le fait que les Phéniciens allaient en Grande-Bretagne au neuvième siècle avant notre ère, et en ont apporté aux Grecs un nom d'origine probablement celtique, est fort curieux. Or dans l'*Odyssée* (1), un passage paraît attester la connaissance d'un des phénomènes les plus intéressants qu'on puisse observer dans les Iles Britanniques. Ce n'était pas en hiver, c'était en été que les Anciens, arrivant du bassin de la Méditerranée, ou d'un port de l'Espagne méridionale sur les bords de l'Océan, se risquaient à un long voyage, comme

---

p. 145-146. Publius Crassus, consul en l'an 657 de Rome, avant J.-C. 97, eut, comme proconsul, le gouvernement de l'Espagne méridionale, pendant les années de Rome 658-661, 96-93 avant J.-C.; il est le premier Romain qui ait pénétré dans les îles Cassitérides, lisez Britanniques; cf. Mommsen, *Römische Geschichte*, 6ᵉ édition, t. II, p. 208; Pauly, *Realencyclopaedie*, t. IV, p. 1063.

(1) Sur l'*Odyssée*, voyez Christ, § 30, p. 44-46; Croiset, t. I, p. 318-327.

celui des Iles Britanniques; or, ce qui les frappait surtout était la longueur des jours d'été dans cette région septentrionale. Pline l'Ancien (l. II, § 186) fait observer qu'en Grande-Bretagne il y a en été des journées de dix-sept heures, et même des nuits lumineuses, *lucidæ noctes*, tandis qu'en Italie quinze heures est le maximum de la durée du jour. Tacite (*Agricola*, 12) dit que, dans le nord de la Grande-Bretagne, il y a des jours où la nuit est claire, *nox clara*, et qu'alors, entre la fin d'une journée et le commencement de la suivante, il y a un intervalle très court : *ut finem atque initium lucis exiguo discrimine internoscas*.

Ces textes sont le commentaire d'un passage de l'*Odyssée*, chant X, vers 81-86. Il s'agit du pays des Lestrygons, « où le berger rentrant avec son troupeau, appelle un autre berger qui fait sortir le sien. En ces lieux, un pâtre qui ne dormirait point gagnerait deux salaires, l'un à garder les bœufs, l'autre à faire paître les moutons blancs, tant les chemins du jour sont proches des chemins de la nuit. »

ἐγγὺς γὰρ νυκτός τε καὶ ἤματός εἰσι κέλευθοι (1).

Ce pays des Lestrygons aux longues journées et

---

(1) *Odyssée*, chant X, vers 86, 9ᵉ édition Ameis, donnée chez Teubner en 1893 par C. Hentze, t. I, 2ᵉ partie, p. 100, 101, note. La doctrine exposée dans cette note est celle de Karl Müllenhoff, *Deutsche Altertumskunde*, t. I, 2ᵉ édition, donnée par Max Roediger en 1890, p. 5-8.

presque sans nuit, c'est la Grande-Bretagne, dont parlaient, semble-t-il, en l'appelant Κασσίτερος, les marchands phéniciens, en relation avec les Grecs; et c'était à l'époque reculée où ont été composés les poèmes homériques, vers le neuvième siècle avant J.-C.

§ 4.

Il semble donc y avoir eu des Celtes dans cette île à cette date si éloignée de nous; mais les Celtes n'avaient pas encore atteint les côtes de la Méditerranée. Encore au septième siècle, sur les côtes aujourd'hui françaises de cette mer, il n'y avait que des Ligures; un des trois grands peuples barbares et mal connus dont les Grecs savaient le nom, ainsi que le rapporte un vers attribué par Eratosthène à Hésiode, comme nous l'apprenons par Strabon : « les Ethiopiens et les Ligures et les Scythes qui traient les juments : »

Αἰθίοπάς τε Λίγυς τε ἰδὲ Σκύθας ἱππημολγούς (1).

Eratosthène écrivait au troisième siècle avant notre ère, à une date où les Celtes avaient pris dans le monde antique la plus grande partie de la

---

(1) Strabon, l. VII, c. 3, § 7; édit. Müller et Dübner, p. 249, l. 44; cf. l'édition d'Hésiode donnée chez Didot par F.-S. Lehrs, p. 62, fr. CXXXII; sur Hésiode, voyez Christ, § 63-73, p. 86-103; Croiset, t. I, p. 447-458.

place occupée jadis par les Ligures, mais, grâce à ce vers écrit probablement au septième siècle, il avait conservé le souvenir d'une époque antérieure où le nom des Celtes était inconnu des Grecs.

§ 5.

Pour trouver le nom des Celtes dans un texte grec, il n'y a rien à consulter avant les fragments d'Hécatée de Milet (1). Hécatée de Milet, Ἑκαταῖος ὁ λογοποιός, a vécu dans la seconde moitié du sixième siècle et dans la première moitié du cinquième. On peut mettre sa naissance vers 540 avant J.-C., sa mort vers 475. Ce qu'on sait de certain de sa vie politique, c'est qu'en 500, il conseilla à ses compatriotes de ne pas se révolter contre les Perses, que son opinion ne prévalut pas et qu'alors il insista pour que Milet fît en sorte d'être maîtresse de la mer (2), que plus tard son avis fut de fortifier l'île de Léros, pour s'y préparer un refuge dans le cas où il faudrait abandonner Milet aux Perses victorieux (3). En 494, il fut envoyé par ses compatriotes en ambassade près du Perse Ar-

---

(1) Sur Hécatée de Milet, voyez Christ, § 228, p. 323; Croiset, t. II, p. 550-557; C. et Th. Müller, *Fragmenta historicorum graecorum*, publiés chez Didot, t. I, p. I-XVI, 1-31.

(2) Hérodote, l. V, c. 36; édition donnée chez Didot par Guillaume Dindorf, p. 250.

(3) Hérodote, l. V, c. 125, édition, citée dans la note précédente, p. 277, l. 34-39.

§ 5. HÉCATÉE DE MILET.

taphernes, gouverneur de Sardes, chargé par le grand roi de la répression de la révolte (1).

Milet était ville carienne (2) d'Asie mineure, au temps où fut rédigé le catalogue des vaisseaux (3), qui est une des parties les plus récentes de l'*Iliade*. Ce fut ensuite une colonie ionienne, et une des plus importantes; son commerce s'étendait sur toutes les côtes de la Méditerranée et du Pont-Euxin. Elle eut des colonies nombreuses. Elle fut la patrie de Thalès qui, vers la fin du septième siècle, fonda la philosophie grecque, d'Anaximandre qui, dans la première moitié du sixième siècle, dessina la première carte de géographie (4). « Anaximandre de Milet, auditeur de Thalès, osa le premier, » dit le géographe grec Agathémère (5), « écrire sur une table, la terre habitée (6). » Hécatée, prenant pour ainsi dire la succession d'Anaximandre, dressa comme lui une carte géographique, πίναξ, dont nous n'avons aucun débris, mais il rédigea une sorte de voyage autour du monde, περιήγησις ou περίοδος γῆς qui semble avoir été un

---

(1) Diodore de Sicile, l. X, c. 25, § 2; éd. Didot, t. I, p. 349.

(2) *Iliade*, II, 867-868; édition donnée chez Teubner par C. Hentze, en 1894, t. I, p. 106.

(3) *Iliade*, II, 484-877; *ibidem*, p. 81-106.

(4) Sur Thalès et Anaximandre, voyez Christ, § 292, p. 411; Croiset, t. II, p. 493-496.

(5) Sur Agathémère, voyez Christ, § 596, p. 800; Croiset, t. V, p. 1024.

(6) « Πρῶτος ἐτόλμησε τὴν οἰκουμένην ἐν πίνακι γράψαι. » Müller, *Geographi graeci minores*, publiés chez Didot, t. II, p. 471.

exposé du contenu de la carte, et dont trois cent trente et un fragments nous ont été conservés. Cet ouvrage était divisé en deux livres, l'un avait pour objet l'Europe, l'autre l'Asie, dans laquelle l'auteur comprend l'Egypte et sous le nom de Lybie et d'Ethiopie le reste des parties de l'Afrique alors connues des Grecs.

Parmi les fragments relatifs à l'Europe, il y en a deux où le nom des Celtes apparaît : « Marseille, ville de la Ligurie, » τῆς Λιγυστικῆς, « près de la Celtique » κατὰ τὴν Κελτικήν; l'autre moins clair « Nyrax, ville celtique, » Νύραξ, πόλις κελτική (1). On ne peut dire avec certitude où était situé Nyrax. On a supposé qu'il s'agissait du Norique, région celtique au sud du Danube entre ce fleuve et l'Italie. La certitude manque. Quoi qu'il en soit, vers la fin du sixième, ou vers le commencement du cinquième siècle avant J.-C., le nom des Celtes apparait dans la littérature grecque, et Celtes, Κελτοί, est, dans les documents grecs les plus anciens, le terme ethnographique qui désigne les Gaulois. Cela ne peut être contesté, bien que les fragments d'Hécatée dont il s'agit, ne nous aient été conservés que par le byzantin Hermolaos. Hermolaos au sixième siècle après J.-C., abrégea le dictionnaire géogra-

---

(1) D. Bouquet, *Recueil des historiens des Gaules et de la France*, t. I, p. 116-117; Cougny, *Extraits des auteurs grecs concernant la géographie et l'histoire des Grecs*, t. I, p. 366-369; Charles et Théodore Müller, *Fragmenta historicorum graecorum*, publiés chez Didot, t. I, p. 2, fragments 21, 22.

phique composé vers la fin du cinquième siècle de notre ère par Etienne de Byzance (1). Mais c'est au commencement du cinquième siècle avant J.-C., au plus tard, que remontent les fragments d'Hécatée de Milet qu'Hermolaos nous a conservés, et le nom des Celtes, lisez Gaulois, s'y trouve inscrit à deux reprises. C'est la première fois que nous le rencontrons dans l'histoire.

(1) Christ, § 597, p. 801. Croiset, t. V, p. 1025.

DEUXIÈME LEÇON

14 Décembre 1900.

§ 6.

La carte géographique d'airain, χάλκεος πίναξ, qu'en 504 avant J.-C. Aristagoras, tyran de Milet, porta à Sparte, était probablement celle d'Hécatée; on y trouvait gravée toute la terre, toute la mer, et tous les fleuves : ἐν τῷ γῆς ἁπάσης περίοδος ἐτέτμητο, θαλασσά τε πᾶσα καὶ πόταμοι πάντες (Hérodote, l. V, c. 49, § 1) (1). Aristagoras fit remarquer à Cléomène, roi de Sparte, les noms et la situation des peuples orientaux jusqu'à Suse, capitale des Perses. Par les fragments 175 à 179 du livre d'Hécatée, nous voyons que plusieurs peuples de l'Inde figuraient dans sa carte; par conséquent Suse devait s'y trouver aussi (2). Les fragments 3 à 16 d'Héca-

---

(1) Edition donnée chez Didot par Guillaume Dindorf, p. 253, l. 23-25.

(2) Charles et Théodore Müller, *Fragmenta historicorum graecorum*, t. I, p. 12. Suse manque dans les fragments géographiques d'Hécatée, bien que trois villes des Perses et une île du golfe persique y soient nommées (fragments 180, 181, 182, 184).

tée (1) concernent la péninsule ibérique, Ἰηρία χεῤῥόνησος et donnent les noms de cinq peuples de ce pays, ces noms étaient évidemment aussi inscrits dans la carte. Dans la carte d'Hécatée, par conséquent, on voyait représentée la partie de terre et de mer qui, de l'est à l'ouest, s'étend de l'Inde à l'Espagne inclusivement. Au nord de la Grèce, qui probablement occupait le centre de la carte, Hécatée avait dessiné la Thrace (fragments 115-148) (2) et la Scythie d'Europe (fragments 153-160) (3); au nord de la Médie, il avait mis la mer Caspienne (fragments 169-171) (4) et les Scythes d'Asie (fragments 167-168) (5). Au sud, la carte comprenait le golfe Persique (fragment 182) (6), l'Arabie (fragments 263, 264) (7), l'Ethiopie (fragments 265, 267,

---

Dans la carte apportée par Aristagoras à Sparte, on trouvait les noms de six peuples d'Asie qui apparaissent dans les fragments : les Ioniens (fragments 214, 215, 216, 217, 218, 220, 224, 225, p. 15), les Phrygiens (fragment 206, p. 14), les Lydiens (fragments 221, 222, p. 16), les Ciliciens (fragments 251, 252, 253, p. 17), les Arméniens (fragment 195, p. 13), les *Matieni* (fragment 188, p. 13). Les Cappadociens, mentionnés dans la carte, manquent dans les fragments ; il n'y a pas lieu de s'en étonner, puisque dans les fragments il n'est pas question de Suse.

(1) Charles et Théodore Müller, *Fragmenta historicorum graecorum*, t. I, p. 1-2.
(2) *Ibidem*, p. 8-10.
(3) *Ibidem*, p. 10-11.
(4) *Ibidem*, p. 11.
(5) *Ibidem*, p. 11.
(6) *Ibidem*, p. 12.
(7) *Ibidem*, p. 17.

268) (1) et le pays des Pygmées (fragment 266) (2).

Il est probable que la carte d'Hécatée était ronde et que l'Océan tournant autour de la terre en était pour ainsi dire le cadre. La carte d'Anaximandre avait vraisemblablement la même forme. C'est d'Anaximandre, d'Hécatée et de leurs copistes que semble parler Hérodote, l. IV, ch. 36, § 2 : « Je ris, » dit-il, « quand je vois que tant de gens ont écrit des descriptions de la terre et qu'aucun de leurs récits n'a le sens commun : ils font couler l'Océan autour de la terre, qu'ils représentent ronde, comme si c'était avec un tour qu'on l'aurait fabriquée ; ils donnent à l'Europe la même étendue qu'à l'Asie (3). » Telle était vers l'an 500 avant notre ère, la carte où sur les côtes de la Méditerranée figurait la Ligurie, Λιγυστική, dans la Ligurie, Marseille et au nord de la Ligurie, la Celtique, Κελτική.

§ 7.

A côté de cette conception géographique de l'Europe du Nord-Ouest, il en existe une autre, caractérisée par un nom de montagne, les monts Ripées, Ῥίπαια ὄρη, et par un nom de peuple, les Hyperboréens, Ὑπερβόρεοι. C'est vers le septième ou

---

(1) *Fragmenta historicorum graecorum*, t. I, p. 17-18.
(2) *Ibidem*, p. 18.
(3) Edition donnée chez Didot par Guillaume Dindorf, p. 194, l. 20-25.

le sixième siècle avant J.-C. que le nom des Hyperboréens apparaît dans la littérature grecque : connu par un des continuateurs d'Homère, c'est-à-dire, par l'auteur des ἐπίγονοι, il est aussi mentionné par l'auteur d'un des poèmes qui circula sous le nom d'Hésiode ; ces indications nous sont données par Hérodote, l. IV, ch. 32, § 2 (1). Où habitaient les Hyperboréens ? Au delà des Arimaspes, sur les côtes de la mer, disait le poëme épique, intitulé *Arimaspée*, Ἀριμάσπεα. La mer dont il s'agit n'est pas la mer intérieure, n'est pas la Méditerranée, c'est une autre mer, c'est la mer du Nord, nous allons le voir. L'*Arimaspée* (2), le texte le plus ancien, où à notre connaissance cette mer ait apparu, était postérieure à l'invasion de l'Asie Mineure par les Cimmériens au septième siècle avant J.-C. (3). L'auteur prétendait donner les causes de cette invasion, comme nous l'apprend Hérodote, l. IV, ch. 13 (4). Les Cimmériens, disait l'*Arimaspée*, avaient été chassés de leur patrie par les Scythes, les Scythes avaient de même été expulsés de leurs foyers par les Issédons, — probablement des

---

(1) Edition donnée chez Didot par Guillaume Dindorf, p. 193, l. 7-9.

(2) Sur l'*Arimaspée*, voyez Christ, § 77, p. 106 ; Croiset, t. II, p. 464.

(3) Duncker, *Geschichte des Alterthums*, 5ᵉ édition, t. I, p. 464 ; cf. Gregor Krek, *Einleitung in die slavische Literaturgeschichte*, 2ᵉ édition, Graz, 1887, p. 558-560, 751.

(4) Edition donnée chez Didot par Guillaume Dindorf, p. 188, l. 20-31.

Finnois (1), — les Issédons avaient également été forcés par les Arimaspes, peuple iranien sans doute (2), de chercher une autre patrie. Au delà des Arimaspes habitaient les Hyperboréens, qui, séparés des Arimaspes par les Grypes, atteignaient la mer; c'est évidemment de la mer du Nord qu'il s'agit. L'auteur de l'*Arimaspée* est Aristée Ἀριστέας ou Ἀρισταῖος de Proconnèse, dans la mer de Marmara, personnage qui a une légende fabuleuse (3).

§ 8.

Aux indications géographiques données par l'Arimaspée, Damastès de Sigée en Troade, Δαμάστης ὁ Σιγειεύς (4), écrivain du cinquième siècle avant notre ère (5) et auteur d'un traité Περὶ ἐθνῶν, ajoute un autre renseignement, il parle des monts Ripées, Ῥίπαια ὄρη, du haut desquels souffle le vent du Nord : ἐξ ὧν τὸν Βορέαν πνεῖν, et que la neige ne quitte jamais,

---

(1) Forbiger chez Pauly, *Real-encyclopaedie*, 1ʳᵉ édition, t. IV, p. 308.

(2) Duncker, *Geschichte des Allerthums*, 5ᵉ édition, t. II, p. 442.

(3) Sur Aristée de Proconnèse, voyez Christ, § 77, p. 106; Croiset, t. II, p. 464; *Paulys Realencyclopaedie*, édition Wissowa, t. II, col. 876-878.

(4) Sur Damastès de Sigée, voyez Christ, § 229, p. 324.

(5) L'ordre chronologique aurait dû amener ici le Carthaginois Himilcon qui écrivait aux environs de l'an 500 avant notre ère et que j'ai dû renvoyer au § 13, après Hérodote; il m'a semblé que je ne pouvais autrement expliquer la valeur de l'exposé géographique emprunté par Avienus à l'ouvrage perdu d'Himilcon.

χίονα δ'αὐτὰ μήποτε ἐλλείπειν. Au delà habitent les Hyperboréens, ὑπὲρ δὲ τὰ ταῦτα Ὑπερβορέους καθήκειν; ils vont jusqu'à l'autre mer, εἰς τὴν ἑτέραν θάλασσαν (1) c'est-à-dire jusqu'à la mer du Nord.

§ 9.

Les monts Ripées, toujours couverts de neige, sont un terme générique, qui comprend non seulement les Alpes aux neiges perpétuelles, mais l'ensemble des montagnes de l'Europe centrale, notamment la Forêt-Noire et les Carpathes. Je dis d'abord la Forêt-Noire : on l'apprend par un passage du *Prométhée délivré*, écrit vers 460, par le célèbre poète tragique d'Athènes, Eschyle, Αἰσχύλος (2). Du *Prométhée délivré*, on ne possède aujourd'hui que quelques fragments. Dans un de ces fragments, on voit que le Danube prenait sa source chez les Hyperboréens et dans les monts Ripées : τὸν Ἴστρον φησὶν, ἐκ τῶν Ὑπερβορέων καταφέρεσθαι καὶ τῶν Ῥιπαίων ὀρῶν (3). Ce débris du *Prométhée délivré*, pièce aujourd'hui perdue, nous a été conservé par une scolie sur

---

(1) Etienne de Byzance au mot Ὑπερβόρεοι; édition donnée chez Teubner par Westermann en 1839, p. 290.

(2) Sur Eschyle, voyez Christ, § 151-160, p. 209-227; Croiset, t. III, p. 164-227.

(3) Dans l'édition *Poetarum scenicorum graecorum* donnée chez Teubner par Guillaume Dindorf en 1869, 1re partie, p. 115, c'est le n° 197; dans l'édition donnée chez Didot par E.-A.-J. Ahrens, p. 192, c'est le n° 73.

Apollonios de Rhodes, l. IV, v. 284 ; du vers 284, au vers 287 (1), Apollonios développe la doctrine d'Eschyle qui met la source du Danube dans les monts Ripées. Il écrivait dans la seconde moitié du troisième siècle avant notre ère (2), et il mélange dans ses vers les doctrines géographiques de son temps avec celles des siècles précédents. Le Danube prend sa source dans la Forêt-Noire, bien au nord des Alpes, où se retrouvent aujourd'hui encore les neiges éternelles mises par Damastès sur les monts Ripées (§ 8) ; et la Forêt-Noire est ainsi comprise avec les Alpes dans les monts Ripées (cf. ci-dessous, p. 53).

§ 10.

Les monts Ripées apparaissent aussi au cinquième siècle avant J.-C., chez Hellanicos de Lesbos, qui, comme Damastès de Sigée, met au delà de ces monts les Hyperboréens. C'est au fragment 96 de l'édition donnée par Charles et Théodore Müller (3). Hellanicos, mort après l'année 407 avant J.-C., est un des plus célèbres

---

(1) Voir à la page 83 de l'édition des *Argonautiques*, d'Apollonios donnée chez Didot par F.-S. Lehrs à la suite de son édition d'Hésiode.

(2) Christ, § 568, 569, p. 532-535; Croiset, t. V, p. 229-240.

(3) *Fragmenta historicorum graecorum*, t. I, p. 58; Etienne de Byzance, édition donnée par A. Westerman chez Teubner en 1839, p. 290.

représentants du cycle des historiens appelés Logographes (1), dont Hécatée, plus ancien que lui, et Damastès de Sigée, son contemporain, ont fait partie et dont Hérodote a été le brillant adversaire. Il y a donc, au cinquième siècle, une doctrine généralement reçue, c'est qu'il y a au centre de l'Europe un groupe de montagnes, les monts Ripées sur lesquels la neige ne fond jamais : χίονα δ'αὐτὰ μήποτε ἐλλείπειν, que le Danube y prend sa source et qu'entre ces monts et une mer septentrionale habitent les Hyperboréens, nom grec des Celtes, suivant toute vraisemblance (cf. ci-dessous, p. 52).

§ 11.

Hérodote, Ἡρόδοτος (2), dans son livre IV, écrit, semble-t-il, entre les années 443 et 432 (3), à Thurii, l'ancienne Sybaris dans l'Italie méridionale, proteste contre cette doctrine : « Il n'y a pas plus de gens habitant au delà du vent du Nord — tel

---

(1) Sur Hellanicos, voyez Christ, § 229, p. 325; Croiset, t. II, p. 560-563; *Fragmenta historicorum graecorum*, t. I, p. xxiii-xxxvi, 45-69.

(2) Né en Asie Mineure, dans la ville d'Halicarnasse, en Carie, vers l'année 484 av. J.-C.

(3) Sur Hérodote, voyez Christ, § 230-234, p. 326-336; Croiset, t. II, p. 567-637; Cougny, *Extraits des auteurs grecs concernant la géographie et l'histoire des Gaules*, t. II, p. 2-15; Petrie et Thomas Duffus Hardy, *Monumenta historica britannica, or Materials for the History of Britain for the earliest Period*, t. I (1848), p. I.

§ 11. HÉRODOTE.

est le sens d'Hyperboréens — qu'il n'y a de gens habitant au delà du vent du midi » (l. IV, ch. 36, § 1) (1).

Comme conséquence, Hérodote rejeta aussi les monts Ripées. Pendant son séjour dans l'Italie méridionale, il avait entendu parler du mont *Alpis*, les Alpes, et du mont *Carpis*, les Carpathes, deux des principales chaînes de montagnes comprises avec la Forêt Noire sous le nom de monts Ripées, mais il n'avait pas bien saisi ce que lui racontaient les voyageurs et il a fait de l'*Alpis* et du *Carpis* des rivières (l. IV, ch. 49, § 3) (2). S'il avait rétabli, sous le nom d'*Alpis* et de *Carpis*, les monts Ripées, il aurait fallu abandonner sa thèse émise entre 445 et 443 à Athènes, que le Danube, coupant en deux toute l'Europe, prend sa source près de la ville de Pyréne, c'est-à-dire dans les monts Pyrénées (l. II, ch. 33, § 2) (3). Hérodote tenait peut-être à dignité de ne pas se contredire et c'est pour cela qu'il n'a pas compris qu'*Alpis* et *Carpis* étaient des montagnes et que les monts Ripées pouvaient bien exister sous d'autres noms que les noms reçus jusque là dans la littérature grecque.

Des noms comme Hyperboréens et monts Ripées pouvaient, quoique dépourvus de toute valeur scientifique, représenter des faits réels. Les Hyper-

---

(1) Edition donnée chez Didot par Guillaume Dindorf, p. 194, l. 15-19.
(2) *Ibidem*, p. 198, l. 6-8; cf. Cougny, t. II, p. 12-13.
(3) *Ibidem*, p. 83, l. 1-2; cf. Cougny, t. II, p. 12-13.

boréens de la littérature grecque, au sixième et au cinquième siècle, étaient les Celtes, qui jamais n'ont pris ni reçu de leurs voisins immédiats le nom d'Hyperboréens, et ce nom est dû à une hypothèse absurde, c'est que le vent du Nord soufflait du haut des monts Ripées, c'est-à-dire des Alpes, de la Forêt-Noire et des Carpathes, et qu'au nord de ce massif montagneux, on ne sentait pas le souffle de ce vent si froid.

Une conception également fausse nous fait donner le nom de mont Atlas à une chaîne de montagnes de l'Algérie. Dans le monde grec on a très anciennement conçu le ciel comme une voûte solide, une coupole supportée par des colonnes ; une de ces colonnes était une caryatide masculine, une divinité, le dieu *Atlas, Atlantos* « celui qui soutient, » de là le nom d'Atlas (1), transporté du domaine de la mythologie dans celui de la géographie quand, sous l'empire du système d'Evhémère (2), on a cru qu'une haute montagne, en

---

(1) Sur l'Atlas mythologique dont le nom apparaît dans l'*Odyssée*, l. I, vers 52, l. VII, vers 245, voyez un article de MM. Stoll et Furtwängler chez Roscher, *Ausführliches Lexicon der griechischen und römischen Mythologie*, t. I, col. 703-711, et un article de M. Wernicke dans l'édition de *Paulys Realencyclopaedie* donnée par M. Wissowa, t. II, col. 2119-2133.

(2) Evhémère vivait dans l'olympiade 116 (316-313 av. J.-C.). *Paulys Realencyclopaedie*, t. III, p. 369; cf. Croiset, t. V, p. 148-151 ; Christ, § 393, p. 556, où l'auteur insiste sur ce fait qu'Evhémère fut contemporain du roi de Macédoine, Cassandre, mort en 298 avant J.-C.

paraissant s'élever jusqu'aux cieux, avait donné naissance au mythe. De l'origine mythologique du nom, devons-nous conclure que la chaîne de montagnes algériennes n'existe pas? Nous raisonnerions comme Hérodote. Le nom de l'Océan atlantique, voisin du point où peinait l'Atlas mythologique, a la même origine. Faut-il, procédant comme Hérodote, conclure que cet Océan n'existe pas?

Nous ne raisonnerons pas ainsi. Nous dirons avec Hécatée de Milet que, vers l'an 500 avant J.-C., les Celtes habitaient au nord des Ligures, chez lesquels était Marseille. Nous répéterons, d'accord avec Aristée de Proconnèse, Damastés de Sigée, Hellanicos de Lesbos, qu'au sixième et au cinquième siècle les Celtes, désignés en Grèce par le nom d'Hyperboréens, habitaient au nord des sources du Danube et de la Forêt Noire, c'est-à-dire au delà d'une des chaînes de montagnes alors comprises sous le nom de monts Ripées ; que, voisins du grand fleuve et de la Forêt Noire, les Celtes s'étendaient de là jusqu'à la mer du Nord ; nous ajouterons que des côtes méridionales de la mer du Nord ils avaient, dès le neuvième siècle, atteint les Iles Britanniques, si nous tirons du mot κασσίτερος, chez Homère, les conséquences qu'en a conclues M. Salomon Reinach.

Hérodote était un écrivain de talent, de plus un homme consciencieux : il prit la peine de voyager pour vérifier l'exactitude des renseignements donnés par ses prédécesseurs ; né en Asie Mineure dans la ville d'Halicarnasse, il se rendit non seulement dans la ville d'Athènes centre intellectuel du monde grec, mais en Egypte et en Italie.

La supériorité d'Hérodote, comme écrivain, sur l'école d'Hécatée de Milet continuée au cinquième siècle avant notre ère par Phérécyde (1), Hellanicos de Lesbos, Acusilas (2) est constatée par Cicéron dans son traité *De Oratore*, l. II, ch. 12 et 13, § 53-59. Ces anciens historiens de la Grèce, comme les premiers historiens de Rome, comme Caton l'Ancien, comme Fabius Pictor, comme Pison, nous dit l'orateur romain, ne se préoccupaient pas d'orner leur récit, ne demandaient qu'à être compris, ne visaient à d'autre mérite que la brièveté. « Hérodote, » ajoute-t-il, « est le premier qui ait su orner son style ; il n'avait pas, que nous sachions, l'habitude de plaider comme avocat, et il est si éloquent que, sans émettre la prétention d'être fort en grec, j'ai grand plaisir à le lire. » Dans le traité *De Legibus*, l. Ier, ch. 1er, § 5, Cicéron appelle Hérodote le père de l'histoire, mais c'est toujours au point de vue de la forme qu'il se place : chez Hérodote, père de l'histoire, dit-il, et chez Théopompe, il y a des fa-

---

(1) Sur Phérécyde, voyez Christ, § 229, p. 324, 325; Croiset, t. II, p. 463, 478, 479; cf. p. 557, 558; *Fragmenta historicorum graecorum*, t. I, p. xxxiv-xxxvi, 70-99.

(2) Sur Acusilas, voyez Christ, § 228, p. 323, 324; Croiset, t. II, p. 548 ; *Fragmenta historicorum graecorum*, t. I, p. xxxvi-xxxviii, 100-103.

bles sans nombre, *apud Herodotum, patrem historiae, et apud Theopompum, sunt innumerabiles fabulae.*

Il ne faut se servir d'Hérodote qu'avec une très grande prudence en sachant lire entre les lignes et sans le prendre à la lettre. Dans son grand et célèbre ouvrage, il y a sur les Celtes, comme nous allons le voir, deux passages très importants, l'un écrit à Athènes entre l'an 445 et l'an 443 avant notre ère, l'autre à Thurii en Italie entre 443 et 432.

Dans le premier Hérodote dit que le Danube, Ἴστρος, commence chez les Celtes et à la ville de Pyrène, et qu'il coule en coupant l'Europe par le milieu. Il ajoute que les Celtes habitent hors des colonnes d'Hercule et sont voisins des Cynesii, dernier des peuples de l'Europe à l'Occident (l. II, ch. 33, § 2, 3) (1). Dans ce texte est une grosse erreur, c'est d'avoir mis la source du Danube près de la ville de Pyrène, c'est-à-dire dans les Pyrénées (cf. ci-dessous, p. 53).

Cette erreur, sans être rétractée, n'est pas reproduite dans le passage écrit plus tard à Thurii en Italie : le Danube, Ἴστρος, coule à travers toute l'Europe, il commence chez les Celtes, qui, après les Cynètes, sont le dernier peuple de l'Europe occidentale (l. IV, ch. 49, § 3).

---

(1) Edition donnée chez Didot par Guillaume Dindorf, p. 83, l. 1-5; Cougny, t. II, p. 12-13.

§ 11. HÉRODOTE.

De ces deux textes concordants quoique différents, deux faits résultent, le premier c'est qu'à la date où écrivait Hérodote, au commencement de la seconde moitié du cinquième siècle, le Danube prenait sa source dans le pays des Celtes qui ainsi se trouve être identique au pays des Hyperboréens, où quelques années plus tôt, en 460, Eschyle, dans son *Prométhée enchaîné*, mettait la source du Danube et les mont Ripées (1).

La seconde conséquence à tirer des deux passages d'Hérodote que nous venons de citer est que vers le milieu du cinquième siècle, les Celtes étaient déjà en possession des côtes occidentales de l'Espagne sur l'Océan Atlantique, où leur limite méridionale était marquée par le pays des *Cynesii* ou *Cynetes*, Κυνήσιοι, Κύνητες, aujourd'hui Algarve, la plus méridionale des provinces du Portugal (2). A la date où écrivait Hérodote, les Celtes, par une conquête probablement récente, étaient devenus maîtres du nord-ouest de la péninsule ibérique, et vraisemblablement aussi du centre de cette presqu'île, laissant la région méridionale soumise à la domination carthaginoise et les côtes du nord-est sous l'influence des colonies et du commerce grec.

(1) Voir plus haut, § 9, p. 22 (cf. plus bas, § 16, p. 53).
(2) Kiepert, *Lehrbuch der alten Geographie*, 1878, p. 487.

TROISIÈME LEÇON.

31 décembre 1900.

§ 12.

Dans la précédente leçon, citant les deux passages de l'ouvrage d'Hérodote qui attestent la présence des Celtes dans la péninsule ibérique vers le milieu du cinquième siècle avant J.-C., j'ai affirmé que c'était le résultat d'une conquête. Je veux dire que quelques années avant cette date, il n'y avait pas de Celtes en Espagne.

Cette doctrine était connue dans le monde grécoromain au premier siècle avant notre ère et au premier siècle après J.-C. Elle est enseignée par Varron et par Strabon. Varron, comme on sait, vécut de l'an 116 à l'an 27 avant J.-C. (1), il était, nous dit Quintilien, le plus érudit des Romains,

---

(1) Sur Varron, voyez Teuffel-Schwabe, *Geschichte der rœmischen Literatur*, 5ᵉ édition (1890), § 164-169, p. 284-300 ; et dans le *Handbuch* d'Iwan Mueller, t. VIII, Martin Schanz, *Geschichte der rœmischen Literatur*, 1ʳᵉ partie, 2ᵉ édition (1898), § 182-193, p. 360-379.

vir Romanorum eruditissimus (1). Or Varron donne la liste des maîtres de l'Espagne dans l'ordre suivant : les Ibères, les Perses, les Phéniciens, les Celtes, les Carthaginois :

In universam hispaniam M. Varro pervenisse Hiberos et Persas et Phoenices, Celtasque et Poenos tradit, a écrit Pline l'Ancien, l. III, § 8 (2). Dans cette phrase de Varron, Perses et Phéniciens doivent être regardés comme synonymes. Ces deux expressions ont été politiquement synonymes depuis les dernières années du règne de Cyrus, 536-530 jusqu'à la conquête de la Phénicie par Alexandre le Grand en 332. En effet les Phéniciens, soumis à la domination des rois chaldéens de Babylone depuis la prise de Tyr par Nebukadnézar en 573 (3), se déclarèrent spontanément sujets des Perses après la prise de Babylone en 536 par Cyrus mort en 530. Cette soumission volontaire est attestée par Hérodote, l. III, ch. 19 § 3 : Σφέας τε αὐτοὺς ἐδεδώκεσαν Πέρσῃσι (4). Cette soumission eut-elle lieu du vivant de Cyrus, c'est-à-dire entre 536 et 530 ou au début du règne de Cambyse, son fils et son successeur? Peu nous importe. Pendant deux siècles, de 530 environ à

---

(1) Quintilien, l. X, c. 1, § 95; édition donnée chez Teubner par Edouard Bonnel, t. II (1875), p. 162.

(2) Edition donnée chez Teubner, en 1870, par Charles Jan, t. I, p. 124, l. 27-29.

(3) Movers, *Das phoenizische Alterthum*, t. I, p. 427. Duncker, *Geschichte des Alterthums*, t. IV, 5ᵉ édition, p. 526.

(4) Edition donnée chez Didot par Guillaume Dindorf, p. 138, l. 38-40.

§ 12. PRÉAMBULE AU § 13, HIMILCON.

332, les Phéniciens furent sujets des Perses et par conséquent la domination phénicienne dans la péninsule ibérique, vers l'année 500, à la fin du sixième siècle et au commencement du cinquième, a été la domination des Perses. Varron est dans le vrai, quand, après les Ibères, dans sa liste des maîtres de la péninsule, il met : *et Persas et Phoenices.*

Strabon parlant aussi des maîtres successifs de la péninsule ibérique, ne dit mot des Perses, mais de ce silence, rien à conclure contre la thèse de Varron, puisqu'à l'époque dont il s'agit les termes Perses et Phéniciens sont politiquement synonymes. Strabon expose que si les Ibères n'avaient pas été divisés, et s'ils avaient réuni leurs forces, ils n'auraient pas laissé conquérir tout leur pays par les Carthaginois, et avant cela par les Tyriens, auxquels avaient succédé les Celtes. Ainsi, la domination celtique dans la péninsule ibérique s'intercale entre celle des Phéniciens et celle des Carthaginois : οὔτε Καρχηδονίοις ὑπῆρξεν ἂν καταστρέψασθαι ἐπελθοῦσι τὴν πλείστην αὐτῶν ἐκ περιουσίας, καὶ ἔτι πρότερον Τυρίοις, εἶτα Κελτοῖς (1).

---

(1) Strabon, l. III, c. 4, § 5 ; édition donnée chez Didot par Charles Müller et F. Dübner, p. 131, l. 23-26 ; Cougny, t. I, p. 58-59.

§ 13.

La conquête de la péninsule ibérique par les Carthaginois au troisième siècle avant J.-C., antérieurement à la seconde guerre punique qui commence en 218, est un fait historique bien connu. Mais avons-nous un texte contemporain de l'époque où les Celtes n'avaient pas encore envahi la péninsule ibérique et attestant qu'alors ils n'y avaient pas pénétré ?

Non, un tel texte a existé, il n'existe plus ; toutefois nous avons assez d'indications pour pouvoir affirmer : 1° que ce texte était d'origine carthaginoise, antérieur à Hérodote et écrit vers l'année 500 avant J.-C., probablement par Himilcon ; 2° que c'était un périple, littéralement un voyage circulaire par mer ; 3° que l'objet de ce périple était la description des côtes occidentales de l'Europe ; 4° que les Celtes de la péninsule ibérique n'y étaient pas mentionnés ; 5° que dans cette péninsule les Cempses, Κεμψοί, et leurs voisins les Saefes occupaient alors la plus grande partie de la région, plus tard conquise par les Celtes.

L'ordre chronologique aurait dû nous faire placer ce périple au § 8, avant Damastes de Sigée. Mais il a semblé que la clarté de l'exposition exigeait qu'il vînt après Hérodote, § 11.

Au troisième siècle avant notre ère, ce périple, probablement traduit en grec, était entre les mains d'Eratosthène, qui vécut de 275 à 195 environ

§ 13. HIMILCON.   35

avant J.-C. et fut bibliothécaire du roi d'Egypte, Ptolémée III, 247-222 (1). Strabon copiant Polybe reproche à Eratosthène : 1° de dire que les Galates occupaient les côtes occidentales de la péninsule ibérique jusques à Cadix : μέχρι Γαδείρων ὑπὸ Γαλατῶν περιοικεῖσθαι φήσας τὰ ἔξωθεν αὐτῆς ; 2° d'oublier les Galates dans sa description des côtes de la même péninsule : τούτων ἐκλαθόμενος, κατὰ τὴν τῆς Ἰβηρίας περίοδον τῶν Γαλατῶν οὐδαμοῦ μέμνηται (2). Eratosthène, dans un endroit de son livre, avait constaté que de son temps les Celtes, Galates ou Gaulois occupaient la plus grande partie de la péninsule, ne laissant guère aux Carthaginois que Cadix et les environs ; mais ailleurs il avait malgré cela copié le périple d'Himilcon écrit vers l'an 500 avant J.-C. où la plus grande partie de la place occupée par les Celtes dès le temps d'Hérodote au milieu du cinquième siècle avant J.-C., environ un demi siècle après le voyage d'Himilcon, était mentionnée avec l'indication de maîtres différents, les Cempses et les Saefes, comme nous l'expliquerons plus loin.

Trois siècles après Eratosthène, Pline savait qu'au temps de la puissance de Carthage, Hannon ayant fait un voyage de circumnavigation autour de l'Afrique, de Cadix à l'Arabie, le publia comme son contemporain Himilcon, envoyé pour

(1) Christ, § 429, p. 595. Croiset, t. V, p. 120-124.
(2) Livre II, chap. iv, § 4, édition Müller et Dübner, p. 88, l. 25-29; Cougny, t. I, p. 44-46.

§ 13. HIMILCON.

prendre connaissance des côtes occidentales de l'Europe : *Hanno, Carthaginis potentia florente, circumvectus a Gadibus ad finem Arabiae navigationem prodidit scriptam, sicut ad extera Europae noscenda missus eodem tempore Himilco* (1). Pline mourut en 79 dans l'éruption du Vésuve. Hannon, le premier des deux Carthaginois dont il parle, a dû écrire vers l'année 500 avant J.-C. (2). Nous avons encore un fragment d'une traduction grecque de son récit (3).

Peu de temps après Pline, sous Trajan (97 à 117), Denys le Périégète (4), dans sa description du monde, Οἰκουμένης περιήγησις, donne d'après Himilcon le nom du principal peuple qui, avant les Celtes, occupa le nord-ouest de la péninsule ibérique : il y a, dit-il, dans l'Europe méridionale, trois péninsules, littéralement trois bottes, κρηπῖδες : 1° celle des Ibères; 2° celle des Hellènes, la Grèce; 3° celle des Ausones, l'Italie. Celle des Ibères touche à l'ouest l'Océan. Là se trouve le promontoire *Alyba*, lisez *Calpe*, aujourd'hui Gibraltar, qui est une des colonnes d'Hercule ; au delà sont la gaie Tartesse, sol possédé par des hommes riches, puis les Cempses, qui habitent au pied des Pyrénées :

ἐν δὲ οἱ ἄκρῃ
στηλάων Ἀλύβη κεῖται μία · τῆς δ'ὑπενέρθεν

(1) Pline, l. II, § 169, édition de Charles Jan, t. I, p. 102, l. 14-17.
(2) Christ, § 406, p. 570.
(3) Müller, *Geographi graeci minores*, t. I, p. 1-14.
(4) Christ, § 499, p. 691. Croiset, t. V, p. 620.

§ 13. HIMILCON.

Ταρτησὸς χαρίεσσα, ῥυηφενέων πέδον ἀνδρῶν,
Κεμψοί θ', οἱ ναίουσι ὑπαὶ πόδα Πυρηναίου (1).

Tartesse est le nom le plus ancien du Guadalquivir et du bassin de ce fleuve, à peu près la *Baetica* des Romains. Le nom de Tartesse nous reporte à l'époque archaïque, sixième siècle et commencement du cinquième avant J.-C., où les Cempses, Κεμψοί, et les Saefes, dont nous allons parler, ont précédé les Celtes en Espagne.

Enfin les noms des Cempses, des Saefes et celui d'Himilcon se trouvent réunis dans l'*Ora maritima* de Rufius Festus Avienus, proconsul d'Afrique en 366 après J.-C., d'Achaïe en 372 (2), et qui, par un jeu d'érudition, s'est amusé à mettre en vers une description archaïque des côtes de l'Europe. Un fragment de ce poème, 713 vers, sauf lacunes, a été publié à Venise, en 1488, d'après un manuscrit perdu aujourd'hui, et la meilleure édition moderne est celle qu'a donné M. Alfred Holder, en 1887, dans ses *Rufi Festi Avieni Carmina*, p. 144-171. On y trouve la description des côtes de l'Océan, à partir du détroit de Gibraltar, colonnes d'Hercule, jusqu'aux îles Britanniques et même

---

(1) Vers 335-338 (Müller, *Geographi graeci minores*, t. II, p. 122-123) (cf. ci-dessous, p. 44).

(2) Sur Rufius Festus Avienus, voir Teuffel, § 420, p. 1059-1062. Petrie et Thomas Duffus Hardy, *Monumenta historica britannica or Materials for the History of Britain from the earliest Period*, t. I, p. XIX-XX.

jusqu'un peu à l'orient de ces îles qui, dans ce document, sont appelées *insulae Oestrymnides*; ces îles sont séparées du continent par la Manche, *sinus Oestrymnicus*, et l'on arrive dans ces îles en partant de la Bretagne continentale, *Oestrymnis*.

> Sinus hic dehiscit incolis Oestrymnicus
> in quo insulae sese exerunt Oestrymnides
> laxe jacentes et metallo divites
> stanni atquo plumbi (1).

Ces îles, riches en étain et en plomb, ne peuvent être que les îles Britanniques.

De la Bretagne continentale, *Oestrymnis* (vers 91), on atteint en deux jours l'Irlande qu'Avienus appelle *sacra insula* (vers 108) et qu'il dit habitée par les *Hierni* (vers 111); à côté est la Grande-Bretagne qu'Avienus nomme île des *Albiones* (vers 112). Ce sont les îles Oestrymnides. Les habitants de Tartesse allaient faire le commerce aux îles Oestrymnides; les Carthaginois s'y rendaient aussi en passant entre les colonnes d'Hercule. Himilcon dit que, pour faire le voyage, y aller, — de Cadix ou de Carthage, — et en revenir, il fallait quatre mois à peine de navigation; il en avait fait l'expérience.

> Tartesiis in terminos Oestrumnidum
> negotiandi mos erat : Carthaginis

---

(1) *Ora maritima*, vers 95-98. Edition d'Alfred Holder, p. 147; cf. Petrie et Thomas Duffus Hardy, *Monumenta historica britannica*, p. XIX (cf. ci-dessous, p. 69).

§ 13. HIMILCON.

etiam colonis, et uulgus, inter Herculis
agitans columnas, haec adibant aequora :
quae Himilco Paenus mensibus vix quatuor,
ut ipse semet rem probasse retulit,
enavigantem posse transmitti adserit (1).

Pour trouver les Celtes, au temps d'Himilcon, vers l'an 500, il faut, partant des côtes méridionales des îles Britanniques, se diriger vers le Nord, c'est-à-dire atteindre les côtes méridionales de la mer du Nord ; là se trouve une Ligurie septentrionale dont les Ligures ont été chassés par les Celtes :

Ab insulis Oestrymnicis lembum audeat
urgere in undas, axe qua Lycaonis
rigescit aethra, caespitem Ligurum subit
cassum incolarum : namque Celtarum manu
crebris dudum praeliis vacuata sunt
Liguresque pulsi (2).

C'est sur ces côtes méridionales de la mer du Nord, à l'est de l'embouchure du Rhin, que, dès l'aube de l'histoire européenne, antérieurement au neuvième siècle av. J.-C., antérieurement à l'époque homérique, a commencé la récolte de l'ambre, porté par les Phéniciens dans le bassin de la Méditerranée. Ces côtes de la mer du Nord

---

(1) *Ora maritima*, vers 113-119; édition Holder, p. 148; Petrie et Thomas Duffus Hardy, *Monumenta historica britannica*, p. XIX.

(2) *Ora maritima*, vers 130-135; édition Holder, p. 149; Petrie et Thomas Dunus Hardy, *Monumenta historica britannica*, p. XX.

étaient alors occupées par les Ligures que les Celtes en chassèrent probablement avant d'aller s'établir dans les îles Britanniques. La mythologie gréco-romaine conserve un souvenir de cette géographie primitive quand, dans la légende de Phaéton, elle associe les Ligures et l'Eridan à l'ambre (1). Ces Ligures sont ceux du Nord, voisins de l'embouchure du Rhin, et non ceux du Sud, établis dans la vallée du Pô, quoique en aient dit les mythographes classiques. On n'a jamais récolté d'ambre dans la vallée du Pô. Quand les doctrines connues sous le nom d'Evéhmérisme ont fait un fleuve de l'Eridan, qui a d'abord été le bel ensemble des rayons du soleil levant, ce fleuve a été d'abord le Rhin, et, lorsqu'on l'a confondu avec le Pô, cela a été une décadence nouvelle du thème primitif (2). Retournons à l'embouchure du Rhin et aux îles Britanniques.

Avant Pythéas, au quatrième siècle avant J.-C., aucun Grec n'avait atteint ces régions éloignées. Colaios de Samos, aux environs de l'année 630 av. J.-C., avait par hasard atteint la mystérieuse ville phénicienne de Cadix Γαδείρα (3). Mais il n'était

---

(1) Ovide, *Métamorphoses*, l. II, vers 324-380. L'Eridan apparaît au vers 324, l'ambre au vers 365, les Ligures au vers 370.

(2) Cf. Müllenhoff, *Deutsche Alterlumshunde*, t. I, 2ᵉ édition par Max Roediger (1890), p. 211 et suivantes.

(3) Hérodote, l. IV, c. 152, § 2, 3; édition donnée chez Didot par G. Dindorf, p. 225-226; cf. Duncker, *Geschichte des Alterthums*, t. V, 5ᵉ édition, p. 521.

pas allé plus loin, ni aucun autre Grec avant Pythéas. Or, Pythéas appelait les îles Britanniques d'un nom moderne, Πρετάνικαι, et non *Oestrymnides*. Il faut donc que le nom des îles Oestrimnides remonte à Himilcon. C'est aussi à lui qu'est due la description de l'océan Atlantique sans limites, des difficultés qu'opposait à la navigation la végétation des plantes marines et des animaux dangereux qui y menaçaient la vie des marins.

> Ab his columnis gurgitem esse intermissum
> late patere pelagus, extendi salum
> Himilco tradit : nullus haec adiit freta.
> . . . .
> Exusperat autem gurgitem fucus frequens,
> atque impeditur aestus fuligine,
> vis beluarum pelagus omne internatat,
> multusque terror ex feris habitat freta (1).

Ces passages du périple d'Himilcon étaient connus de Jérôme de Cardie quand, au troisième siècle av. J.-C., il racontait l'invasion celtique en Grèce ; les Celtes, disait-il, habitaient à l'extrémité de l'Europe, sur les bords d'une vaste mer dont les limites étaient inaccessibles aux vaisseaux ; on y trouvait une marée, des écueils, des animaux féroces, tels qu'aucune autre mer n'en offrait de semblables. C'est de Jérôme de Cardie, imitateur d'Himilcon, que Pausanias, au deuxième siècle de

---

(1) *Ora maritima*, vers 381-383, 408-411; édition Holder, p. 158-159.

notre ère, a pris ce qu'il dit, l. I, c. 3, § 6 (1) :
Οἱ δὲ Γαλάται οὗτοι νέμονται τῆς Εὐρώπης τὰ ἔσχατα ἐπὶ θαλάσσῃ πολλῇ καὶ ἐς τὰ πέρατα οὐ πλοίμῳ; παρέχεται δὲ ἄμπωτιν καὶ ῥαχίαν καὶ θηρία οὐδὲν ἐοικότα τοῖς ἐν θαλάσσῃ τῇ λοιπῇ. « Ces Galates
» habitent l'extrémité de l'Europe, près d'une vaste
» mer dont les navigateurs ne peuvent atteindre
» les limites; elle offre un reflux, des écueils, des
» monstres qui ne ressemblent en rien à ceux du
» reste des mers. »

Ces mots sont un arrangement d'un passage du périple d'Himilcon ; ce passage a été écrit pour ôter aux Grecs l'envie d'aller faire sur les côtes de l'océan Atlantique concurrence au commerce des Carthaginois.

Il est donc établi que le périple d'Himilcon, écrit vers l'année 500 av. J.-C., a été connu de Festus Avienus près de neuf siècles plus tard. Ce n'est pas le texte carthaginois que l'auteur latin a eu entre les mains, c'est un arrangement grec. Dans cet arrangement grec, le nom de l'Irlande, *Iverio*, était probablement écrit ἱερά ; de là vient le nom latin de *Sacra insula* donné par Festus Avienus à l'Irlande ; *Sacra insula* est la traduction latine de ἱερὰ νῆσος.

Quelles populations cet auteur, copiant Himilcon, met-il sur les côtes occidentales de l'Espagne? D'abord, comme Hérodote, les Cynètes, voisins

---

(1) Pausanias, édition donnée chez Didot par Louis Dindorf, p. 6, l. 21-24; D. Bouquet, t. I, p. 462; Cougny, t. IV, p. 134, 135.

occidentaux des Tartessiens, *Tartessii*. Les Tartessiens habitent sur les bords du fleuve Tartesse, le *Baetis* des Romains, aujourd'hui le Guadalquivir. Le territoire des Cynètes est arrosé par l'*Anas*, le Guadiana de la géographie moderne :

> Ana amnis hic per Cynetas effluit.
> . . . .
> Genti et Cynetum hic terminus. Tartesius
> ager his adhaeret, adluitque caespitem
> Tartesus amnis (1).

Quand, venant du Nord et suivant les côtes occidentales de la péninsule ibérique, on se dirige vers les colonnes d'Hercule, on longe le territoire des Cempses et celui de leurs voisins immédiats, les Cynètes :

> inde Cempsis adjacent
> Populi Cynetum (2).

Ainsi, les Cempses atteignent, au Midi, l'Algarve, comme le faisaient plus tard les Celtes, au temps d'Hérodote ; ils habitent un pays montagneux, qu'Avienus appelle Ophiussa, où ils ont pour voisins les Saefes et, plus au Nord, les Ligures et les Draganes.

> Cempsi atque Saefes arduos collis habent
> Ophiussae in agro : propter hos pernix Ligus

---

(1) *Ora maritima*, vers 205-225, édition Holder, p. 152.
(2) *Ora maritima*, vers 200-201 ; édition Holder, p. 151.

> Draganumque proles sub nivoso maximo
> Septentrione conlocaverunt larem (1).

Qu'était-ce qu'Ophiussa? Nous n'en savons rien avec certitude (2). Mais il faut vraisemblablement chercher ce pays dans la région nord-ouest de la péninsule ibérique. La limite septentrionale des Cempses est précisée par Avienus dans son *Orbis terrae* où, traduisant Denys le Périégète (ci-dessus, p. 36-37), il place cette limite aux Pyrénées.

> Hic Hispanus ager, tellus ibi dives Hiberum
> Tartesusque super attollitur : indeque Cemsi
> gens agit in rupis vestigia Pyrenaeae
> protendens populos (3).

Ainsi, les Cempses touchant au sud l'Algarve, province la plus méridionale du Portugal, s'étendaient de là jusqu'aux Pyrénées, leur frontière septentrionale.

Les Cempses ne venaient pas du Nord comme les Celtes ; leur plus ancien établissement avait été dans l'île *Cartare*, voisine des *Cilbiceni*, qui

---

(1) *Ora maritima*, vers 195-198; édition Holder, p. 151.

(2) Le nom grec d'*Ophiusa*, en latin *Colubraria*, a été porté par l'île appelée aujourd'hui Formentera, dans la Méditerranée, près des côtes orientales de l'Espagne. Ce nom paraît attribué ici à une partie nord-ouest de la péninsule ibérique; cf. Müllenhoff, *Deutsche Altertumskunde*, t. I, 2ᵉ édition, p. 86 (qui confond Formentera avec Columbretes); et *ibid.*, p. 101-106.

(3) *Orbis terrae*, vers 479-482; édition Holder, p. 103.

§ 13. HIMILCON.

eux-mêmes touchaient les *Tartessi*, à l'est, c'est-à-dire à l'opposite des Cynètes :

> Pars vero coa continet Tartesios
> et Cilbicenos. Cartare post insula est,
> eamque pridem, — influxa et est satis fides, —
> tenuere Cempsi : proximorum postea
> pulsi duello varia quaesitum loca
> se protulere (1).

On suppose que l'île *Cartare* était l'intervalle compris entre l'embouchure du Guadalquivir et celle du Guadalete, à peu de distance au nord-ouest de Cadix (2).

Le territoire des Cempses n'était peut-être pas complètement identique à celui des Celtes. Les Cempses touchaient l'Atlantique au nord de l'Algarve, et peut-être aussi en Guipuzcoa, près des Pyrénées, mais, entre ces deux points, une partie de la côte était occupée par les Saefes :

> Paetanium autem est insula ad Saefum latus (3).

Nous avons donc chez Himilcon, reproduit par Avienus, l'indication des populations qui habitaient dans la péninsule ibérique, vers l'an 500 avant

---

(1) *Ora maritima*, vers 255-259; édition Holder, p. 153-154. Cf. Müllenhoff, *Deutsche Altertumskunde*, t. I, 2ᵉ édition, p. 106-107.

(2) Müllenhoff, *Deutsche Altertumskunde*, t. I, 2ᵉ édition, p. 123 et suiv.

(3) *Ora maritima*, vers 199; édition Holder, p. 151.

notre ère, la région occupée plus tard, dès le milieu du cinquième siècle av. J.-C., par les Celtes conquérants, et chez Himilcon, le nom des Celtes fait défaut; deux noms ethniques plus anciens, Cempses et Saefes, apparaissent; ce sont les prédécesseurs des Celtes en cette contrée.

QUATRIÈME LEÇON.

11 janvier 1901.

§ 14.

C'est au quatrième siècle avant notre ère que pour la première fois il y eut contact immédiat entre le groupe celtique et le monde gréco-romain. Vainqueurs de l'armée romaine à la bataille de l'Allia (18 juillet 390), les Gaulois prirent la ville même de Rome, sauf la citadelle ; vingt et un et vingt-deux ans plus tard, en 369 et 368, en Grèce, les Lacédémoniens, en guerre avec les Béotiens, eurent pour auxiliaires des soldats mercenaires gaulois, à la solde du tyran de Syracuse, Denys l'Ancien.

De ces deux faits, le moins ancien et le moins important peut bien être celui que les Grecs ont connu d'abord. Xénophon, Ξενοφῶν, dans son histoire grecque, qui se termine en 362 avant J.-C., raconte que Denys envoya deux fois des troupes au secours des Lacédémoniens. La première fois en 369, il fit partir de Sicile une flotte de plus de vingt trirèmes ; ces navires amenèrent en Grèce des fantassins, les uns Ibères, les autres Celtes, et, de plus, cinquante cavaliers : Ἦγον δὲ Κελτούς τε καὶ Ἴβηρας καὶ ἱππεῖς ὡς πεντήκοντα (1). Les Thébains avaient porté la guerre dans la partie septentrionale du Péloponnèse: après s'être emparés de Sicyone, ils avaient atteint les environs d'Epidaure en Argolide. Les soldats de Denys forcèrent les Thébains à la retraite, ils transportèrent le théâtre de la guerre sur le territoire de Sicyone, puis se rembarquèrent. L'année suivante, Denys fit aux Lacédémoniens un second envoi d'auxiliaires. Un certain Cissidas les commandait, il y avait parmi eux des Celtes. La guerre se continuait dans le Péloponnèse, mais plus au sud sur la frontière septentrionale de la Laconie; dans une bataille où les Béotiens et leurs alliés furent battus et mis en fuite; les Celtes, se mettant à la poursuite des vaincus, en tuèrent beaucoup : φεύγοντες ἔπιπτον, πολλοὶ μὲν ὑπὸ ἱππέων, πολλοὶ δὲ ὑπὸ τῶν Κελτῶν (2).

Diodore de Sicile, l. XV, ch. 70, § 1 (3), copiant au premier siècle de notre ère un auteur plus ancien, probablement Ephore, dont les ἱστορίαι se terminaient en 340, ou Théopompe, auteur du même

---

(1) Xénophon, *Hellenica*, l. VII, c. 1, § 20; édition Didot, p. 467; Cougny, t. II, p. 520-521. — Sur Xénophon, voyez Christ, § 240-248, p. 345-357; Croiset, t. IV, p. 337-411.

(2) Xénophon, *Hellenica*, l. VII, c. 1, § 31; édition Didot, p. 469; Cougny, t. II, p. 522-523.

(3) Edition donnée chez Didot par Charles Müller, t. II, p. 47, l. 18-19; Cougny, t. II, p. 426-427.

§ 15. PLATON.

siècle qu'Ephore (1), parle du premier envoi de troupes fait par Denys; il dit qu'il s'agissait de deux mille hommes, tant Ibères que Celtes, que Denys leur avait payé cinq mois de solde, qu'ils débarquèrent à Corinthe et tuèrent beaucoup de monde aux Béotiens et à leurs alliés (cf. p. 60).

§ 15.

Les Celtes n'avaient pas de vin dans leur pays, ils trouvèrent bon le vin des Grecs et ils en abusèrent. De là ce que rapporte Platon, Πλάτων : dans son traité des lois, écrit quelques années après ces événements (2), il donne une liste des nations belliqueuses, πολεμικά, qui ont l'habitude de boire jusqu'à s'enivrer, « je parle, » dit-il, « de l'ivrognerie même, » μέθης δὲ αὐτῆς περί, et dans la nomenclature de ces nations, il comprend les Celtes : « Ce sont, » dit-il, « les Scythes et les Perses, les Carthaginois, les Celtes, les Ibères et les Thraces (3). »

(1) Sur Ephore et Théopompe, voyez Christ, § 255, 256, p. 360-363; Croiset, t. IV, p. 655-674; Charles et Théodore Müller, *Fragmenta historicorum graecorum*, t. I, p. LVII-LXXVII, 234-333.

(2) Sur la date du traité *De Legibus*, voyez Christ, § 307, p. 449; Croiset, t. IV, p. 280.

(3) *De Legibus*, l. I; édition de Platon donnée chez Didot par par C.-E.-Ch. Schneider, t. II, p. 272, l. 39-43; Cougny, t. VI, p. 2-3.

§ 16.

La plus ancienne mention de la prise de Rome par les Gaulois chez un auteur grec paraît postérieure. Aristote, Ἀριστοτέλης, né à Stagyre en 384, vint habiter Athènes en 367 et y resta vingt ans jusqu'en 347 (1) ; en 349 il y entendit parler d'une victoire remportée cette année-là par Lucius Furius Camillus sur les Gaulois qui avaient pris Rome, — qui l'avaient prise, comme on le croit, quarante et un an plus tôt.

Cette victoire est rapportée avec détails circonstanciés par Tite-Live, l. VII, ch. 26, mais suivant Polybe, l. II, ch. 18, § 7, 8 (2), il n'y a pas eu de bataille entre Romains et Gaulois cette année-là. Les Gaulois, qui avaient envahi le Latium, et qui ne s'attendaient à aucune résistance, furent étonnés de voir les Romains s'avancer en armes contre eux, et, effrayés, n'étant pas d'accord entre eux, ils se retirèrent sans avoir combattu.

Tel fut le fait militaire qui devait plus tard illustrer dans la gens Furia la branche des Camille, et

---

(1) Sur Aristote, voyez Christ, § 311-333, p. 457-490 ; Croiset, t. IV, p. 675-745; Cougny, t. VI, p. 14-17; D. Bouquet, t. I, p. 651-653 ; Petrie et Thomas Duffus Hardy, *Monumenta historica britannica*, t. I, p. I, LXXXVII; mais évitez d'attribuer au grand philosophe des écrits apocryphes publiés sous son nom quoique postérieurs à lui.

(2) Polybe, 2ᵉ édition Didot, t. I, p. 81 ; D. Bouquet, t. I, p. 156 BC; Cougny, t. II, p. 64-65.

§ 16. ARISTOTE.

faire inventer la légende glorieuse de Marcus Furius Camillus, père de Lucius, notamment la victoire de Marcus Furius Camillus sur le chef gaulois Brennus en 390. Ni cette victoire, ni même Brennus vainqueur des Romains à la bataille de l'Allia n'avaient encore été inventés à l'époque où Polybe écrivait son deuxième livre, un peu antérieurement à l'année 150 avant J.-C. Naturellement, deux cents ans plus tôt, cette légende était inconnue d'Aristote, qui, comme nous le raconte Plutarque, *Vie de Camille*, ch. 22, § 4 (1), avait entendu dire qu'en effet les Celtes avaient pris Rome : τὸ μὲν ἁλῶναι τὴν πόλιν ὑπὸ Κελτῶν ἀκριβῶς δῆλός ἐστιν ἀκηκοώς, mais que le sauveur des Romains avait été Lucius, τὸν δὲ σώσαντα Λεύκιον εἶναι, Lucius qui avait mis les Gaulois en fuite plus de quarante ans après la bataille de l'Allia, et la prise de Rome. On a perdu le livre où Aristote parlait de la prise de Rome par les Gaulois et du succès de Lucius. Mais Plutarque, qui vécut de l'an 46 à l'an 120 environ de notre ère, avait ce livre sous les yeux ; il proteste contre l'assertion d'Aristote, et, croyant à l'exactitude de la légende romaine, inconnue au célèbre philosophe grec, il dit que le sauveur de Rome s'appelait non Lucius, mais Marcus.

Dans la seconde moitié du quatrième siècle,

---

(1) Plutarque, *Vies*, édition donnée chez Didot par Théod. Doehner, p. 167, l. 20-24; Cougny, t. III, p. 66-67; D. Bouquet, t. I, p. 381 A.

tous les Grecs n'avaient pas sur les Celtes et sur Rome des idées bien nettes. C'est ainsi qu'Héraclide de Pont, disciple de Platon et d'Aristote (1), écrivit dans son traité de l'âme, περὶ ψυχῆς, que Rome ville grecque πόλιν ἑλληνίδα, logée quelque part là-bas sur le bord de la grande mer, ἐκεῖ που κατῳκημένην περὶ τὴν μεγάλην θάλασσαν, avait été prise par une armée venue du pays des Hyperboréens, στρατὸς ἐξ Ὑπερβορέων ἐλθών (2) (cf. ci-dessus, p. 24, 27).

Mais Aristote, comme nous venons de le voir, sait le nom des Celtes; nous n'avons pas terminé le relevé des indications qu'il donne sur eux et nous allons les donner avant de passer à ses contemporains, le soi-disant Scylax, les historiens Ephore et Théopompe.

On sait qu'Aristote est mort en 322. Aux renseignements exacts qu'il nous fournit sur les Celtes, il en mêle d'autres un peu bizarres.

Dans ses *Meteorologica*, l. I, c. 13, § 19, 20 (3), il reproduit, avec une légère amélioration, la doctrine erronée d'Hérodote sur la source du Danube, en grec Ἴστρος. Hérodote avait mis cette source près de la ville de Pyrène (4). Aristote sait que Pyrène est

(1) Christ, § 420, p. 586-587; Croiset, t. V, p. 125; C. Müller, *Fragmenta historicorum graecorum*, t. II, p. 197-224.
(2) Plutarque, *Camille*, c. 22, § 2-3, édition des *Vies* donnée chez Didot par Théod. Doehner, t. I, p. 167, l. 12-20. Cougny, t. III, p. 66-67. D. Bouquet, t. I, p. 380-381.
(3) Edition Didot, t. III, p. 569, l. 44-53. D. Bouquet, t. I, p. 651 A; Cougny, t. VI, p. 8-9.
(4) Voir ci-dessus, p. 25.

une montagne au couchant d'équinoxe, en Celtique ; mais c'est encore dans cette montagne qu'il place la source du Danube. Il connaît cependant les noms gaulois des montagnes du centre de l'Allemagne, *Arcynia*, Ἀρκύνια, avec chute du *p* initial conservé sous forme de *f* dans le gothique *fairguni*, « montagne. » Il dit que de ces montagnes coulent la plupart des fleuves qui se dirigent vers le Nord ; mais il a le tort de distinguer de ces montagnes les monts Ripées, Ῥῖπαι, qu'il place plus au Nord, et dont on raconte, dit-il, beaucoup de choses fabuleuses. Les monts Ripées, ce sont à la fois les montagnes de l'Allemagne centrale, c'est-à-dire les *Arcynia* et les Alpes. On ne l'a pas su dans le monde gréco-romain avant Poseidonios d'Apamée, c'est-à-dire antérieurement à la première moitié du premier siècle avant notre ère (1). L'identification des Alpes et des monts Ripées est faite dans un fragment de Poseidonios, conservé par Athénée (l. VI, ch. 23) (2) ; et la source du Danube, mise par Eschyle dans les monts Ripées, est placée dans les monts Hercynies, Ἑρκύνια, par le traité *De mirabilibus auscultationibus*, compris à tort parmi les œuvres d'Aristote (3). Ce traité, dans le passage en question comme dans plusieurs autres, est co-

---

(1) Christ, § 405, p. 568-569 ; Croiset, t. V, p. 309-310.

(2) Edition donnée chez Teubner, en 1858, par Auguste Meineke, t. I, p. 414, l. 1-5 ; C. Müller, *Fragmenta historicorum graecorum*, t. III, p. 273, col. 2.

(3) Edition Didot, t. IV, p. 93, l. 9-10.

pié sur Poseidonios (1). Ἑρκύνια, *Hercynia*, dans le *De mirabilibus auscultationibus*, est une variante d'Ἀρκύνια, *Arcynia*, dans l'Aristote authentique. Est également apocryphe et au plus tôt de la seconde moitié du premier siècle avant J.-C., le traité *De mundo*, où il est parlé des îles britanniques Albion et Ierné (2).

Voici les autres renseignements qu'Aristote donne sur les Celtes. Si nous en croyons sa *Politique*, écrite au plus tôt en 336, l. II, ch. 6, § 6 (3), les Celtes n'admettent pas le gouvernement des femmes ; ils sont pédérastes, accusation répétée après Aristote par Diodore de Sicile, l. V, ch. 32, § 7 (4), par Strabon, l. IV, c. 4, § 6 (5), et par Athénée, l. XIII, c. 79 (6). A lire ces auteurs, il semblerait que les Grecs avaient sur les Celtes, à ce point de vue, une grande supériorité morale.

Egalement dans sa *Politique*, un peu plus bas, l. VII, c. 2, § 5 (7), Aristote met les Celtes dans la

---

(1) Il n'est pas antérieur au règne de l'empereur Hadrien (117-138 de notre ère), Christ, § 320, p. 470.

(2) Christ, § 320, p. 468-469; Aristote, édition Didot, t. III, p. 630, l. 42-44; Petrie et Thomas Duffus Hardy, *Monumenta historica britannica*, p. 1.

(3) Edition Didot, t. I, p. 511, l. 40-43; Cougny, t. VI, p. 4-5.

(4) Edition donnée chez Didot par C. Müller, t. I, p. 274, l. 3. 5; Cougny, t. II, p. 396-397 ; D. Bouquet, t. I, p. 310 A.

(5) Edition donnée chez Didot par C. Müller et F. Dübner, p. 165, l. 36-37; Cougny, t. I, p. 144-145 ; D. Bouquet, t. I, p. 32 D.

(6) Edition donnée chez Teubner par Auguste Meineke, 1859, t. III, p. 86, l. 8-10; D. Bouquet, t. I, p. 710 A.

(7) Edition Didot, t. I, p. 603, l. 10-12; Cougny, t. VI, p. 4-7.

§ 16. ARISTOTE.

liste des peuples chez lesquels l'art de la guerre est en honneur. C'était déjà, comme nous l'avons vu, une doctrine de Platon. Aristote ajoute, l. VII, ch. 15, § 2 (1), que, chez les Celtes, on plonge les nouveau-nés dans la rivière, et on les habille très légèrement.

Dans l'*Ethique à Nicomaque*, l. III, c. 7, § 7, Aristote (2) attribue aux Celtes la prétention de ne craindre ni les tremblements de terre, ni les flots. C'est une idée développée dans l'Ethique d'Eudème, disciple d'Aristote, ouvrage compris dans les éditions du grand philosophe (3) : les Celtes vont tout armés au-devant des flots, c'est-à-dire à une mort certaine (l. III, ch. 1, § 25) (4). Ce texte, comme un passage d'Ephore dont nous parlerons plus bas, p. 59, conserve le souvenir d'un débordement antique de la mer sur les côtes du royaume moderne des Pays-Bas, alors occupé par les Celtes qui l'avaient enlevé aux Ligures, comme on l'a vu plus haut, au § 13, p. 39, 40.

Dans le traité *De la génération des animaux*, l. II, c. 8 (5), Aristote raconte que, chez les Celtes au delà de l'Espagne, le climat est froid et qu'en con-

---

(1) Edition Didot, t. I, p. 622, l. 48-50; Cougny, t. VI, p. 6-7. D. Bouquet, t. I, p. 653 D.

(2) Edition Didot, t. II, p. 32, l. 40-41; Cougny, t. VI, p. 6-7.

(3) L. III, c. 1, § 25; édition Didot, t. II, p. 210; Cougny, t. VI, p. 6-7; cf. Christ, § 324, p. 475; Croiset, t. V, p. 44.

(4) Edition Didot, t. II, p. 210, l. 9-10; D. Bouquet, t. I, p. 652 D.

(5) Edition Didot, t. III, p. 369, l. 27-36; D. Bouquet, t. I, p. 651-652; Cougny, t. V, p. 8-9.

§ 17. PÉRIPLE DE SCYLAX.

séquence l'âne n'y peut naître. On trouve la même assertion dans l'*Histoire des animaux*, l. VIII, c. 28, § 5 (1) : en Celtique, il ne naît point d'âne, parce qu'il y fait trop froid. L'âne originaire d'Afrique, importé d'abord en Italie, plus tard au nord des Alpes (2), n'était pas encore complètement acclimaté en Celtique au quatrième siècle avant J.-C.

§ 17.

D'Aristote est contemporain le périple dit de Scylax, Σκύλαξ, qui paraît dater du milieu du quatrième siècle avant J.-C. On y voit, § 18, que les Celtes n'avaient atteint la mer intérieure que sur un point, au fond de l'Adriatique (3).

Les côtes françaises de la Méditerranée étaient en la possession des Ibères et des Ligures entre les Pyrénées et le Rhône, des Ligures seuls entre le Rhône et l'Italie, sauf les colonies grecques dont la principale était Marseille, § 3, 4 (4). Ici le périple s'accorde avec Aristote, qui, dans les *Météoro-*

---

(1) Edition Didot, t. III, p. 169, l. 32-33 ; Cougny, t. V, p. 8-9.
(2) O. Schrader, *Reallexicon der indogermanischen Altertumskunde*, t. I, p. 206.
(3) C. Müller, *Geographi graeci minores*, t. I, p. 25; Cougny, t. I, p. 312-313; D. Bouquet, t. I, p. 96. On suppose que le Périple dit de Scylax date de l'an 356 av. J.-C. Christ, § 258, p. 365; cf. Croiset, t. II, p. 549.
(4) *Geographi graeci minores*, t. I, p. 17-18; Cougny, t. I, p. 310-311; D. Bouquet, t. I, p. 96 B.

logiques, l. I, c. 13, § 30 (1), met en Ligurie, περὶ τὴν Λιγυστικήν, et non en Celtique, la perte du Rhône, à son entrée en France au sortir de Suisse. Aristote savait que ce fleuve était navigable ; les commerçants de Marseille le remontaient en barque jusqu'à la perte. C'est par eux que la connaissance de ce phénomène naturel est arrivé jusqu'en Grèce et aux oreilles d'Aristote.

§ 18.

Au temps où écrivait Aristote, Ephore, Ἔφορος, composait ses Ἱστορίαι qui se terminaient en 340 (2). Cet ouvrage est perdu, mais nous en avons des extraits conservés notamment par Strabon (premier siècle après J.-C.) et par le Byzantin Cosmas Indicopleustes qui écrivait au sixième siècle de notre ère. Ephore, en son quatrième livre, disait que quatre peuples occupaient les extrémités du monde, à l'Orient les Indous, au midi les Ethiopiens, à l'occident les Celtes, au nord les Scythes. Le pays des Indous et celui des Celtes qui lui fait vis-à-vis sont, dit-il, moins grands que le pays des Ethiopiens et que celui des Scythes, tous deux d'égale

---

(1) Edition Didot, t. III, p. 570, l. 47-50; Cougny, t. I, p. 312-313.

(2) Sur Ephore, consulter Christ, § 255, p. 360-361, et Croiset, t. IV, p. 655-662.

étendue. Les Celtes habitent à partir du couchant d'été et jusques au couchant d'hiver (1).

Suivant le même Ephore, les Celtes possédaient la plus grande partie de la péninsule ibérique jusques à Cadix (2). Strabon, écrivant trois siècles et demi plus tard, constate, en son livre IV, c. 4, § 6 (3), que de son temps les Celtes détenaient dans la péninsule un territoire moins grand. Il en conclut qu'Ephore se trompe. C'est une des nombreuses circonstances où Strabon se montre dépourvu de sens critique. Entre la date où écrivait Ephore et celle où Strabon tenait la plume, deux faits importants avaient changé la situation politique de la péninsule : le premier avait été la conquête carthaginoise, sous les Barcides, de l'an 237 à l'an 219 avant notre ère; le second était la conquête romaine, commencée immédiatement après le départ d'Annibal pour l'Italie et terminée par l'empereur Auguste quelque temps avant l'époque où écrivait Strabon. Le principal effet de ces deux conquêtes avait été de réduire beaucoup l'influence des Celtes dans la péninsule ibérique. Il n'y a donc aucune raison pour rejeter la doctrine d'Ephore sur l'étendue considérable du territoire occupé par les Cel-

---

(1) C. et Th. Müller, *Fragmenta historicorum graecorum*, t. I, p. 243, 244, fragment 38.

(2) C. et Th. Müller, *ibid.*, p. 245, fragment 43; cf. t. III, p. 457, fr. 104, 105.

(3) Edition donnée chez Didot par C. Müller et F. Dübner, p. 165, l. 37-40; Cougny, t. I, p. 144-145.

§ 18. ÉPHORE.

tes dans la péninsule ibérique au quatrième siècle avant J.-C.

Strabon, au même endroit, ajoute que, suivant Ephore, les Celtes aiment les Grecs, sont φιλέλληνες (1) et qu'ils punissent d'une amende les jeunes gens trop gros, quand leur ceinture dépasse une longueur déterminée (2). Le tout est exact comme peinture de la Celtique au quatrième siècle avant J.-C.

Ephore savait aussi que les Celtes habitaient une région sujette à être inondée par la mer : ce sont les Pays-Bas de la géographie moderne. Une inondation comme celle qui, au moyen âge, a produit le Zuyderzée, avait eu lieu, paraît-il, au temps d'Ephore, puis la mer s'était retirée et les Celtes avaient rebâti les maisons détruites par les flots. Les Celtes, dit Ephore, n'ont peur de rien; ils attendent que les eaux aient submergé leurs maisons, puis ils rebâtissent. Les eaux leur enlèvent plus de monde que la guerre (3) (cf. ci-dessus, p. 55).

---

(1) Strabon, l. IV, c. 4, § 6, édition donnée chez Didot, par C. Müller et F. Dübner, p. 165, l. 40; Cougny, p. 144-145; C. et Th. Müller, *Fragmenta historicorum graecorum*, t. I, p. 245, fragment 43; cf. Scymnos de Chio, vers 183-186; C. Müller, *Geographi graeci minores*, t. I, p. 202.

(2) Strabon, l. IV, c. 4, § 6, édition donnée chez Didot par C. Müller et F. Dübner, p. 165, l. 37-40; et les autres éditions citées dans la note précédente.

(3) Strabon, l. VII, c. 2, § 1, édition donnée chez Didot par C. Müller et F. Dübner, p. 243, l. 33-36; Cougny, t. I, p. 210-211; C. et Th. Müller, *Fragmenta historicorum graecorum*, t. I, p. 245, fr. 44.

§ 19.

Théopompe, Θεόπομπος, né vers l'année 375 avant J.-C. et mort vers l'an 306 (1), a connu non seulement la prise de Rome par les Gaulois, mais probablement aussi cette alliance des Gaulois avec Denys l'Ancien, tyran de Syracuse, qui eut pour résultat l'entrée de mercenaires gaulois au service du despote grec (2). Il sait aussi que les Gaulois ont commencé vers l'Orient ce mouvement qui doit aboutir dans le siècle suivant à une invasion en Grèce et à un établissement en Asie Mineure.

Ils font la guerre aux Illyriens qu'ils ont un jour vaincus, grâce à une ruse de guerre. Ils avaient préparé sous la tente un grand festin, après avoir mélangé un purgatif à tous les mets, puis ils se retirèrent. Les Illyriens se jetèrent avidement sur le repas. Quand ils eurent tout mangé et bu, les Gaulois revinrent; les Illyriens étaient incapables de combattre, et furent tous massacrés (3).

Théopompe avait aussi parlé d'une ville appelée Drilônios, Δριλώνιος, la ville des Celtes la plus

---

(1) Christ, § 256, p. 363; C. et Th. Müller, *Fragmenta historicorum graecorum*, t. I, p. LXV-LXXVI, 278-333; Croiset, t. IV, p. 662-674.

(2) C. et Th. Müller, *Fragmenta historicorum graecorum*, t. I, p. 303, fragment 144 (cf. ci-dessus, p. 48).

(3) C. et Th. Müller, *Fragmenta historicorum graecorum*, t. I, p. 284-285, fragment 41.

éloignée. Nous ne savons où elle était située (1).

Ainsi, au quatrième siècle, les notions qu'on avait sur les Celtes au siècle précédent se développent et se précisent sans être cependant ni complètes, ni de tout point exactes.

(1) C. et Th. Müller, *Fragmenta historicorum graecorum*, t. I, p. 316, fragment 223.

CINQUIÈME LEÇON.

18 janvier 1901.

§ 20.

Vers l'année 500 avant notre ère, les connaissances géographiques des Grecs s'étendaient à l'Orient jusqu'à l'Indus dont le nom nous a été conservé dans un des fragments d'Hécatée de Milet : « L'églantier vient sur les bords du fleuve Indos, » dit le vieux géographe grec, περὶ τὸν Ἰνδόν δέ φησι ποταμὸν γίνεσθαι τὴν κυνάραν ; c'est une citation d'Hécatée par Athénée, l. II, ch. 82 (1). Mais les Grecs n'avaient pas dépassé ce fleuve et ne connaissaient son nom que par les rapports des Perses qui le nommaient *Hindus*, tandis que son nom se prononçait, sur la rive gauche, à l'Est, *Sindhus*, avec un *s* initial et une dentale aspirée. Inde, d'où Indou dérive, signifie littéralement « bassin du fleuve *Indus*; » c'est une expression qui nous vient de l'empire perse par l'entremise d'Hécatée de Milet. L'Inde, Ἰνδία, les Indous, Ἰνδοί, connus d'Hécatée,

---

(1) Edition Meineke, t. I, p. 126; C. et Th. Müller, *Fragmenta historicorum graecorum*, t. I, p. 12, fragment 174 (cf. ci-dessus, p. 18).

étaient à l'Ouest, sur la rive droite du fleuve; tels les *Gandarae*, Γάνδαραι, avec leur ville de Caspapyros, Κασπάπυρος (1). Mais, en 326 av. J.-C., Alexandre le Grand, après avoir parcouru, à la tête de ses armées victorieuses, tout le vaste empire des Perses, atteignit l'Indus, le traversa et battit, bien au delà de ce grand fleuve, le puissant roi que les Grecs ont appelé Poros, prenant probablement pour un nom d'homme le nom d'une dynastie, *Paura* (2).

Les merveilleux succès d'Alexandre ont fait faire aux connaissances géographiques des Grecs à l'Orient d'énormes et fort éclatants progrès. Au même siècle, et probablement peu de temps après, Pythéas, Πυθέας, un pauvre et obscur Marseillais obtenait à l'Occident, par des moyens fort modestes et sans l'appui d'aucun gouvernement, des résultats scientifiques beaucoup plus importants. Il allait lui-même visiter les côtes occidentales de l'Europe, où aucun Grec n'avait pénétré jusque-là, et il rédigeait par écrit le récit de son exploration en un ouvrage dont le titre paraît avoir été : Περὶ τοῦ Ὠκεανοῦ πεπραγματευμένα (3). Il n'est pas le premier Marseil-

---

(1) *Fragmenta historicorum graecorum*, t. I, p. 12, fr. 178, 179.

(2) Otto Böhtlingk, *Sanskrit Wörterbuch in kürzerer Fassung*, 4ᵉ partie, p. 124, au mot *Paura*; voir aussi Max Duncker, *Geschichte des Alterthums*, 5ᵉ édition, t. III, p. 306; cf. l'article *Alexandros* dans la nouvelle édition de *Paulys Realencyclopaedie*, t. I, col. 1429.

(3) Karl Müllenhoff, *Deutsche Altertumskunde*, t. I, 2ᵉ édition, p. 324 note; Otto Bremer chez Paul, *Grundriss der germanischen Philologie*, 2ᵉ édition, t. II, p. 741.

§ 20. PYTHÉAS.

lais que le désir de s'instruire ait entraîné vers des régions lointaines. Avant lui, probablement dans la première moitié du quatrième siècle avant J.-C. (1), Euthymènès de Marseille, comme Kolaïos de Samos au septième siècle (2), avait traversé le détroit de Gibraltar et il ne s'était pas arrêté à Cadix comme l'avait fait Kolaïos. Il avait entrepris une grande expédition, mais c'était vers le Sud qu'il s'était dirigé; il avait fait le tour de l'Afrique (3).

Pythéas fut, parmi les Grecs et après les navigateurs phéniciens, le premier de ceux qu'on appelle aujourd'hui les explorateurs du pôle Nord. Il désirait sans doute connaître le pays mystérieux d'où venaient à Marseille l'étain, nécessaire à la fabrication du bronze, et l'ambre, si appréciée comme objet de parure. Il avait fait des études d'astronomie. Il n'était pas assez riche pour acheter un navire, pour nourrir et payer des matelots; il s'engagea probablement comme matelot lui-même sur un bâtiment de commerce carthaginois qui, affrété par des négociants, allait offrir aux Celtes et aux Germains les marchandises venues des côtes de

---

(1) Hugo Berger, *Geschichte des wissenschaftlichen Erdkunde der Griechen. Dritte Abtheilung*, p. 6.

(2) Hérodote, l. IV, c. 152; cf. Movers, *Das phoenizische Alterthum*, t. II, p. 598.

(3) Athénée, l. II, c. 87; édition Meineke, t. I, p. 131, l. 17-25; Plutarque, *De placitis philosophorum*, l. IV, c. 2; éd. Didot, *Moralia*, t. II, p. 1095.

la Méditerranée, et qui, du pays des Celtes et des Germains, devait, au retour, apporter de l'étain et de l'ambre dans des régions plus méridionales. C'était aux environs de l'année 320 (1) avant notre ère, au printemps.

En cinq jours, il atteignit l'extrémité sud-ouest de la péninsule ibérique, c'est-à-dire le cap Saint-Vincent, le Ἱερὸν ἀκρωτήριον des Grecs, le *Sacrum promontorium* des Romains (2). Puis, longeant les côtes occidentales de la péninsule dans la direction du Nord, il atteignit le cap Finisterre, où son navire, suivant toujours la côte, commença à se diriger vers l'Est, et il constata qu'au nord de l'Ibérie, quand on allait vers la Celtique, la navigation devenait plus facile (3). Nous savons qu'en-

---

(1) C'est la date proposée par M. Otto Bremer, *Grundriss der germanischen Philologie* d'Hermann Paul, 2ᵉ édition, t. III, p. 741; cf. Hugo Berger, *Geschichte der wissenschaftlichen Erdkunde*, 3ᵉ partie, p. 19. Christ, § 298, p. 560-561, propose la date de 300 environ; cf. Pauly, *Realencyclopaedie*, t. VI, p. 331-332, où l'on a dit quatrième siècle. W. Bessel, *Ueber Pytheas von Massalia und dessen Einfluss auf die Kenntniss der Alten vom Norden Europa's*, p. 8, parle de l'intervalle entre les années 366 et 327 avant J.-C.

(2) C'est la distance indiquée d'après Pythéas, par Eratosthène. Strabon, l. III, ch. 2, § 11, édition donnée chez Didot par C. Müller et F. Dübner, p. 123, l. 10-11; cf. Müllenhoff, *Deutsche Altertumskunde*, 2ᵉ édit., t. I, p. 368-370 : sur le *Sacrum promuntorium*, voir Pline, l. II, § 242, l. IV, § 115, 2ᵉ édit. de Louis Jan, donnée chez Teubner par C. Jan (1870), t. I, p. 120, l. 24-25.

(3) Strabon, l. III, c. II, § 11, édition Müller et Dübner, p. 123, l. 19-21; cf. Müllenhoff, *Deutsche Altertumskunde*, t. I, 2ᵉ édit.,

§ 20. PYTHÉAS.

suite il arriva sur les côtes de la Bretagne continentale où il trouva un peuple appelé *Ostimii*, Ὀστίμιοι ou *Ostidamnii* Ὀστιδάμνιοι (1), les *Ossismi* ou *Osismi*, des textes postérieurs établis dans le département du Finistère (2). Leur nom peut n'être qu'un dérivé du nom du promontoire *Oestrymnis* ou mieux *Oistrumnis*, mentionné par Avienus d'après le périple du Carthaginois Himilcon, et ce promontoire paraît n'être autre chose que la Bretagne continentale (3). L'*Oistrumnis* du sixième ou du cinquième siècle av. J.-C. sera devenu *Ostimis*, deux siècles plus tard, par adoucissement de la prononciation, c'est-à-dire par suppression de trois lettres, *i* consonne, *r*, *n*, et par assimilation de l'*u* à l'*i* final du thème. Quant à la notation plus récente *Ossismi*, *Osismi* (4), elle est le résultat de l'assimilation du *t* à l'*s* antécédent et de l'intercalation d'une *s* avant l'*m* par imitation du suffixe

p. 370; Hugo Berger, *Geschichte der wissenschaftlichen Erdkunde*, 3ᵉ partie, p. 32.

(1) Strabon, l. I, c. 4, § 3, 5; édition Müller et Dübner, p. 53, l. I, 44, 49; l. IV, c. 4, § 1, même édition, p. 162, l. 27; Cougny, t. I, p. 130. Sur les variantes, voir Müller et Dübner, p. 945, col. 1. Müllenhoff, *Deutsche Altertumskunde*, 2ᵃ édit., t. I, p. 373-375. Bessel, *Pytheas von Massalia*, p. 87-88.

(2) La Borderie, *Histoire de Bretagne*, t. I, p. 67, 101-112.

(3) Avienus, *Ora maritima*, vers 90-119, édit. Holder, p. 147-148; cf. Müllenhoff, *Deutsche Altertumskunde*, t. I, 2ᵉ édit., p. 90-91.

(4) Holder, *Altceltischer Sprachschatz*, t. II, col. 885, 886. Sur la notation *Ostiaei*, *Ostiones*, voyez Oskar Brenner, *Quellen zur Kunde des alten Germaniens*, p. 93.

-*smo* pour -*samo;* cf. *Belismius* pour *Belisamius (1).

Là se trouvait aussi, suivant Pythéas, un promontoire *Kabaïon*, Κάβαιον (2), appelé par Ptolémée *Gabaion*, Γάβαιον (3), que l'on suppose être la pointe du Raz, au sud de la baie de Douarnenez, département du Finistère, arrondissement de Quimper (4). Et près de là était l'île d'*Uxisama*, Οὐξισάμη. En partant d'un point inconnu du continent gaulois, peut-être des environs de la Rochelle, il aurait fallu à Pythéas trois jours de navigation pour atteindre cette île (5). Il s'agit vraisemblablement d'Ouessant, appelé *Uxantis* dans l'itinéraire d'Antonin, 509, 3, et *Axanthos*, mauvaise notation pour *Uxantos*, chez Pline, *Histoire naturelle*, l. IV, § 103 (6). D'*Uxisama* à *Uxantis* ou *Uxantos*, la différence résulte d'un changement de suffixe : -*anti*- ou -*anto*- substitué à -*sama*. De cette île, Pythéas gagna la Grande-Bretagne en un jour de navigation qui, joint aux trois jours pour aller d'un port inconnu de la Gaule à Ouessant, fait quatre jours. Le point où

---

(1) Holder, *Altcellischer Sprachschatz*, t. I, col. 386.

(2) Strabon, l. I, ch. 4, § 5; édition donnée chez Didot par C. Müller et F. Dübner, p. 33, l. 45.

(3) Ptolémée, l. II, ch. 8, § 1, 2; édition donnée chez Didot par C. Müller, t. I, p. 209, l. 1, 3.

(4) La Borderie, *Histoire de Bretagne*, t. I, p. 112.

(5) Strabon, l. I, ch. 4, § 5, p. 53, l. 46, 49; cf. Müllenhoff, *Deutsche Altertumskunde*, t. I, 2ᵉ édit., p. 375; Hugo Berger, *Geschichte*, etc., 3ᵉ partie, p. 33.

(6) Édition de Charles Jan, 1870, t. I, p. 178, l. 18, avec les variantes *Axantos* et *Auxantes*, p. LI.

il atteignit la grande île était le promontoire nommé *Bélérion* (1).

Les îles Britanniques sont les *Oestrymnides*, mieux *Oistrumnides* d'Himilcon, ci-dessus, p. 38 ; ce Carthaginois les considérait comme une dépendance de la presqu'île continentale, *Oistrumnis*, qui est aujourd'hui la Bretagne française. Pythéas apporta aux Grecs un autre nom du groupe insulaire, « îles Prétaniques, » Πρετανικαί, et non « Prettaniques, » Πρεττανικαὶ νῆσοι, comme on l'a, plus tard' écrit, en doublant le *t* (2). L'adjectif Πρετανικαί dérive du nom du peuple qui, au quatrième siècle, avait la possession exclusive des îles, plus tard nommées Britanniques. Nous voulons parler du peuple que les Gaulois devaient appeler *Pretani* pour *Qretani*, en irlandais *Cruithni*, d'où le dérivé irlandais *cruithnech* = *pritanico-s* (3). *Cruithni, Cruithnich*, est le nom irlandais du peuple que les Romains ont appelé *Picti* et qui, au temps de l'empire ro-

---

(1) Τὸ δ'ἕτερον ἀκρωτήριον τὸ καλούμενον Βελέριον ἀπέχειν λέγεται τῆς ἠπείρου πλοῦν ἡμερῶν τεττάρων. Diodore de Sicile, l. V, c. 2, § 3: édition donnée chez Didot par L. Dindorf, t. I, p. 266, l. 49: Petrie et Thomas Duffus-Hardy, *Monumenta historica britannica*, t. I, p. II; cf. Müllenhoff, *Deutsche Altertumskunde*, t. I, 2ᵉ édit., p. 375-377. Quoique Diodore ne cite pas Pythéas, il est vraisemblable que ce renseignement vient de lui.

(2) Et non Βρεττανικαί. Charles Müller, *Geographi Graeci minores*, t. I, p. CXXXV, col. 1, et p. 561. Cf. Müllenhoff, *Deutsche Altertumskunde*, t. I, 2ᵉ éd., p. 94 note. Le *th* de l'irlandais *Cruithne* et le *d* du gallois *Prydain* exigent un *t* simple.

(3) Cf. J. Rhys, *Early Britain*, 2ᵉ édit., p. 239-240.

main, ne dominait plus que dans la région septentrionale de la Grande-Bretagne. La conquête de l'île par les *Brittones*, groupe celtique continental, les y avait rejetés, postérieurement à Pythéas.

Le cap *Belerion*, où aborda Pythéas, apparaît sous le même nom chez Diodore de Sicile, l. V, ch. 21, § 3 (1). Ptolémée l'appelle *Bolerion* (2). C'est le *cape Land's End*, en français Finistère, à l'extrémité occidentale de la Cornouaille anglaise.

A partir de ce cap, Pythéas côtoya la Grande-Bretagne au sud en allant de l'ouest à l'est, jusqu'au comté de Kent, qui s'appelait alors *Kantion*, Κάντιον; en sorte qu'il lui avait fallu, pour aller de la Celtique au comté de Kent, où est Douvres, beaucoup plus de temps que s'il était parti de Calais. On sait combien est courte la traversée de Calais à Douvres. Il fallut à Pythéas plusieurs jours pour arriver de la Celtique au *Kantion* (3). Strabon a trouvé cet énoncé absurde; il n'en saisissait pas la raison.

---

(1) Edition donnée chez Didot par C. Müller, t. I, p. 266, l. 49; Petrie et Thomas Duffus Hardy, *Monumenta historica britannica*, t. I, p. II.

(2) Livre II, ch. 5, § 2; édit. Müller, t. I, p. 86, l. 5; Petrie et Thomas Duffus Hardy, *Monumenta historica britannica*, t. I, p. XII; cf. Müllenhoff, *Deutsche Altertumskunde*, t. I, 2ᵉ édit., p. 375-377.

(3) Τὸ Κάντιον ἡμερῶν τινων πλοῦν ἀπέχειν τῆς Κελτικῆς φησι. Strabon, l. I, c. 4, § 3; édit. Charles Müller, p. 52, l. 49-50; Petrie et Thomas Duffus Hardy, *Monumenta historica britannica*, t. I, p. III; cf. Müllenhoff, *Deutsche Altertumshunde*, t. I, 2ᵉ édit., p. 375, 376.

§ 20. PYTHÉAS.

A partir du comté de Kent, Pythéas, longeant toujours les côtes de la Grande-Bretagne, prit la direction du nord et atteignit l'extrémité septentrionale de l'île après avoir compté 15,000 stades, soit 2,655 kilomètres, c'est le chiffre que donne Diodore de Sicile (1) et qu'il a probablement copié chez Pythéas; puis, après une excursion vers le nord, dont nous allons parler, Pythéas regagna le promontoire *Belerion*, en passant entre la Grande-Bretagne et l'Irlande, et il calculait que la distance dépassait 20,000 stades (2), soit 3,540 kilomètres, distance triple de celle qu'on trouverait en ligne droite, mais qu'a pu rencontrer un navire en suivant tous les contours des côtes.

La Grande-Bretagne se terminait au nord par le cap Orca (3), l'*Orcas* de Ptolémée (4), aujourd'hui Dunnet Head en Ecosse, comté de Caithness.

Pythéas dit qu'en Grande-Bretagne on cultivait le blé, on le battait en grange, on fabriquait avec le

---

(1) Diodore de Sicile, l. V, c. 21, § 4, édition donnée chez Didot par C. Müller, t. I, p. 266-267; cf. Müllenhoff, *Deutsche Altertumskunde*, t. I, 2ᵉ édit., p. 377.

(2) Πλειόνων ἢ δισμυρίων τὸ μῆκος ἀποφαίνει τῆς νήσου. Strabon, l. I, c. 4, § 3; édition donnée chez Didot par C. Müller et F. Dübner, p. 52, l. 48-49.

(3) Diodore de Sicile, l. V, c. 21, § 3; édition donnée chez Didot par C. Müller, t. I, p. 266, l. 51; Petrie et Thomas Duffus Hardy, *Monumenta historica britannica*, t. I, p. II.

(4) Ptolémée, l. II, c. 3, § 1; édition donnée chez Didot par C. Müller, t. I, p. 83, l. 7; Petrie et Thomas Duffus Hardy, *Monumenta historica britannica*, t. I, p. XII.

miel une boisson fermentée, c'est l'hydromel (1).

Avant de retourner au sud, il avait fait une excursion plus au nord et à six jours de distance, et atteint Thule (2), près de la mer Glaciale (3). On suppose que Thule est Mainland, la plus septentrionale des îles Shetland (4).

De là, passant par le canal de Saint-Georges et la Manche, Pythéas, ayant fait le tour de la Grande-Bretagne, rentra dans la mer du Nord, dont il suivit les côtes méridionales, alors au pouvoir des Celtes jusqu'à l'embouchure de l'Elbe (5), puis se dirigeant vers le nord, il cotoya le Schleswig-Holstein, alors occupé en partie par les Goths, en partie par les Teutons, et il constata qu'à un jour de navigation se trouvait une île, qu'il appelle *Abalus*, nous dit Pline. Au printemps, les flots de la mer dégelée rejetaient de l'ambre en quantité dans cette île; les habitants vendaient une partie de cet ambre aux Teutons, leurs voisins continentaux, qui le revendaient aux Phéni-

---

(1) Strabon, l. IV, c. 5, § 5, édit. Müller et Dübner, p. 167, l. 44-49.

(2) Strabon, l. I, c. 4, § 2; édition Müller et Dübner, p. 52, l. 27-28. Pline, l. II, § 187; cf. Müllenhoff, t. I, p. 385.

(3) Ἐγγὺς... τῆς πεπηγυίας θαλάσσης. Strabon, l. I, c. 4, § 2, édition Müller et Dübner, p. 52, l. 28-29.

(4) Müllenhoff, *Deutsche Altertumskunde*, t. I, 2ᵉ édit., p. 363, 388, 408-410; cf. Hugo Berger, *Geschichte der wissenschaftlichen Erdkunde*, 3ᵉ partie, p. 16. — Oskar Brenner, *Quellen zur kunde des alten Germaniens*, p. 32, suppose que Thule est la Norvège.

(5) Hugo Berger, *Die geographischen Fragmente des Eratosthenes*, p. 148, n. 4; p. 213; *Die geographischen Fragmente des Hipparch*, p. 68-70.

§ 20. PYTHÉAS. 73

ciens, et ils brûlaient le reste (1). *Abalus* est une des îles situées sur la côte occidentale du Schleswig-Holstein. En partant d'un point indéterminé de la même côte, on rencontrait, après trois jours de navigation, une île beaucoup plus grande, appelée *Basilia* (2), et qui paraît être la Scandinavie, dont les régions septentrionales étaient alors inconnues. On ne savait pas qu'au nord la Scandinavie se rattachait au continent (3).

Diodore de Sicile, essayant de copier Pythéas près de trois siècles plus tard, a confondu *Abalus* et *Basilia* (4) : « En face de la Scythie, qui est au

---

(1) « Pytheas Gutonibus [Germaniae genti] adcoli aestuarium Mentonomon nomine ab Oceano spatio stadiorum sex millium; ad hoc DIEI NAVIGATIONE abesse insulam Abalum, illo per ver fluctibus advehi [electrum] et esse concreti maris purgamentum, incolas pro ligno ad ignem uti eo proxumisque Teutonis vendere. » Pline, l. XXXVII, § 35, édition donnée chez Teubner, en 1860, par Louis Jan, t. V, p. 148, l. 30-35; cf. Müllenhoff, *Deutsche Altertumskunde*, 2ᵉ éd., t. I, p. 476. Sur la question de savoir si les Goths étaient établis dans le Schleswig Holstein au temps de Pythéas, voir Otto Bremer dans le *Grundriss der germanischen Philologie*, 2ᵉ édit., 3ᵉ partie, p. 786, § 51; p. 789, § 55.

(2) « Xenophon Lampsacenus a litore Scytharum, TRIDUI NAVIGATIONE insulam esse immensae magnitudinis Balciam tradit, eandem Pytheas Basiliam vocat. » Pline, l. IV, § 95 ; édition donnée chez Teubner par Charles Jan, en 1870, t. I, p. 176, l. 27-30. Zeuss, *Die Deutschen und die Nachbarstaemme*, p. 270, note, constate que, suivant Pytheas, *Basilia* et *Abalus* sont deux localités différentes.

(3) Sur les diverses opinions émises à ce sujet, voir un article de M. Ihm dans *Paulys Real-Encyclopaedie*, 2ᵉ édit., t. III, col. 42-43.

(4) Τῆς Σκυθίας τῆς ὑπὲρ τὴν Γαλατίαν καταντικρὺ νῆσός ἐστι πελαγία

delà de la Galatie, » dit-il (lisez de la Celtique), « il y a dans l'Océan une île appelée *Basilia*; les flots y rejettent l'ambre en abondance. On ramasse l'ambre dans cette île, puis les habitants l'amènent vis-à-vis sur le continent, et, de là, il est transporté chez nous. »

Pythéas avait considéré comme Scythes les Goths et les Teutons du Schleswig-Holstein. La presqu'île du Jutland faisait à ses yeux partie de la Scythie : de là le nom de Scythie chez Diodore dans le passage cité, comme celui des Scythes dans une citation de Xénophon de Lampsaque, faite par Pline et reproduite en note plus haut, p. 73.

Nous n'avons plus le livre où Pythéas nous donnait sur l'Europe occidentale, vers la fin du quatrième siècle avant J.-C., tous ces précieux renseignements.

Nous ne les connaissons que par l'entremise de plusieurs écrivains postérieurs, dont le principal est Strabon, copiant lui-même une partie perdue des écrits de Polybe. Polybe est un écrivain de grand talent, mais un homme riche, habitué à voyager avec ses aises et sans courir de dangers sérieux. Il voulut connaître les régions occidentales, et, à

κατὰ τὸν Ὠκεανὸν ἡ προσαγορευομένη Βασίλεια, εἰς ταύτην ὁ κλύδων ἐκβάλλει δαψιλὲς τὸ καλούμενον ἤλεκτρον... τὸ γὰρ ἤλεκτρον συνάγεται μὲν ἐν τῇ προειρημένῃ νήσῳ, κομίζεται δὲ ὑπὸ τῶν ἐγχωρίων πρὸς τὸν ἀντιπέραν ἤπειρον δι' ἧς φέρεται πρὸς τοὺς καθ' ἡμᾶς τόπους. » Diodore, l. V, c. 23, § 15; édition donnée chez Didot par C. Müller, t. I, p. 267-268; Cougny, t. II, p. 370-373.

cet effet, il accompagna probablement Scipion Emilien dans ses voyages en Espagne, une première fois en l'année 150, la seconde en 135 ; il raconte qu'il a parcouru l'Espagne et la Gaule jusqu'à la mer extérieure (1). Toutefois, en Gaule, il ne s'est pas éloigné des côtes de la Méditerranée.

Il comptait bien un jour dire la vérité sur les îles Britanniques et sur la fabrication de l'étain (2). Mais pour se procurer des renseignements sur l'archipel britannique, il se contenta de faire interroger par Scipion Emilien des Marseillais, des habitants de Narbonne et de Corbilon, ville située vers l'embouchure de la Loire, qui s'étaient mis en rapport avec le célèbre général ; ceux-ci se défiant du Romain, devinant des projets de conquête dans l'Europe du nord-ouest et ne voulant pas jouer le rôle d'espions, ne donnèrent que des réponses sans intérêt. Polybe, irrité de son impuissance et blessé de la supériorité des informations de Pythéas, le traite de hardi menteur (3). Il est incroyable, ajoute-t-il, qu'un simple particulier, un pauvre, ait pu faire de si grands voyages (4) ; ce qu'il a raconté des côtes de l'Océan

---

(1) Polybe, l. III, c. 59, § 7 ; édit. Didot, t. I, p. 158.
(2) Polybe, l. III, c. 57, § 3, 5 ; édit. Didot, t. I, p. 157.
(3) Strabon, l. IV, c. 2, § 1 ; édition Müller et Dübner, p. 158, l. 2-9.
(4) Φησί δ'οὖν Πολύβιος ἄπιστον καὶ αὐτὸ τοῦτο πῶς ἰδιώτῃ ἀνθρώπῳ

est un tissu de mensonges (1); mensongères en général sont la plupart de ses assertions (2).

Ceci me rappelle un récit d'un de mes amis qui, un jour, en chemin de fer, se trouvait en face d'un important inconnu. Ce personnage avance d'un ton d'autorité une doctrine quelconque sur un point d'érudition. Mon ami exprime un doute. Son interlocuteur lui demande : « Combien gagnez-vous par an ? » — « Quatre mille francs » fut la réponse. — « Eh bien, » reprit le grand personnage, « je suis marchand, je gagne cent mille francs par an, comment pouvez-vous être assez hardi pour me contredire ? »

Renan avait plus de sens. Je parlais un jour devant lui des voyages si profitables scientifiquement que le professeur Halévy a faits en Arabie. « Je n'aurais pu me tirer d'affaire avec si peu d'argent, » me disait cet homme savant, bienveillant et sincère qu'était Renan. Mais il ne traitait pas de menteur le professeur Halévy. Renan avait l'esprit moins étroit que Polybe, il n'aurait pas dit de Pythéas ce qu'a osé affirmer l'historien grec, « sur les pays au delà du Rhin, jusqu'aux Scythes (li-

---

καὶ πένητι τὰ τοσαῦτα διαστήματα πλωτὰ καὶ πορευτὰ γένοιτο. Strabon, l. II, ch. 4; édition Müller et Dübner, p. 86, l. 12-14.

(1) Ἃ Πυθέας ὁ Μασσαλιώτης κατεψεύσατο ταῦτα τῆς παρωκεανίτιδος. Strabon, l. VII, c. 3, § 1; édition Müller et Dübner, p. 245, l. 16-18; cf. p. 982, col. 1.

(2) Κατέψευσται γὰρ αὐτῶν τὰ πλεῖστα. Strabon, l. IV, c. 5, § 5, édition Müller et Dübner, p. 167, l. 36-37.

sons *Germains*), il n'a raconté que mensonges (1). »
C'est une calomnie inspirée par l'envie.

(1) Τὰ πέραν τοῦ Ῥήνου τὰ μεχρὶ Σκυθῶν παντὰ κατέψευσται τῶν τόπων. Strabon, l. I, c. 4, § 3; édit. Müller et Dübner, p. 53, l. 1-2.

SIXIÈME LEÇON.

25 janvier 1901.

§ 21.

Ptolémée, fils de Lagos, Πτολεμαῖος ὁ Λάγου, était un Macédonien, favori d'Alexandre le Grand. Quand, après la mort du conquérant, en 323, ses lieutenants se partagèrent son vaste empire, l'Egypte fut la part de Ptolémée et il la posséda jusqu'à sa mort, en 283. Il est l'auteur d'une histoire d'Alexandre le Grand, aujourd'hui perdue, mais qui a servi de base aux récits postérieurs, notamment à l'ouvrage qu'Arrien a publié, au deuxième siècle de notre ère, sous le titre d'*Expédition d'Alexandre*, Ἀλεξάνδρου ἀνάβασις (1).

C'est à Ptolémée, fils de Lagos, qu'Arrien a emprunté le récit de l'ambassade qu'Alexandre, vainqueur des Triballes, peuple thrace, reçut des Celtes établis sur les bords de l'Adriatique ; c'était en l'année 335 avant notre ère, et probablement non loin de la rive droite du bas Danube, où ha-

---

(1) Christ, § 257, 487, p. 363, 670; Croiset, t. V, p. 92.

bitaient les Triballes. Une alliance fut contractée entre les Celtes et le futur conquérant de l'empire perse. Ce fut alors qu'à la question d'Alexandre : « Que craignez-vous le plus au monde ? » les Celtes répondirent : « La chute du ciel (1). » Arrien le rapporte sans citer l'ouvrage de Ptolémée qu'au début de son livre il a mentionné comme la première de ses sources. C'est Strabon qui nous apprend que le récit de cette ambassade avait été écrit par Ptolémée, fils de Lagos, et il nous donne plus complètement qu'Arrien la réponse des Celtes : « Nous ne craignons qu'une chose, c'est que le ciel ne tombe sur nous ; mais nous mettons au-dessus de tout l'amitié d'un homme tel que toi (2). »

Une seconde ambassade des Celtes vint trouver Alexandre à Babylone, environ douze ans plus tard, vers le printemps de l'année 323, peu de temps avant le jour où la mort enleva le jeune conquérant à l'admiration de ses contemporains (13 juin 323). Cette ambassade nous est connue par Arrien (3). Nous ne pouvons affirmer que cet auteur en parle d'après Ptolémée, fils de Lagos.

---

(1) Δεδιέναι μήποτε ὁ οὐρανὸς αὐτοῖς ἐμπέσοι. Arrien, l. I, c. 4, § 6 ; édition donnée chez Didot par Fr. Dübner, p. 5.

(2) Πλὴν εἰ ἄρα μὴ ὁ οὐρανὸς αὐτοῖς ἐπιπέσοι · φιλίαν γε μὴν ἀνδρὸς τοιούτου περὶ παντὸς τίθεσται. Strabon, l. VII, ch. 3, § 8 ; édit. Müller et Dübner, p. 250, l. 43-45 ; cf. C. Müller, *Scriptores rerum Alexandri Magni*, à la suite de l'Arrien de la collection Didot, p. 87, fragment 2 ; Cougny, t. I, p. 214-215.

(3) Arrien, l. VII, c. 15, § 4 ; édit. Fr. Dübner, p. 190. Cougny, t. III, p. 362-363.

§ 22.

On peut considérer Jérôme de Cardie comme le continuateur de Ptolémée, historien d'Alexandre le Grand. Jérôme de Cardie, Ἱερώνυμος ὁ Καρδιανός, écrivait, aux environs de l'année 272 avant J.-C., une histoire des successeurs d'Alexandre. Originaire de Thrace, né entre 370 et 360 (1), il vécut d'abord dans les camps, en premier lieu sous les ordres de son compatriote le lieutenant d'Alexandre, Eumène, mort en 316, puis au service de Démétrios Poliorcète, roi de Macédoine, 295-287, et d'Antigone Gonatas, aussi roi de Macédoine, 278-242. Il mourut à l'âge de cent quatre ans (2). Ce fut dans les dernières années de sa vie que de soldat il devint écrivain. Nous le savons par un passage de Pausanias (3) qui nous apprend que la mort de Pyrrhus, roi d'Epire, tué par une femme dans la ville d'Argos, en 272, fut racontée par Jérôme de Cardie. Jérôme devait alors être âgé d'au moins quatre-vingt-huit ans.

L'ouvrage composé par Jérôme de Cardie est perdu. M. Charles Müller en a réuni quelques

---

(1) Ch. Müller, *Fragmenta historicorum graecorum*, t. II, p. 450; cf. Croiset, t. V, p. 106; Christ, § 386, p. 548-549.

(2) Lucien, Μακρόβιοι, ch. 22, édit. Didot, p. 643.

(3) Pausanias, l. I, ch. 13, § 9, édition donnée chez Didot par L. Dindorf, p. 19, l. 24-29.

§ 22. JÉRÔME DE CARDIE.

fragments (1). C'est probablement chez lui que les écrivains postérieurs, Diodore de Sicile au premier siècle avant notre ère (2), et plus tard d'autres auteurs parmi lesquels on peut citer surtout Pausanias, ont puisé ce qu'ils ont raconté 1° de l'invasion gauloise en Macédoine et en Grèce, en 280 et les années suivantes, 2° de l'établissement des Gaulois en Asie Mineure.

Comme son contemporain le Sicilien Dicéarque, Δικαίαρχος, auteur d'un Περίοδος γῆς (3), Jérôme de Cardie semble n'avoir pas cru à la réalité du voyage de Pythéas sur les côtes occidentales et septentrionales de l'Europe. Nous savons par Strabon quelle était l'opinion de Dicéarque (4) : Strabon, marchant sur les traces de Polybe, reproche à Eratosthène d'avoir cru aux récits de Pythéas auxquels Dicéarque ne croyait point (5).

En conséquence, Jérôme de Cardie, voulant raconter l'invasion celtique en Grèce, a écrit : « Ces

---

(1) Ch. Müller, *Fragmenta historicorum graecorum*, t. II, p. 450-461.

(2) Diodore, l. XXII, c. 9; édition donnée chez Didot par Ch. Müller, t. II, p. 437-438.

(3) Ch. Müller, *Fragmenta historicorum graecorum*, t. II, p. 225, 251-253.

(4) Sur Dicéarque, voy. Christ, § 421, p. 588-589; Croiset, t. V, p. 100, 101, 118; cf. Hugo Berger, *Geschichte der wissenschaftlichen Erdkunde der Griechen*, t. III, p. 9, 48, etc.

(5) Πυθέα δὲ πιστεύειν, καὶ ταῦτα μηδὲ Δικαιάρχου πιστεύσαντος. Strabon, l. II, c. 4, § 2; édit. Ch. Müller et F. Dübner, p. 86, l. 23-25; Ch. Müller, *Fragmenta historicorum graecorum*, t. II, p. 252.

Galates habitent l'extrémité de l'Europe sur une vaste mer dont les navires ne peuvent atteindre l'extrémité ; on y trouve une marée, des écueils, des animaux féroces, tels qu'il n'y en a dans aucune autre mer (1). » C'est la doctrine des prédécesseurs de Pythéas.

Jérôme de Cardie est le premier historien dans les récits duquel ait pénétré le nom des Galates, Γαλάται, synonyme de Celtes, Κελτοί (2).

Le plus ancien texte à date certaine où apparaisse le nom des Galates est l'inscription qui nous apprend que le bouclier du jeune Athénien Cydias, tué par les Gaulois, fut dédié à Zeus, libérateur, τῷ ἐλευθερίῳ Διί ; c'était en 279, lors de l'expédition qui conduisit les Gaulois à Delphes. « Combien
» regrette la florissante jeunesse de Cydias ce
» bouclier qui, après avoir appartenu à un mortel
» illustre, a été offert à Zeus. Sous ce bouclier,
» Cydias avait pour la première fois le bras gauche
» étendu, lorsque contre le Galate se décida l'impé-
» tueux dieu de la guerre (3). »

---

(1) Pausanias, l. I, ch. 3, § 6; édition donnée chez Didot par L. Dindorf, p. 5, l. 21 et suiv.; Cougny, t. IV, p. 134-135; D. Bouquet, t. I, p. 462 D.

(2) Pausanias, l. I, c. 3, § 6, *ibidem*.

(3) . Ἣ μάλα δὴ ποθέουσα νέαν ἔτι Κυδίου ἥβην
ἀσπὶς ἀριζήλου φωτός, ἄγαλμα Διί,
ἃς διὰ δὴ πρώτας λαιόν ποτε πῆχυς ἔτεινεν·
εὖτ ἐπὶ τὸν Γαλάταν ἤκμασε θοῦρος Ἄρης.

Pausanias, l. X, c. 21, § 5; édition donnée chez Didot par L. Din-

84 § 22. JÉRÔME DE CARDIE.

Un an après, les Gaulois passaient en Asie Mineure, d'où la mort tragique de trois jeunes filles de Milet qui se tuèrent elles-mêmes, craignant de tomber entre les mains de ces guerriers barbares. Un poète contemporain leur composa une épitaphe célèbre où Celte et Galate sont employés comme synonymes : « Nous sommes parties pour toujours,
» ô Milet, chère patrie ! nous échappons ainsi à
» l'immorale passion de ces Galates qui ne res-
» pectent aucune loi. Nous étions trois, vierges
» et citoyennes, auxquelles le violent dieu de la
» guerre, que les Celtes adorent, imposa cette
» destinée ; nous n'avons attendu ni un embras-
» sement honteux, ni le mariage ; pour fiancé et
» pour protecteur, nous avons trouvé le dieu de
» la mort (1). »

En 274, Pyrrhus, roi d'Epire, ayant vaincu le roi de Macédoine, Antigone Gonatas, qui avait à son service des Gaulois, consacra les boucliers de ces Gaulois à la déesse Athéna d'Itône, en Thessalie : « Ces boucliers sont offerts comme don à la déesse

---

dorf, p. 520, l. 16-19. Cougny, t. IV, p. 176-177. D. Bouquet, t. I, p. 472 D.

(1)   Ὠχόμεθ', ὦ Μίλητε, φίλη πατρὶ, τῶν ἀθεμίστων
        τὰν ἄνομον Γαλατᾶν κύπριν ἀναινόμεναι,
        παρθενικαὶ τρισσαὶ πολιήτιδες, ἃς ὁ βιατὰς
   Κελτῶν εἰς ταύτην μοῖραν ἔτρεψεν Ἄρης.
   Οὐ γὰρ ἐμείναμεν ἄμμα τὸ δυσσεβὲς οὐδ' ὑμέναιον,
        νυμφίον ἀλλ' Ἀΐδην κηδεμόν' εὑρόμεθα.

Anthologia palatina, l. VII, ép. 492; édition donnée chez Didot par F. Dübner, t. I, p. 368. Cougny, t. VI, p. 114-115.

» Athéna d'Itône. Dans son temple, le molosse
» Pyrrhus les a suspendus après les avoir enlevés
» aux braves Galates. Il a détruit toute l'armée
» d'Antigone ; ce n'est pas un grand prodige : au-
» jourd'hui, les descendants d'Ajax valent comme
» guerriers ce qu'ils ont valu jadis (1). »

Le récit de l'invasion celtique en Grèce, écrit par Pausanias dans le courant du deuxième siècle de notre ère au l. X, ch. 19-23 de sa description de la Grèce, Περιήγησις τῆς Ἑλλάδος, paraît être toute entière copiée sur Jérôme de Cardie. Les mots Celtes, Κελτοί, et Galates, Γαλάται, y sont employés comme synonymes ; j'y ai compté onze exemples du mot Κελτοί contre vingt et un du mot Γαλάται (2).

Dans le fragment de Diodore de Sicile qui rapporte la même invasion et où Jérôme de Cardie est de même abrégé, on lit Galate ; Celte manque (3).

§ 23.

Mais, vers l'époque où écrivait Jérôme de Cardie, l'alternance de Galates, Γαλάται, et de Celtes, Κελτοί,

---

(1) Pausanias, l. I, c. 14, § 3 ; édition donnée chez Didot par L. Dindorf, p. 18, l. 3-6. Cougny, t. II, p. 430, 437. Plutarque, *Vie de Pyrrhus*, c. 26, § 8 ; édition des *Vies* donnée chez Didot par Théodore Doehner, t. I, p. 477, l. 42-45. Cougny, t. III, p. 132.

(2) Pausanias, édition L. Dindorf, p. 515-525. Cougny, t. IV, p. 158-197. D. Bouquet, t. I, p. 467-478.

(3) Diodore de Sicile, l. XXII, c. 9 ; édition donnée chez Didot par Charles Müller, t. II, p. 437-438.

se rencontre chez Callimaque, Καλλίμαχος (1), en son hymne composée en l'honneur d'Apollon, honoré dans l'île de Délos. C'est l'hymne IV, εἰς Δῆλον. Les Gaulois s'étaient jetés sur la Grèce en 279; plus tard, des mercenaires de la même nation se mirent au service de Ptolémée Philadelphe, roi d'Egypte, 285-247. Quatre mille d'entre eux se révoltèrent. Ptolémée réussit à les enfermer dans une île du Nil où ils périrent noyés. Callimaque, originaire de Cyrène, en Afrique, et bibliothécaire de Ptolémée Philadelphe, chanta ce succès dans l'hymne dont nous parlons, où il rappelle d'abord l'affaire de Delphes :

« Lorsqu'ayant levé sur les Hellènes l'épée bar-
» bare et le dieu *celte* de la guerre, les derniers-nés
» dès Titans, venus de l'Occident extrême, se pré-
» cipiteront sur la Grèce semblables à des flocons
» de neige ou aussi nombreux que les étoiles.....
» On verra près de mes trépieds des épées, des
» ceinturons sacrilèges, des boucliers odieux qui
» mettront une route funeste devant les *Galates*,
» race insensée (2). »

---

(1) Sur Callimaque, voy. Christ, § 349-352, p. 503-508; Croiset, t. V, p. 210-225.
(2) .....ὁππότ' ἄν οἱ μὲν ἐφ' Ἑλλήνεσσι μάχαιραν
βαρβαρικὴν, καὶ Κελτὸν ἀναστήσαντες Ἄρηα
ὀψίγονοι Τιτῆνες ἀφ' ἑσπέρου ἐσχατόωντος
ῥώσονται.....
.....ἤδη δὲ παρὰ τριπόδεσσιν ἐμεῖο
φάσγανα καὶ ζωστῆρας ἀναιδέας ἐχθομένας τε

§ 24. TIMÉE.

C'est chez Jérôme de Cardie que pour la première fois on voit apparaître le nom du chef gaulois Brennos qu'on retrouve dans une glose sur Callimaque. Avant Tite-Live, Brennos est étranger à l'histoire romaine et désigne exclusivement le chef gaulois venu en Grèce au troisième siècle avant notre ère.

§ 24.

Après Jérôme de Cardie, dans la liste des historiens grecs, on peut, en suivant l'ordre chronologique, placer Timée, Τίμαιος. Cet écrivain, né en Sicile vers l'année 352, mourut à l'âge de quatre-vingt-seize ans, vers l'année 256, après avoir habité Athènes pendant cinquante ans, de l'année 310 à l'année 260 environ. Il écrivit une histoire qui va des origines à l'année 264 et qui était divisée en deux parties : la première intitulée : « Choses d'Italie et de Sicile, » Ἰταλικὰ καὶ Σικελικά ; la seconde : « Choses de Sicile et de Grèce, » Σικελικὰ καὶ Ἑλληνικά ; la première divisée en quatorze livres, la seconde en trente-six (1).

ἀσπίδας, ἃς Γαλάτῃσι κακὴν ὁδὸν ἄφρονι φύλῳ
στήσονται.

Edition donnée chez Teubner par Otto Schneider, en 1870, t. I, p. 40; cf. la glose p. 127 et les notes p. 292-303; à cette dernière page les variantes κατέκλυζε ou κατέκαυσε dont M. Schneider préfère la première. Cougny, t. VI, p. 108-113.

(1) Ch. et Th. Müller, *Fragmenta historicorum graecorum*, t. I,

§ 24. TIMÉE.

Suivant Timée, les Celtes voisins de l'Océan ont pour dieux principaux les Dioscures (1), c'est-à-dire Castor et Pollux, fameux par leur mutuelle affection. Castor, comme on le sait, est fils du mortel Tyndare et de Léda, également mortelle. Pollux est né de la même mère que Castor, mais son père est Zeus, le plus grand des dieux. La doctrine de Timée sur ce point est reproduite par Diodore de Sicile vers l'an 40 avant notre ère et elle est confirmée par l'autel gallo-romain du musée de Cluny où sont représentés sur deux faces les deux personnages mythologiques de la tradition gréco-romaine, sur deux autres faces les équivalents celtiques des Dioscures, *Cernunnos* qui est le Castor des Celtes, *Smertullos*, le doublet chez les Celtes du Pollux grec (2).

Le *Cernunnos* du musée de Cluny est le Conall Cernach de l'épopée irlandaise, fils d'un homme et d'une femme, d'Amergin et de Findchoem. *Smertullos*, aussi appelé Esus, est le Cûchulainn de la

---

p. L-LIV, 193-233. Christ, § 387, p. 550-554. Croiset, t. V, p. 109-115. Dans les *Philologische Untersuchungen herausgegeben von* A. Kiessling *und* U. von Wilamowitz-Moellendorff, M. Johannes Geffcken a publié, en 1892, une treizième livraison intitulée *Timaios' Geographie des westens*. Les p. 150-162 contiennent les textes concernant la Gaule, l'Espagne, la Bretagne.

(1) Τοὺς παρὰ τὸν Ὠκεανὸν κατοικοῦντας Κέλτας σεβομένους μάλιστα τῶν θεῶν τοὺς Διοσκούρους. Diodore, l. IV, c. 56, § 4; édition donnée chez Didot par Ch. Müller, t. I, p. 230, l. 15-17; *Fragmenta historicorum graecorum*, t. I, p. 194, fragment 6; Cougny, t. II, p. 358-359; D. Bouquet, t. I, p. 302 DE.

(2) *Corpus inscriptionum latinarum*, t. XIII, p. 467, n° 3026 c.

même épopée ; il est né de l'union d'une femme, Dechtere, avec le grand dieu Lugus, comme Pollux de Léda et de Zeus. Il a été élevé par la mère de Conall Cernach, Findchoem, qui partage avec Dechtere le rôle de Léda (1). Après des exploits merveilleux, Cûchulainn-Pollux est tué ; le Castor des Celtes, Conall Cernach, son frère de lait, exécutant un engagement réciproque des deux héros, venge sa mort (2). Dans la légende grecque, c'est Castor qui est tué (3) ; mais, grâce à la faveur de Zeus, Pollux obtient que Castor partage son immortalité ; dans la légende celtique, quoique tué, Cûchulainn-Pollux est encore vivant ; on le voit et on l'entend chanter (4).

Comme Aristote, Timée connaît les montagnes du centre de l'Europe d'où coulent des fleuves qui se dirigent vers le Nord. Aristote avait dit que ces montagnes s'appelaient *Arcynia*, Ἀρκύνια (5). Timée ne les nomme pas, mais il ajoute qu'elles sont situées dans la Celtique, Κελτική, et que de

---

(1) *Compert Conculainn* chez Windisch, *Irische Texte*, t. I, p. 140-142. L. Duvau, *Revue celtique*, t. IX, p. 7-9.

(2) Whitley Stokes dans la *Revue celtique*, t. III, p. 175 ; cf. *Ancient Laws of Ireland*, t. III, p. 84 ; *Cours de littérature celtique*, t. V, p. 347-353.

(3) Pindare, *Nemeonica*, X, vers 59 ou 109-110, édition donnée chez Teubner en 1882 par W. Christ, p. 174.

(4) Whitley Stokes, *Revue celtique*, t. III, p. 185 ; *Glossaire de Cormac*, au mot *arl* ; *Three irish Glossaries*, p. 2. Cf. *Cours de littérature celtique*, t. V, p. 253-254.

(5) *Meteorologica*, l. I, c. 13, § 20 ; édit. Didot, t. III, l. 47-49

§ 24. TIMÉE.

ces montagnes descendent des fleuves qui se jettent dans l'océan Atlantique (1). Dans l'océan Atlantique, il comprend la Manche et la mer du Nord. Il a évidemment entendu parler du Rhin, découvert par Pythéas. De là cette idée que les Argonautes, s'étant embarqués sur le Tanaïs, c'est-à-dire sur le Don, ont été gagner par terre un autre fleuve, évidemment le Rhin, s'y sont embarqués de nouveau, ont atteint l'Océan, puis, naviguant dans la direction de l'Ouest, ayant la terre à gauche, sont arrivés près de Cadix et enfin sont entrés dans la Méditerranée (2).

Timée, qui parle de la Celtique, Κελτική, connaît aussi le synonyme grec de ce nom, Galatie, Γαλατία. Ce second nom vient, dit-il, de Galatès, fils du Cyclope, c'est-à-dire de Polyphème, et de Galatée (3). Polyphème et Galatée ont été chantés tous les deux par Théocrite (4), sicilien comme Timée

---

(1) Τίμαιος τοὺς ἐμβάλλοντας ποταμοὺς εἰς τὴν Ἀτλαντικὴν διὰ τῆς Κελτικῆς ὀρεινῆς αἰτιᾶται. Plutarque, De placitis philosophorum, l. III, ch. 17, § 4; Moralia, édition donnée chez Didot par Frédéric Dübner, t. II, p. 1095, l. 12-13; Ch. et Th. Müller, Fragmenta historicorum graecorum, t. I, p. 200, fragment 36; Cougny, t. III, p. 356-357.

(2) Diodore de Sicile, l. IV, c. 56, § 3: édit. Ch. Müller, t. I, p. 230, l. 3-15. Ch. et Th. Müller, Fragmenta historicorum graecorum, t. I, p. 194, fragment 36. Cougny, t. II, p. 358-359.

(3) Ch. et Th. Müller, Fragmenta historicorum graecorum, t. I, p. 200, fragment 37.

(4) Théocrite, idylle VI; édition donnée chez Didot par Ch. Fr. Ameis, p. 14. Théocrite vécut de 310 à 345 environ : Christ, § 362, p. 519; cf. Croiset, t. V, p. 181, 183.

et son contemporain; c'est en Sicile que la légende de Polyphème est localisée. Pour un Sicilien comme Timée, donner aux Gaulois la Sicile comme lieu d'origine était une thèse séduisante que nous ne sommes quant à nous aucunement forcés d'adopter.

§ 25.

Timée était contemporain de Callimaque, bibliothécaire d'Alexandrie sous Ptolémée II Philadelphe (283-247). A Callimaque succéda Eratosthène, Ἐρατοσθένης, qui exerça la même fonction sous Ptolémée III Evergète (247-222) et vécut de 275 environ à 195. Il est l'auteur d'un ouvrage en trois livres, intitulé Γεωγραφικά, qu'on peut traduire par « questions géographiques (1). » Cet ouvrage est perdu. M. Hugo Berger en a réuni les fragments épars chez divers auteurs dont les écrits ont été mieux conservés, notamment chez Strabon. Le livre de M. H. Berger est intitulé : *Die geographischen Fragmente des Eratosthenes*. Les débris du premier livre, histoire de la géographie, se trouvent aux pages 1-79 ; ceux du second livre, forme et mesure de la terre, aux pages 79-169 ; ceux du troisième livre, description de la terre, aux pages 179-382.

Eratosthène travaillait avec des livres sur des pays qu'il ne connaissait pas : de là cette contradiction que nous avons signalée déjà ; il constate

---

(1) Christ, § 429, p. 595-598. Croiset, t. V, p. 120-124, 245, 247.

que les Galates ou Gaulois occupent la partie occidentale de la péninsule ibérique, jusqu'auprès de Cadix, ce qui était vrai au temps où il écrivait, puis, copiant sans en avertir la description des côtes de l'Espagne, rédigée vers l'année 500 par Himilcon, il n'y fait aucune mention des Gaulois (1).

Il a cru à l'exactitude des récits de Pythéas (2). Sur ce point, il est, quoi qu'en dise Strabon, beaucoup moins sujet à critique. Il a par conséquent parlé des *Ostimii* (3), de l'île *Uxisama* (4), des îles Britanniques (5); le tout conformément au compte rendu donné par Pythéas de son curieux voyage.

Il a, comme Aristote, entendu parler des montagnes de l'Europe centrale et il les appelle forêt Orcynie (6). Il paraît certain qu'une erreur courante dans le monde grec à cette époque au sujet du fleuve principal, qui prend sa source dans ces montagnes, a pénétré dans ses écrits. On croyait que le Danube, Istros, avait deux bras versant leurs eaux l'un dans le Pont-Euxin, que nous appelons mer Noire, l'autre dans l'Adriatique. C'était, au siècle précédent, la doctrine du périple de Scylax,

---

(1) Strabon, l. II, ch. 4, § 4; édit. C. Müller et F. Dübner, p. 88, l. 23-29. Hugo Berger, p. 364. Cf. ci-dessus, p. 35.
(2) Strabon, l. III, ch. 2, § 11; édit. C. Müller et F. Dübner, p. 123, l. 10-21. Hugo Berger, p. 364.
(3) Hugo Berger, p. 364, 365, 370. Cf. ci-dessus, p. 67.
(4) Hugo Berger, p. 370, 371. Cf. ci-dessus, p. 68.
(5) Hugo Berger, p. 372-381.
(6) César, *De bello gallico*, l. VI, c. 24. Hugo Berger, p. 361.

d'Aristote et de Théopompe. Eratosthène n'était pas assez instruit pour la rejeter (1). Quoi qu'il en soit, Eratosthène est un des plus illustres géographes de l'antiquité.

(1) *Geographi Graeci minores*, t. I, p. 26, § 20. Aristote, *Historia animalium*, l. VIII, c. 13. Strabon, l. VII, c. 5, § 9, édition C. Müller et F. Dübner, p. 263, l. 22-33; cf. l. I, c. 3, § 1, 2, p. 39-40. Hugo Berger, p. 347-350.

SEPTIÈME LEÇON.

1ᵉʳ février 1901.

§ 26.

L'*Iliade* est le récit d'une guerre entreprise pour reprendre une femme, tandis que l'objet de la guerre racontée dans la grande épopée des Irlandais est la conquête d'un taureau (1). Avant de chanter la poétique histoire de la guerre de Troie, les Grecs ont eu un poème épique plus ancien dont un siège de ville était le sujet, et cette ville, moins éloignée que Troie, était la capitale de la Béotie, Thèbes aux sept portes, ἑπτάπυλος, comme on lit au livre IV, vers 406, de l'*Iliade*. Il est plusieurs fois question du siège de Thèbes dans l'*Iliade* (2). Le poème primitif est perdu ; la légende s'est conservée dans la forme scénique que lui a donnée

---

(1) Tel est le sujet de la pièce intitulée : *Táin bó Cuailngi*, dont une analyse a été publiée par M. H. Zimmer, *Zeitschrift für vergleichende Sprachforschung*, t. XXVIII, p. 442-475. Une édition critique du texte avec traduction allemande a été préparée par M. E. Windisch, elle est actuellement sous presse.

(2) *Iliade*, IV, 378 ; V, 804-808 ; VI, 224 ; X, 286.

Eschyle au cinquième siècle avant notre ère dans sa tragédie des « Sept contre Thèbes, » Ἑπτὰ ἐπὶ Θήβας, représentée pour la première fois en 467 (1). Des sujets analogues ont été traités, en Irlande, dans les diverses pièces intitulées *Forbais* « siège, » dont on trouvera la liste dans l'*Essai d'un catalogue de la littérature épique de l'Irlande*, p. 141-144. On peut ajouter à cette liste plusieurs autres morceaux épiques irlandais dont le titre est différent, tels que les *Bruden da Choca* et *Orgain bruidne Dá Derga* publiés, avec traduction anglaise, par M. Whitley Stokes, dans les tomes XXI et XXII de la *Revue Celtique*.

A côté des épopées belliqueuses qui chantent les exploits des armées de terre, les Irlandais ont des épopées marines, *Immrama*. Il en est de même en Grèce. Avant que ne fût composé le récit des merveilleuses aventures marines dont Ulysse est le héros, avant que les Aèdes ne chantassent l'*Odyssée*, ces mêmes Aèdes ont charmé les loisirs des Grecs en racontant, avec accompagnement de la lyre, le voyage extraordinaire des marins embarqués sur le navire *Argo*. L'*Odyssée*, en son livre XII, raconte comment Ulysse put, sur son navire, traverser sans encombre le bras de mer près duquel chantent les Sirènes et dont les eaux sont dominées par les rochers, dans les cavernes desquels habitent Charybde et Scylla. Seul, « voguant sur la mer, » un

---

(1) Sur cette pièce, voyez Croiset, t. III, p. 177; Christ, p. 216.

§ 26. APOLLONIOS DE RHODES. 97

navire a eu avant Ulysse le même bonheur, c'est *Argo*, « dont tout le monde a entendu parler, » et, sans la protection de la déesse Héra, il se serait, comme les autres, brisé contre les écueils (1).

La rédaction primitive de ce poème a disparu (2). Nous n'avons plus que l'arrangement fait au troisième siècle avant notre ère par Apollonios, dit de Rhodes (3). C'est un mélange de vieille mythologie avec des notions géographiques de date beaucoup plus récente ; ainsi l'on y rencontre le nom des Celtes qui certainement n'apparaissait pas dans le poème primitif. Chez Apollonios, ce nom est associé à une thèse géographique au moins bizarre, la notion d'un fleuve qui a trois bras se jetant le premier dans l'Océan, le second dans la Méditerranée, le troisième dans l'Adriatique.

Nous avons vu, dans la leçon précédente, qu'au quatrième siècle avant notre ère les Grecs attribuaient au grand fleuve Istros, que nous appelons Danube, deux bras, se jetant l'un dans le Pont-Euxin, l'autre dans l'Adriatique. L'imagination grecque a

---

(1) *Odyssée*, XII, 65-73. Cf. ci-dessous, p. 104.

(2) On en trouve un résumé dans la quatrième pythique de Pindare, 466 av. J.-C. Sur les textes relatifs aux Argonautes, voyez, chez Roscher, *Ausführliches Lexicon der griechischen und roemischen Mythologie*, t. I, col. 503-537, un article de M. Seeliger ; et chez G. Wissowa, *Paulys Realencyclopaedie der classischen Altertumswissenschaft*, t. II, col. 743-787, un article de M. Jessen.

(3) Sur Apollonios, voyez Christ, § 368, 369, p. 532-535 ; Croiset, t. V, p. 229-240 ; et l'article de M. Knaack dans *Paulys Real Encyclopaedie*, publiée par G. Wissowa, t. II, col. 126-134.

trouvé mieux au sujet de l'Eridanos. Le fleuve mythologique Eridanos n'est à l'origine autre chose que les éblouissants flots de lumière répandus sur le monde par le soleil levant; l'étoile du matin ou l'aurore, Phaéton, disparaît noyée dans les ondes de ce fleuve majestueux (1). Les Grecs voulurent identifier ce fleuve avec un cours d'eau qui, comme nous allons le voir, aurait eu non pas seulement deux bras, comme, disait-on l'Istros, mais trois, se jetant le premier dans l'Adriatique, le second dans la Méditerranée, au golfe de Lyon, le troisième dans l'Océan, c'est-à-dire dans la mer du Nord. Voici comment on atteignit ce résultat:

On sait que, vers l'an 300 avant notre ère, Evhémère prétendit expliquer par l'histoire et par la géographie toute l'ancienne mythologie des Grecs (2). De là le nom d'évhémérisme donné à ce système, mais il remonte bien plus haut qu'Evhémère.

Un siècle et demi plus tôt qu'Evhémère, les Grecs savaient vaguement, d'après les récits des navigateurs phéniciens, qu'il y avait au nord de l'Europe une autre mer, une mer à distinguer de

---

(1) L'Eridan est un phénomène céleste chez Aratos, Φαινόμενα, vers 359-360, 634; comparez la traduction des Φαινόμενα par Cicéron, au vers 145; on trouve la même doctrine chez Nonnos, *Dionysiaques*, livre XXXVIII, vers 439. Aratos vécut de 305 à 240 environ avant J.-C.; il écrivit ses Φαινόμενα entre les années 276 et 274. Les *Dionysiaques* ont été composées environ six siècles et demi plus tard, vers la fin du quatrième siècle de notre ère.

(2) Christ, § 393, p. 556; Croiset, t. V, p. 148-150.

la mer connue, de la Méditerranée, une portion de l'Océan des mythographes et des géographes les plus anciens, et que dans cette mer se trouvaient d'abord les îles d'où venait l'étain, les Cassitérides, c'est-à-dire les îles Britanniques, ensuite les îles où l'on recueillait l'ambre, *electron*, c'est-à-dire les îles qui, le long du continent, bordent la mer du Nord, enfin, non loin de ces îles, l'embouchure d'un grand fleuve innomé, évidemment le Rhin, *Rhênos*, dont Pythéas vers la fin du quatrième siècle enseigna à ses compatriotes le nom jusque-là inconnu dans le monde grec. Au cinquième siècle, certains grecs imaginèrent que ce fleuve puissant et mal connu devait être l'Eridanos de la mythologie. L'ambre, c'était sous la forme solide, les larmes versées par les sœurs de Phaéton après la mort de leur frère dans les eaux de l'Eridanos.

Hérodote se moque de cette doctrine. Il sait bien que l'étain et l'ambre viennent de l'Europe occidentale ; mais il n'a pu trouver personne qui ait vu la mer que l'on prétend située à l'extrémité de l'Europe, à l'opposé de la région habitée par les Grecs. Il n'admet pas que les barbares donnent le nom d'Eridanos à un fleuve qui coulerait chez eux. Eridanos est un mot grec fabriqué par un poète. Quant aux îles Cassitérides, il ne les connaît pas (1).

---

(1) Hérodote, l. III, c. 115; édition donnée chez Didot par Ch. Müller, p. 169, l. 41-51.

§ 26. APOLLONIOS DE RHODES.

On ne peut contester que dans cette thèse Hérodote ne fasse preuve d'un sens critique très sérieux. Son observation sur l'origine grecque du mot Eridanos, Ἠριδανός est très juste ; Ἠριδανός est composé de ἤρι « matin », et de δάνος, « don » (1), et veut dire « don du matin, présent matinal. » Mais du reste, Hérodote est dans l'erreur, ce qui prouve qu'en faisant usage des procédés réguliers de la critique savante, on peut se tromper quelquefois.

D'autres Grecs ont cru que l'Eridanos était le Pô, certains ont imaginé de l'identifier avec le Rhône, et au cinquième siècle avant notre ère Eschyle accepta la seconde des deux opinions, nous le savons par Pline (2).

Apollonios adopte à la fois trois thèses différentes : 1° la doctrine rejetée par Hérodote ; 2°, 3° les deux doctrines concurrentes dont l'une acceptée par Eschyle. Suivant Apollonios, l'Eridanos est un fleuve qui a trois bras : l'un verse ses

---

(1) Prellwitz, *Etymologisches Wörterbuch der griechischen Sprache*, p. 31, au mot ἄριστον, et, p. 67, au mot δάνος.
(2) Pline, l. XXXVII, § 31, 32, t. V, p. 148, l. 11-17 de l'édition donnée chez Teubner par L. Jan en 1860 ; cf. *Heliades* dans Eschyle, édition donnée chez Didot par Ahrens, p. 235. La seconde de ces opinions est celle de Denys le Périégète qui, dans ses vers 288-295, met l'Eridan entre les Pyrénées d'une part, l'Etrurie et les Alpes d'autre part ; il veut donc parler du Rhône. Denys écrivait probablement sous Hadrien, 117-138 après J.-C., au plus tôt sous Domitien, 81-96, mais prenait plaisir à copier des documents beaucoup plus anciens que lui.

eaux dans l'Adriatique, c'est le Pô, un autre a son embouchure dans la Méditerranée, c'est le Rhône, et de ce second bras se détache vers le Nord, un troisième bras qui aboutit à l'Océan, c'est le Rhin ; des deux premiers bras, Pô et Rhône — nous venons de le voir — le second est admis déjà par Eschyle, le troisième bras, le Rhin, est cet Eridanos dont Hérodote a entendu parler et auquel il ne croit point.

Apollonios est un Grec d'Egypte, né à Naucratis suivant les uns, originaire d'Alexandrie suivant les autres : cette seconde opinion paraît la plus probable. Il fut élève du bibliothécaire-poète Callimaque, se brouilla avec lui, partit d'Egypte, alla se fixer à Rhodes. On a dit qu'après la mort de Callimaque, il serait revenu en Egypte, où le roi Ptolémée Epiphane, 205-181 av. J.-C., lui aurait donné le poste de bibliothécaire précédemment occupé par Callimaque. Ce retour en Egypte paraît imaginaire ; quoi qu'il en soit, Apollonios est un des savants de l'école d'Alexandrie, il a écrit deux ouvrages d'érudition, l'un sur Hésiode, l'autre sur Zénodote d'Ephèse, bibliothécaire d'Alexandrie, un des critiques qui ont travaillé à fixer les textes homériques. De ces ouvrages, on ne connaît que des mentions, mais nous avons encore son poème épique, les *Argonautiques*, Ἀργοναυτικά, en quatre livres. Il en avait fait une première édition pendant sa jeunesse, quand il habitait Alexandrie. La seconde édition, celle que nous avons, a été donnée plus tard à Rhodes. La première édition ne comprenait probablement que les deux premiers livres : on suppose que c'est à Rhodes qu'ont été écrits les deux derniers.

Le voyage des Argonautes dans l'Europe occidentale est raconté dans le quatrième livre. Le poète nous les montre dans la mer Ionienne ; ils passent en vue de Corcyre, Κέρκυρα (1), puis un peu plus au Nord ils arrivent en face des monts *Ceraunii* sur les côtes d'Epire. Ils sont poussés par un vent irrésistible, ils atteignent l'île Electride (2), c'est-à-dire l'île de l'ambre, une île par conséquent que l'imagination grecque avait transportée des côtes de la mer du Nord sur les côtes de l'Adriatique, en confondant la région où se trouve l'embouchure du Rhin avec celle où se termine le cours du Pô.

De l'île Electride la colère de Zeus lança leur navire plus loin encore, c'est-à-dire sur le fleuve Eridanos, et dans la partie de son cours la plus reculée, là où, frappé de la foudre, Phaéton fut précipité du haut de son char et périt dans les eaux (3). Autour de l'abîme funèbre, les Héliades attristées et changées en peupliers (4) font entendre

---

(1) L. IV, v. 566-571 ; édition donnée par S. Lehrs chez Didot, à la suite des œuvres d'Hésiode, p. 89.
(2) L. IV, v. 580, *ibidem*.
(3) L. IV, vers 595-626, p. 89-90.
(4) Probablement ces peupliers que les pépiniéristes appellent blancs de Hollande.

de profonds gémissements et leurs larmes, desséchées par le soleil, se changent en ambre (1). A cette peinture poétique, Apollonios en oppose une autre : suivant les Celtes, dit-il, l'ambre provient des larmes, non des Héliades, mais d'Apollon, quand, brouillé avec Zeus à cause de la mort d'*Asklêpios*, Esculape, que Zeus avait tué, il alla demeurer chez les Hyperboréens (2). Inutile de dire que jamais avant la conquête romaine, commencée un peu antérieurement à la fin du deuxième siècle avant notre ère, les Celtes transalpins, chez lesquels l'ambre se recueillait avant l'établissement des Germains à l'embouchure du Rhin, n'ont connu ni Apollon, ni Esculape, et que par conséquent ils n'ont pas raconté au troisième siècle avant J.-C. le récit légendaire qu'Apollonios leur attribue.

De ce séjour lugubre, le navire *Argo*, continuant à remonter l'Eridanos, pénétra dans le Rhône. Le Rhône a sa source aux extrémités de la terre, là où sont les portes et le domicile de la nuit : venant de cette contrée lointaine, il se divise en trois bras : le premier verse ses eaux sur les côtes de l'Océan, le second les jette dans la mer Ionienne, le troisième se dirige vers la mer de Sardaigne, et dans un golfe immense répand ses flots par sept bouches (3). Ce fut dans le premier de ces bras,

(1) L. IV, vers 603-607, p. 89.
(2) L. IV, vers 611-618, p. 89-90.
(3) L. IV, vers 627-634, p. 90.

ce fut dans celui qui se dirigeait vers le nord et l'Océan que s'engagea le fabuleux navire *Argo*. Là, le fleuve traversait des lacs, λίμνας et le pays des Celtes (1) ; il s'agit là du lac de Constance que le Rhin traverse et du lac Léman traversé par le Rhône : comparez *Lemannus* à λίμνη. Le pluriel, λίμνας, résulte de la confusion entre les deux fleuves. En descendant le premier bras, les Argonautes seraient à leur insu arrivés dans le sein de l'Océan où ils auraient péri. Mais Héra les protégeait. Du haut rocher *Hercynios*, la déesse, arrivant du ciel, jeta un cri d'alarme qui les effraya (2). Nous voyons par là qu'Apollonios, comme Aristote et Erastosthènes, savait le nom celtique des montagnes de l'Europe centrale.

Avertis par Héra, les Argonautes changèrent la direction de leur navire ; ils s'engagèrent dans le troisième bras de l'Eridanos, c'est-à-dire dans le Rhône, Ῥοδανός (3), le seul des trois fleuves dont Apollonios connaisse le nom réel, et ils arrivèrent aux îles *Stoïchades*, c'est-à-dire aux îles d'Hyères, sur les côtes aujourd'hui françaises de la Méditerranée, d'où ils gagnèrent les côtes occidentales de l'Italie.

De ce récit, il résulte que les notions des Grecs sur les grands fleuves de l'Europe occidentale

---

(1) L. IV, vers 634-636, p. 90.
(2) L. IV, vers 640-642, p. 90. Cf. *Odyssée*, XII, 73, et ci-dessus, p. 97.
(3) Livre IV, vers 644-661, p. 90.

étaient bien vagues au troisième siècle de notre ère et alors bien inexactes même chez les gens instruits. Sur ce point, la fameuse bibliothèque d'Alexandrie n'avait pas répandu grande lumière dans le monde lettré dont cette ville était la capitale et dont cette bibliothèque était le sanctuaire. On a donné un nom grec, hydrographie, à la science de la mer et des cours d'eau. Le choix de cette langue pour une science si mal connue des Grecs les plus savants peut sembler médiocrement justifié.

Mais le Rhône et surtout le Rhin étaient bien loin d'Alexandrie et de Rhodes. Dans cette région orientale, l'horizon n'était pas très étendu et l'on connaissait mieux les Celtes établis dans les environs du bas Danube et en Asie Mineure que les Celtes voisins du Rhin.

§ 27.

Un historien qui a écrit dans la seconde moitié du troisième siècle et qui parle des Celtes d'Orient est Phylarque, Φύλαρχος, originaire probablement de Naucratis en Egypte. Cet auteur a composé un récit historique qui commence avec l'expédition où Pyrrhus, roi d'Epire, entrant dans Argos, y fut tué en 272, et qui finit à la mort de Cléomène, roi de Lacédémone, en 220. Cet ouvrage était divisé en vingt-huit livres (1).

(1) Ch. et Th. Müller, *Fragmenta historicorum graecorum*, t. I,

Dans son troisième livre, il parle d'un riche Galate nommé Ariamnès qui avait annoncé qu'il nourrirait pendant un an tous les Galates, c'est-à-dire tous les Celtes d'Asie Mineure. Il fit construire de tous côtés en Galatie, auprès des chemins, des salles en bois, roseaux et osier, assez vastes pour contenir chacune quatre cents convives et davantage. Il avait fait fabriquer l'année précédente d'immenses chaudrons de cuivre ; dans ces chaudrons, les cuisiniers faisaient cuire à la grande eau tous les jours d'immenses quantités de taureaux, de cochons, de moutons et d'autres animaux : les Celtes, amateurs de bouilli, pouvaient s'en rassasier à leur aise ; ils avaient pour les servir des domestiques qui leur offraient en outre du pain et du vin. Ces domestiques accueillaient de même les étrangers sans distinction de nationalité (1).

Au livre VI, Phylarque raconte que sur les tables des Galates on met des morceaux de pain et des viandes cuites dans des chaudrons ; mais quand parmi les convives il y a un roi, personne ne goûte de rien avant que le roi n'ait commencé à manger (2).

---

p. LXXVII-LXXXI, 334-358 ; Christ, § 388, p. 551 ; Croiset, t. V, p. 108.

(1) Athénée, l. IV, ch. 34 ; édition donnée chez Teubner par A. Meineke, 1858, t. I, p. 270, l. 9-29 ; Ch. et Th. Müller, *Fragmenta historicorum graecorum*, t. I, p. 334-335, fragment 2 ; D. Bouquet, t. I, p. 704 ABC.

(2) Athénée, l. IV, ch. 24 ; édition donnée chez Teubner par A.

Enfin, Phylarque est un des auteurs qui ont raconté la mort du roi de Bithyrie, Zélas, tué en 236 par des Gaulois qu'il avait invités avec l'intention de les faire assassiner (1).

§ 28.

Un contemporain de Phylarque est l'écrivain romain Q. Fabius Pictor, né en 254 avant J.-C., et qui le premier composa une histoire romaine. Son ouvrage, dont nous n'avons plus aujourd'hui que quelques débris, allait des origines à la seconde guerre punique incluse, 219-202 (2). Il dut être rédigé dans les dernières années du troisième siècle ; il était écrit en grec. Fabius Pictor prit part à la guerre faite aux Romains par des Gaulois armés du javelot appelé *gaison*, *gaesum*, c'est-à-dire par des *Gaesati* venus en Italie et originaires de la région située au nord des Alpes; c'était en 225 avant J.-C. Il raconta cette guerre, à laquelle il avait personnellement participé, comme nous le

---

Meineke, 1858, t. I, p. 270, l. 5-9. *Fragmenta historicorum graecorum*, t. I, p. 336, fragment 11 ; D. Bouquet, t. I, p. 703-704.

(1) Athénée, l. II, ch. 52, édition donnée chez Teubner par A. Meineke, t. I, p. 104. l. 21-28. *Fragmenta historicorum graecorum*, t. I, p. 341, fragment 32.

(2) Tite-Live, l. XXII, ch. 7; Teuffel, *Geschichte der roemischen Litteratur neu gearbeitete von Ludwig Schwabe*, 5ᵉ édit., t. I, § 116, p. 189-192 ; Martin Schanz, *Geschichte der roemischen Litteratur*, 1ʳᵉ partie, 2ᵉ édit., § 64, p. 120-121; Hermann Peter, *Historicorum romanorum relliquiae*, t. I, p. LXIX-C.

savons par Eutrope, l. III, ch. 5. Les Gaulois furent vaincus à la bataille de Télamon, que Tite-Live a racontée d'après lui. Fabius Pictor a été une des sources de Polybe, qui le cite en son livre III, ch. 8, § 1. Les fragments de Fabius Pictor ont été réunis par M. Hermann Peter, *Historicorum romanorum relliquiae*, t. I, p. 1-39 (1). Le nom des Celtes ou Galates, en latin *Galli*, qui devait se rencontrer souvent dans le texte complet, n'apparaît que dans un seul fragment sur vingt-huit, le fragment 23 concernant la guerre de l'année 225 (2).

(1) Cf. *Historicorum romanorum fragmenta*, p. 6-32.
(2) *Historicorum romanorum relliquiae*, t. I, p. 36; *Historicorum romanorum fragmenta*, p. 30.

HUITIÈME LEÇON.

8 février 1901.

§ 29.

Nous avons vu, dans la précédente leçon, que Fabius Pictor a été le plus ancien historien romain. Il paraît avoir écrit vers la fin du troisième siècle avant J.-C.

A Rome, antérieurement à cette date, on ne possédait, en fait d'histoire locale, rien autre chose que les notices annuelles rédigées par le grand pontife, *pontifex maximus*, et où étaient relatés les événements considérés par lui comme notables. Parmi ces événements notables il y en avait qui, dans nos idées modernes, ne le seraient guère, ou seraient considérés comme imaginaires. Par exemple en 214, des corbeaux avaient fait des nids à Lanuvium dans le temple de Junon Sospita, en Sicile un bœuf avait parlé, à Spolète une femme avait été changée en homme (Tite-Live, l. XXIV, ch. 10). Il y était aussi question d'événements plus graves. Nous allons le voir plus bas.

On sait par Tite-Live, l. VI, c..1, § 2 que lors de la prise de Rome par les Gaulois, en 390, les *Commentarii pontificum* périrent, et même, suivant l'historien romain Clodius Licinus, qui écrivait environ cent ans avant notre ère et qui est cité par Plutarque, *Numa* 1, les écrits, ἀνάγραφαι, antérieurs à cet événement périrent tous et les textes qu'on prétend faire remonter plus haut ont été fabriqués depuis pour flatter la vanité des familles (1). Quoi qu'il en soit, parmi les documents détruits, que chez Tite-Live les mots *Commentarii pontificum* désignent, se trouvaient les notices annuelles rédigées par le grand pontife, en même temps que d'autres textes, alors beaucoup plus utiles dans la pratique, les livres que dans la langue du clergé moderne on appelle rituels. On refit de mémoire les notices antérieures à l'incendie de 390, notamment celle où la date de la fondation de Rome était indiquée : ces notices refaites sont évidemment suspectes aux érudits. Denys d'Halicarnasse, dans son livre I, rapportant les dates diverses de la fondation de Rome chez les auteurs qui l'ont précédé, dit qu'il ne considérera pas comme seule autorité, comme autorité décisive la

---

(1) Hermann Peter, *Historicorum romanorum relliquiae*, t. I, p. 176; cf. p. ccxxxv. Suivant le même érudit, *Historicorum romanorum fragmenta*, p. 108, l'historien cité par Plutarque est (Paulus) Clodius qui a dû aussi écrire vers l'an cent avant J.-C.; cf. Teuffel-Shwabe, § 155, 1, t. I, p. 258.

table qui est chez les grands pontifes (1). Il a raison.

Dans ces tables, le grand pontife inscrivait les noms des magistrats, et les événements importants à ses yeux, d'abord les prodiges, puis les batailles, les éclipses, les épidémies et bien d'autres choses. Ces tables annuelles devenaient avec le temps fort encombrantes : le grand pontife Publius Mucius Scaevola qui fut consul l'an 133 avant J.-C. en fit un ouvrage divisé en quatre-vingt livres ; et par opposition aux autres chroniques ou annales qui existaient alors, cet ouvrage fut distingué par l'épithète *Maximi* : on disait *Annales Maximi*, « les très grandes annales » (2).

Cicéron, dans le livre premier de sa République, nous parle d'une éclipse de lune qui aurait eu lieu le 5 juin de l'année 351 de Rome, 403 avant J.-C. (la date réelle est le 20 juin 354 de Rome, 400 avant J.-C.). Sur quelle autorité Cicéron fonde-t-il

---

(1) « Τοῦ παρὰ τοῖς ἀρχιερεῦσι κειμένου πίνακος. » H. Peter, *Historicorum romanorum relliquiae*, t. I, p. 3. Dans le *Denys d'Halicarnasse* de Didot, p. 54, l. 43 : Ἀγχισεῦσι au lieu de ἀρχιερεῦσι; ἀγχισεῦσι est la notation des mss., corrigée par Niebuhr. H. Peter, *ibid.*, p. XXI, XXII. La leçon ἀρχιερεῦσι est celle qu'a adoptée Adolphe Kiessling dans l'édition de Denys d'Halicarnasse qu'il a donnée chez Teubner, t. I (1860), p. 91, l. 23.

(2) Sur les *Annales maximi*, voyez Hermann Peter, *Historicorum romanorum relliquiae*, t. I, p. III-XXVII, 3-4; *Historicorum romanorum fragmenta*, p. 3-5; Teuffel-Schwabe, § 76, p. 120-122; Schanz, 1re partie, § 14, p. 23-26; article de M. Klebs dans *Paulys Realencyclopaedie*, édition Wissowa, t. I, col. 2248-2255.

son assertion? Nous voyons, dit-il, cette éclipse consignée dans les « très grandes annales, » *Maximi Annales* (1). Il s'agit évidemment du livre de P. Mucius Scaevola. Mais il est probable que Polybe a consulté les tables originales ; les tables originales et Fabius Pictor sont probablement les sources où il a puisé ce qu'il dit de l'invasion gauloise en Italie, de la prise de Rome et des rapports entre Rome et les Gaulois pendant les années suivantes jusque vers la fin du troisième siècle. Quand, au contraire, Cornelius Nepos, au premier siècle de notre ère, racontait que Melpum était tombé au pouvoir des Gaulois, le jour même où les Romains ont pris Véies, c'est-à-dire en 396 avant J.-C., il tirait probablement ce renseignement de l'ouvrage rédigé par P. Mucius Scaevola.

La date du jour où les Romains furent défaits par les Gaulois sur les bords de l'Allia, 18 juillet de l'an 364 de Rome, 390 avant J.-C. a dû être inscrite dans les annales des pontifes lors de la réfection de ces annales après le départ des Gaulois, et c'est de ces annales que cette date fatale a dû pénétrer dans les fastes, où l'on trouve inscrit au quinze des calendes d'août, le *dies Alliensis* (2), ou *dies Alliae* (3). Mais parmi les textes antiques

---

(1) *In maximis annalibus consignatum videmus.* H. Peter, *Historicorum romanorum relliquiae*, t. I, p. 3-4 ; *Historicorum romanorum fragmenta*, p. 4-5.

(2) *Corpus inscriptionum latinarum*, t. I, 2ᵉ édition, p. 244.

(3) *Ibid.*, p. 248.

§ 30.

Sur les plus anciennes relations des Gaulois ou Celtes avec les Romains, l'auteur le plus digne de foi que nous ayons est Polybe, Πολύβιος (1).

Polybe, né l'an 205 avant notre ère, mort d'une chute de cheval en 123, à l'âge de quatre-vingt-deux ans, était Grec, originaire du Péloponnèse ; sa ville natale était Mégalopolis en Arcadie, patrie de Philopémen. Comme Philopémen, dont son père était ami, Polybe appartenait au parti aristocratique, adversaire des rois de Sparte qui s'appuyaient sur le parti démocratique.

Quand Philopémen, chef de la ligue achéenne, perdit sa dernière bataille, fut vaincu, fait prisonnier, forcé de boire à Messène le contenu de la coupe fatale et mourut, ce fut Polybe, alors âgé d'environ vingt-deux ans, qui, après la vengeance de ce meurtre et la prise de Messène, reçut l'honorable mission de ramener à Mégalopolis les cendres de l'illustre et malheureux homme de guerre. C'était en l'année 183 avant notre ère.

Deux ans plus tard, âgé de vingt-quatre ans, il fut

---

(1) Sur Polybe, voir Christ, § 400-404, p. 562-568; Croiset, t. V, p. 260-295.

désigné avec deux autres, par ses concitoyens pour aller au nom de la ligue achéenne contracter alliance avec Ptolémée Epiphane, roi d'Egypte; mais la nouvelle de la mort de Ptolémée empécha le départ de cette ambassade (1). Polybe raconte lui-même qu'à cette date il n'avait pas encore l'âge nécessaire pour pouvoir être légalement élu à une magistrature.

En 169, âgé de trente six ans, il fut placé à la tête de la cavalerie achéenne, avec le titre d'hipparque, ἵππαρχος, devenant ainsi le second dans l'armée ; le stratège, στράτηγος, seul était au dessus de lui (2).

Trois ans plus tard, en 166, il avait trente neuf ans : il avait vécu près de moitié du nombre des années de vie dont il devait jouir. Alors se produisit un événement qui eut sur la seconde moitié de sa longue carrière une énorme influence. La ligue achéenne, qui avait lutté pour la liberté contre les rois de Sparte, ne pouvait de bon cœur accepter la domination des Romains. Elle la craignait, comme elle craignait celle des rois de Macédoine. Elle tint une conduite réservée et ambiguë entre Rome et Persée, roi de Macédoine, que le consul Paul-Emile, L. Aemilius Paulus vainquit à Pydna en 168 et qui, fait prisonnier, eut la honte de figurer dans le cortège, lors de la rentrée triomphale de son vainqueur à Rome. On sait comment la vengeance romaine fit mourir de

---

(1) Polybe, l. XXV, c. 6 [7]; édition Didot, t. II, p. 5-6.
(2) Polybe, l. XXVIII, c. 6, § 9; édition Didot, t. II, p. 30.

faim et de privation de sommeil ce malheureux roi. Rome prit aussi des mesures contre la ligue achéenne.

Elles furent moins cruelles. Mille nobles grecs furent transportés comme otages à Rome et on les y retint pendant seize ans, de l'an 166 à l'an 150. Du nombre était Polybe. Polybe, envoyé officiellement par ses compatriotes au consul Q. Marcius Philippus, en 169, pour lui offrir le concours de la ligue achéenne, avait attendu un succès du général romain pour lui proposer des auxiliaires que celui-ci avait fièrement refusés. Une fois à Rome, Polybe devint l'ami de Paul-Emile, vainqueur de Persée, l'ami aussi du fils de Paul-Emile, c'est-à-dire du second Scipion l'Africain, autrement dit de Publius Cornelius Scipio Aemilianus, qui prit Carthage en 146. Pendant son séjour forcé à Rome, Polybe, ce Grec indécis, ce politique hésitant entre la Macédoine et Rome, au fond également ennemi de l'une et de l'autre, devint admirateur enthousiaste de la puissance romaine.

En l'année 150 avant J.-C., 604 de Rome, il reprit sa liberté, retourna dans sa patrie, mais il revint deux fois, pour son plaisir, dans la grande capitale où précédemment la force l'avait amené. Il accompagna son ami Scipion, de vingt ans plus jeune que lui, en Espagne, probablement à la guerre contre les Celtibères, 151 avant J.-C., puis au siège de Numance, 134-133, et il fut également avec lui en Afrique au siège de Carthage, 147-146. Ces faits nous font connaître dans quel esprit il écrivit son grand ouvrage qui se divisait en quarante livres. Nous en avons les cinq premiers ; des trente-cinq autres, il ne reste que des fragments, mais ces fragments sont très considérables.

Polybe rédigea son ouvrage en deux fois. La première partie, c'est-à-dire les trente premiers livres, furent composés à Rome pendant qu'il y était otage, entre les années 166 et 150, et terminés vers cette dernière date (1). Les deux premiers livres sont une sorte d'introduction aux suivants ; ils contiennent l'histoire de Rome et de Carthage à partir de la date où finit l'ouvrage de Timée, 264 avant J.-C. et jusqu'au moment où va éclater la seconde guerre punique, 221. Les livres trois à trente racontent l'histoire universelle du monde connu des Grecs et des Romains : Grèce, Asie occidentale, Italie, Afrique septentrionale, de l'année 220 à l'année 168, c'est-à-dire depuis le début de la lutte de Rome contre Annibal jusqu'à l'établissement définitif de la domination romaine en Grèce après la défaite du roi de Macédoine Persée, à Pydna. Les dix derniers livres conduisent l'histoire jusqu'à la destruction de Carthage, en 146.

Les renseignements que Polybe nous fournit sur

---

(1) C'est dans son livre III qu'il parle de son premier voyage en Espagne, qui dut avoir lieu en 151.

§ 30. POLYBE. LES CELTES. 117

l'histoire celtique sont en grand nombre. Je vais en donner quelques exemples.

Au livre I, chap. vi, Polybe établit une concordance chronologique entre l'histoire grecque et l'histoire romaine. En quelle année, se demande-t-il, les Gaulois, Γαλαταί, se sont-ils emparés de Rome, sauf le Capitole ? Voici sa réponse : 1° dix neuf ans après la bataille livrée à Aïgos Potamoï, 2° onze ans avant la bataille de Leuctres, 3° l'année même où les Lacédémoniens firent avec le roi des Perses la paix d'Antalcidas et où Denys l'Ancien, tyran de Syracuse, ayant battu les Grecs d'Italie près du fleuve Elleporos, assiégeait Rhegium. La bataille d'Aïgos Potamoï, où les Athéniens furent battus par les Lacédémoniens, fut livrée en 405 (1); ce fut en 371 qu'Epaminondas et les Thébains vainquirent les Lacédémoniens à Leuctres (2). La date de la paix dite d'Antalcidas, due aux succès qu'obtint sur mer l'amiral lacédémonien de ce nom, fut conclue dans l'hiver 387-386 (3). Le siège

---

(1) Diodore de Sicile, l. XIII, c. 105, 106; édition donnée chez Didot par C. Müller, t. I, p. 539; t. II, p. 602; cf. *Paulys Realencyclopaedie*, éd. Wissowa, t. I, col. 977.

(2) Diodore de Sicile, l. XV, c. 53-56, éd. C. Müller, t. II, p. 36-38, 608, 609. Robert Pöhlmann dans le *Handbuch* d'Iwan Müller, t. III, p. 424.

(3) Diodore de Sicile, l. XIV, c. 110, éd. C. Müller, t. I, p. 620; t. II, p. 606; Xénophon, *Histoire grecque*, l. V, c. 1, § 6, 25, 31. *Paulys Realencyclopaedie*, éd. Wissowa, t. I, col. 2345. Sur la paix d'Antalcidas, voyez Duruy, *Histoire des Grecs*, t. II (1888), p. 728, 729.

de Rhegium par Denys l'Ancien est contemporain de cette paix (1).

De ces quatre synchronismes, que résulte-t-il? De 405, date de la bataille d'Aïgos Potamoï, retranchons 19, reste 386; ajoutons 16 à 371, date de la bataille de Leuctres, nous trouvons 387. Ces deux chiffres s'accordent avec les dates de la paix d'Antalcidas et du siège de Rhegium.

De là on a conclu que, si l'on adopte la chronologie de Polybe, la bataille de l'Allia, où les Gaulois vainquirent les Romains, a été livrée en 387, et le siège de Rome se sera prolongé jusque dans l'hiver 387-386, où le siège se termina, dit Polybe, par un traité de paix agréable aux Gaulois (2) et qui, contre toute espérance, remit les Romains en possession de leur patrie (3).

Mais la chronologie romaine ne s'accorde pas sur ce point avec la chronologie de Polybe. Elle met la bataille de l'Allia trois ans plus tôt que ne l'ont pensé Polybe au deuxième siècle avant notre ère et Diodore de Sicile qui, sur ce point, a copié Polybe un siècle plus tard. C'est en l'an 364 de Rome, 390 avant J.-C., que l'on place, d'après les

---

(1) Diodore de Sicile, l. XIV, c. 108, 111; édition donnée chez Didot par C. Müller, t. I, p. 619, 620; t. II, p. 606.

(2) « Σπονδὰς καὶ διαλύσεις εὐδοκουμένας Γαλάταις. » Polybe, l. I, c. 6, § 3; édition Didot, t. I, p. 4; Cougny, t. II, p. 28, 29; D. Bouquet, t. I, p. 147 A.

(3) « Ῥωμαῖοι...... γενόμενοι πάλιν ἀνελπίστως τῆς πατρίδος ἐγκρατεῖς. » Ibid.

documents romains, la magistrature des tribuns militaires au temps desquels fut livrée la bataille de l'Allia(1). Quoi qu'il en soit, dans le passage de Polybe que nous avons cité, la victoire fabuleuse remportée par Marcus Furius Camillus et par laquelle la vanité romaine a prétendu expliquer la retraite des Gaulois, n'est pas encore inventée.

La plus ancienne mention un peu vague que nous ayons de la victoire de Marcus Furius Camillus sur les Gaulois remonte à Quintus Claudius Quadrigarius qui écrivait aux environs de l'an 80 avant notre ère (2). Environ quarante ans plus tard, Diodore de Sicile connaît cette victoire, mais la met quelque temps après le traité conclu entre les Romains et les Gaulois. Suivant Diodore, les Romains, humiliés par le traité qu'ils ont dû conclure avec les Gaulois pour obtenir la paix, sont attaqués par les Volsques. C'est alors que M. Furius Camillus est nommé dictateur, il bat d'abord les Volsques, ensuite les *Aequi* et les Etrusques, enfin les Gaulois auxquels il reprend la contribution payée par les Romains aux Gaulois pour obtenir la paix et pres-

---

(1) *Corpus inscriptionum latinarum*, t. I, 2ᵉ édition, p. 19, 31, 120, 121 ; cf. *Paulys Realencyclopaedie*, éd. Wissowa, t. I, col. 1585. Mommsen, *Rœmische Geschichte*, 6ᵉ édition, t. I, p. 331, note, met avec Denys d'Halicarnasse la prise de Rome en l'année 388 avant J.-C., première année de la quatre-vingt-dix-huitième olympiade. Mais suivant la chronologie de Diodore de Sicile, l. XIV, c. 107, 110, 113-117, c'est la seconde année, 387.

(2) Teuffel-Schwabe, § 155, 1; t. I, p. 157. Martin Schanz, § 112, 1; t. I, p. 192.

que tout le butin enlevé de Rome par le vainqueur avant l'incendie (1). C'est une première ébauche de la légende.

Tite-Live, qui écrivait environ une trentaine d'années après Diodore, Tite-Live qui a terminé son ouvrage en l'an neuf avant J.-C., raconte les faits d'une façon beaucoup plus glorieuse pour les Romains, c'est en son l. V, ch. 49 et 50. Tout le monde connaît ce récit que Plutarque a reproduit dans sa vie de Camille : mille livres d'or furent le prix convenu entre les Romains et les Gaulois pour la rançon du peuple, qui, dit Tite-Live, allait bientôt commander à toutes les nations. A ce traité si honteux, il se joignit une injustice. Les Gaulois apportèrent des poids trop lourds, le tribun qui représentait le peuple romain refusa de les accepter, le chef gaulois eut l'insolence d'ajouter aux faux poids son épée en jetant l'impitoyable cri : Malheur aux vaincus ! *Vae Victis!* C'était une insulte que les Romains ne pouvaient supporter. Au même moment, par une coïncidence qu'un roman seul pouvait offrir, on voit arriver Marcus Furius Camillus récemment nommé dictateur ; il fait emporter l'or, déclare aux Gaulois qu'il va falloir combattre, leur livre successivement deux batailles, l'une le jour même, l'autre le lendemain ; à la seconde, les Gaulois sont tous tués, pas un n'échappe pour

---

(1) Diodore de Sicile, l. XIV, c. 117 ; éd. C. Müller, t. I, p. 624, 625 ; Cougny, t. II, p. 424-425.

aller porter dans sa patrie la nouvelle de ce désastre (1).

Ce merveilleux récit n'a pas pénétré dans le livre premier de Polybe, ni dans le second, où cet auteur revient sur la prise de Rome, sur la restitution de cette ville aux Romains et sur la retraite des Gaulois, qui fut, dit-il, la conséquence d'un traité, συνθήκας (2). Rome avait été au pouvoir des Gaulois un peu plus de six mois, depuis le 21 juillet, trois jours après la bataille de l'Allia (3), jusqu'au 13 février, jour des ides (4). Si ces dates étaient rigoureusement exactes, on pourrait dire six mois et vingt-trois jours.

La prise de Rome n'est pas le seul sujet concernant les Celtes, dont Polybe ait parlé dans son livre premier. On trouve dans ce livre des détails intéressants sur les mercenaires Celtes au service des Carthaginois pendant la première guerre punique. C'était en 263, c'est-à-dire au début de la première guerre punique, qui dura de 264 à 241 avant J.-C. et eut pour résultat la conquête de la Sicile par les Romains. Les Romains avaient pour

---

(1) Tite-Live, l. V, c. 48, 49. Plutarque, *Camille*, c. 28-29; *Vies*, édition donnée chez Didot par Théod. Doehner, p. 170-172; Cougny, t. III, p. 84-89; D. Bouquet, t. I, p. 386-387.

(2) Polybe, l. II, c. 18, § 2, 3; édition Didot, p. 80; Cougny, t. II, p. 62-63; D. Bouquet, t. I, p. 155 E, 156 A.

(3) Polybe, l. II, c. 18, § 2.

(4) Date approximative suivant Plutarque, *Camille*, c. 30, § 1; *Vies*, édition donnée chez Didot par Théod. Doehner, t. I, p. 172, l. 26, 27; Cougny, t. III, p. 88-89; D. Bouquet, t. I, p. 387 B.

allié le tyran de Syracuse, Hiéron. Les Carthaginois enrôlèrent et envoyèrent en Sicile des soldats mercenaires de trois nations, le plus grand nombre Ibères, quelques-uns Ligures et Celtes (1). Une fois la guerre finie, les Carthaginois transportèrent leurs mercenaires en Afrique, où ils se révoltèrent et finalement périrent tous; Autaritos, chef des Gaulois, mourut sur la croix, vers l'année 239 avant J.-C. (2).

(1) Polybe, l. I, c. 17, § 4; édition Didot, t. I, p. 12; Cougny, t. II, p. 32-33; D. Bouquet, t. I, p. 148 BC.

(2) Polybe, l. 1, c. 67-88; édition Didot, p. 51-67; Cougny, t. II, p. 33-43; D. Bouquet, t. I, p. 148-150; cf. Niese dans *Paulys Realencyclopaedie*, éd. Wissowa, t. II, col. 2593.

NEUVIÈME LEÇON.

15 février 1901.

§ 31.

Une des causes qui font la valeur de Polybe considéré comme historien de Rome et des Gaulois, est qu'il a écrit avant la date où l'histoire romaine a été défigurée par l'intercalation des légendes empruntées aux éloges funèbres. Cet abus paraît avoir commencé vers le début du premier siècle avant J.-C.

L'usage des oraisons funèbres existait déjà au temps de la république romaine et s'est continué sous l'empire (1). On appelait *laudatio funebris* le discours prononcé aux funérailles des grands personnages. On sait comment se célébraient les funérailles des patriciens et des nobles romains. Une sorte de mannequin en bois avec visage de cire, et revêtu de la toge du défunt, était porté sur un lit de parade. Les bustes de cire, *imagines*, des an-

---

(1) Marquardt, *Handbuch der römischen Alterthümer*, 2ᵉ édition, t. VII, p. 357-360.

cêtres (1), faisaient cortège à l'image du mort. Au sortir de la maison, on se rendait au *forum*. Le lit de parade, surmonté de la représentation du mort, était placé sur la tribune aux harangues, autour on posait sur des sièges d'ivoire les bustes des ancêtres ; enfin, le fils du défunt ou un de ses plus proches parents, quelquefois à leur place un orateur désigné par le Sénat, montait à la tribune et prononçait la *laudatio funebris*. Dans cet éloge du défunt, les ancêtres, présents par leurs bustes de cire, n'étaient pas oubliés, et les lacunes de leur histoire étaient comblées par des légendes glorieuses que créait l'imagination de l'orateur, à moins qu'il ne les copiât sur d'autres récits du même genre ; et ces légendes concernaient des personnages trop anciens pour qu'il fût possible aux auditeurs de contrôler la véracité de l'orateur.

Tite-Live, ainsi que plus tard Michelet, considérait l'histoire plutôt comme un exercice de rhétorique que comme une œuvre de science. Il se servit des *laudationes funebres* pour dissimuler la sécheresse des annales romaines les plus anciennes ; il n'éprouva d'embarras que lorsque les *laudationes funebres* d'une famille étaient en contradiction avec celles d'une autre famille. A la fin de son livre VIII, il raconte les événements de l'année 432 de Rome, 322 avant J.-C. ; et il dit, ch. 40, § 1, que suivant certains auteurs, les consuls L.

---

(1) Marquardt, *Handbuch*, 2ᵉ édition, t. VII, p. 242, 353.

§ 31. POLYBE. LES LAUDATIONES.

Fulvius Curvus et Q. Fabius Maximus, ayant vaincu les Samnites, obtinrent les honneurs du triomphe. C'est la doctrine qui a été adoptée officiellement à Rome, quand les *Acta triumphorum* ont été gravés sur marbre au Capitole, probablement aux environs de la date où se terminait l'histoire romaine composée par Tite-Live, an 745 de Rome, 9 avant J.-C. Dans ces *Acta triumphorum*, on voit qu'en l'an 432 de Rome, les deux consuls de cette année, L. Fulvius Curvus et Q. Fabius Maximus, ont triomphé l'un des Samnites *Quirinales*, l'autre des Samnites et des *Apulei* (1).

Mais à côté de cette opinion, qui l'a officiellement emporté, il s'en était produit une autre, c'est que la guerre contre les Samnites avait été conduite cette année-là par le dictateur A. Cornelius Arvina et par le maître de la cavalerie, *magister equitum*, M. Fabius Ambustus; c'est à cette opinion que Tite-Live a conformé son récit, ch. 38 et 39 du livre VIII. Des deux systèmes, lequel est le bon? se demande l'éloquent et naïf historien. « Il n'est » pas facile, » dit-il, « de faire un choix entre les » deux versions ni entre leurs auteurs. Je crois, » continue-t-il, « que le souvenir des événements a » été altéré par les éloges funèbres et par les in» scriptions inexactes qui accompagnent les ima» ges des ancêtres; chaque famille, cherchant à » tromper le public par des mensonges, prétend

---

(1) *Corpus inscriptionum latinarum*, t. I, 2ᵉ édit., p. 45, 171.

» attirer à elle la gloire des exploits et des hautes
» magistratures. Or, quand la date est aussi an-
» cienne, l'historien contemporain, dont le récit
» pourrait nous donner la certitude, fait défaut. »

La vérité est que les *laudationes funebres*, même quand elles ne se contredisaient pas entre elles, n'avaient aucune valeur historique. Une grande partie des développements donnés par Tite-Live au récit de Polybe provient de cette source impure et doit être rejeté au rang des fictions.

Telle est l'origine des légendes, qui chez Tite-Live encombrent l'histoire des premières relations des Gaulois avec Rome.

Deux de ces légendes sont empruntées aux *laudationes funebres*, de la *gens Manlia*. Le *cognomen* qui distinguait une branche de cette famille était *Capitolinus*; les membres de cette subdivision de la *gens Manlia* imaginèrent ou l'on imagina pour eux, qu'un de leurs ancêtres, M. Manlius, consul en l'an 362 de Rome, 392 avant J.-C., avait deux ans plus tard dû le surnom de *Capitolinus* à un exploit des plus glorieux (1); c'était lors d'une tentative d'assaut faite par les Gaulois qui, après avoir pris Rome, assiégeaient le Capitole. M. Manlius s'était mis à la tête des quelques Romains qu'avait réveillés le cri des oies sacrées; d'un coup de son bouclier il avait précipité du haut du rempart le

---

(1) « M. Manlius cui postea Capitolino fuit cognomen. » Tite-Live, l. V, c. 31, § 1 ; cf. l. VI, c. 20.

§ 31. POLYBE. LES LAUDATIONES. 127

Gaulois audacieux qui, grimpant en avant de tous les autres, allait pénétrer dans l'enceinte même de la citadelle (1). Mais le *cognomen* de *Capitolinus* existait dans la *gens Manlia* avant la prise de Rome par les Gaulois. Ainsi, en l'année de Rome 332, 422 avant J.-C., trente-deux ans avant l'année 364 de Rome, 390 avant J.-C., où les Gaulois entrèrent à Rome, L. Manlius Capitolinus avait été tribun militaire avec puissance consulaire (2).

D'autre part, les Manlius n'avaient pas seuls le surnom de *Capitolinus;* on trouvait aussi ce *cognomen* dans quatre autres familles romaines, les *Quinctii*, les *Tarpeii*, les *Sestii*, les *Melii*, et cela antérieurement à la prise de Rome par les Gaulois qui, suivant la chronologie romaine, eut lieu, comme nous l'avons dit, en l'an 364 de Rome, 390 avant J.-C.

Ainsi, un T. Quinctius Capitolinus aurait été six fois consul de l'année 283 à l'année 315 de Rome, c'est-à-dire de 479 à 439 avant J.-C. (3), et son fils aurait été investi du tribunat militaire, avec puis-

---

(1) Tite-Live, l. V, c. 47; édition donnée chez Teubner par W. Weissenborn, t. I (1862), p. 303; D. Bouquet, t. I, p. 327 BC —. Diodore de Sicile, l. XIV, c. 116, § 6; édition donnée chez Didot par C. Müller, t. I, p. 624, l. 24-26; Cougny, t. II, p. 422-425; D. Bouquet, t. I, p. 314 CDE.

(2) Tite-Live, l. IV, c. 42; *Corpus inscriptionum latinarum*, t. I, 2ᵉ édition, p. 112-113. Cf. De-Vit, *Totius latinitatis onomasticon*, t. IV, p. 305.

(3) Tite-Live, l. II, c. 56, 64; l. III, c. 2, 66; l. IV, c. 8, 13. *Corpus inscriptionum latinarum*, t. I, 2ᵉ édition, p. 102-109.

sance consulaire, en l'année 321 de Rome, 433 avant J.-C. (1); tout cela dans le siècle qui a précédé la prise de Rome.

Dans le même siècle, Spurius Tarpeius Montanus Capitolinus a été consul en l'année 300 de Rome, 454 avant J.-C., Publius Sestius Capitolinus deux ans après (2).

Parmi les tribuns militaires avec puissance consulaire de l'année 354 de Rome, 400 av. J.-C., le quatrième est Publius Melius Capitolinus (3).

Le surnom de *Capitolinus*, dans les cinq familles dont il s'agit, tient probablement à ce que les branches de ces familles, que ce surnom distinguait, avaient leur maison au Capitole.

On peut comparer le surnom de *Capitolinus* à celui d'*Esquilinus* chez les *Licinii*, les *Minucii*, les *Sergii*, les *Verginii*, à celui de *Caeliomontanus* chez les *Verginii*, à celui d'*Aventinensis* chez les *Genucii*, à celui de *Quirinius* chez les *Sulpicii*. *Esquilinus* veut dire habitant la colline dite *Esquiliae*, une des sept collines comprises dans l'enceinte de Rome; *Caeliomontanus*, habitant le mont *Caelius*; *Aventinensis*, habitant le mont Aventin; *Quirinius*, habitant la *collis Quirini*, trois autres des sept collines romaines. Ces surnoms ne rappellent aucun exploit.

---

(1) Tite-Live, l. IV, c. 43; *Corpus inscriptionum latinarum*, t. I, 2ᵉ édition, p. 112-113.

(2) *Corpus inscriptionum latinarum*, t. I, 2ᵉ édition, p. 104, 105; cf. Tite-Live, l. III, c. 31, 32.

(3) *Corpus inscriptionum latinarum*, t. I, 2ᵉ édition, p. 116.

§ 31. POLYBE. LES LAUDATIONES.

Un rameau des Manlii se distingua par le surnom de *Torquatus*. On en expliqua l'origine par un collier, *torques*, qu'un Manlius aurait enlevé à un Gaulois après l'avoir tué. En réalité, *torquatus* veut dire décoré du *torques*. Le *torques* ou collier, soit d'or, soit d'argent, est une récompense donnée chez les Romains par le chef militaire au soldat qui s'est distingué. C'est un usage bien ancien : en l'an 399 de Rome, 455 avant J.-C., L. Siccius Dentatus se vantait, dit-on, d'avoir obtenu quatre-vingt-trois *torques* (1).

Ce qu'on a raconté du surnom de T. Manlius Torquatus est une légende étymologique, comme celle que le surnom de Capitolinus a fait inventer. Elle a pénétré chez Tite-Live, l. VII, ch. 9 et 10 (2); on y voit l'armée gauloise campée près de Rome, sur une rive de l'Anio, affluent du Tibre, l'armée romaine sur l'autre. Un Gaulois anonyme, s'avançant sur le pont, provoque à un combat singulier celui des Romains qui sera assez hardi pour tenter l'aventure. Avec l'autorisation de T. Quinctius Pennus, dictateur, le jeune T. Manlius se présente, tue le Gaulois et se met au cou le collier, *torques*, du mort.

---

(1) Denys d'Halicarnasse, l. X, c. 37 ; édition donnée chez Didot, par A. Kiessling et V. Prou, p. 616; Pline, l. VII, § 101; *Paulys Realencyclopaedie*, 1ʳᵉ édition, t. VI, p. 1166, 1167; Marquardt, *Handbuch*, t. II, 2ᵉ édition, p. 575.

(2) Edition donnée chez Teubner par W. Weissenborn, t. II (1863), p. 9-10; D. Bouquet, t. I, p. 328-329.

Alors, dit Tite-Live, les Gaulois, effrayés, gagnèrent la Campanie d'où ils revinrent l'année suivante en ravageant dans le Latium, tout près de Rome, les territoires de Labici, de Tusculum et d'Albe; puis, en vue de Rome, sous les yeux des femmes et des enfants montés sur les remparts, les Romains livrèrent aux Gaulois une grande bataille et les mirent en fuite; une seconde bataille, près de Tibur, où les Gaulois et les habitants de Tibur, leurs alliés, furent défaits, compléta le succès des Romains et fit, dit-on, obtenir les honneurs du triomphe au consul C. Poetelius Libo Visolus cette année même, l'an 394 de Rome, 360 avant J.-C.

Les mêmes honneurs auraient été décernés l'année précédente au dictateur T. Quinctius Pennus, sous les ordres duquel était T. Manlius Torquatus, vainqueur du Gaulois. Les noms de T. Quinctius Pennus et de C. Poetelius Libo Visolus sont inscrits sous ces dates dans les *Acta triumphorum* du Capitole romain (1) et le triomphe du second est mentionné par Tite-Live, l. VII, ch. 11, qui donne à C. Poetelius le surnom de Balbus.

Tous ces récits de combats et ces triomphes sont imaginaires. Polybe nous apprend la vérité: trente ans après la prise de Rome par les Gaulois, une grande armée gauloise pénétra dans le Latium et atteignit Albe; les Romains, surpris par l'arrivée

---

(1) *Corpus inscriptionum latinarum*, t. I, 2ᵉ édition, p. 44.

inattendue de cette armée, n'eurent pas le temps de réunir des auxiliaires et n'osèrent pas attaquer les Gaulois (1). Il n'y eut donc ni combats, ni triomphes.

Il y a, du reste, dans le récit de Tite-Live un détail inadmissible, c'est que T. Manlius Torquatus, dans son duel avec le Gaulois, se serait servi de l'épée espagnole, *hispano gladio*, qui était courte et pointue, tandis que l'épée gauloise était longue et sans pointe. Les Romains paraissent n'avoir appris à faire cette distinction qu'à la bataille de Cannes (2), en 216 av. J.-C., c'est-à-dire cent quarante-cinq ans après la date du combat imaginaire livré au Gaulois provocateur sur le pont de l'Anio par T. Manlius Torquatus. En 360 avant J.-C., les Romains n'avaient encore livré bataille à aucune troupe originaire d'Espagne; leurs premières relations guerrières avec les habitants de la Péninsule ibérique sont postérieures d'un siècle et datent de la première guerre punique, 264-241 avant J.-C.

Vers le commencement du premier siècle avant notre ère, les deux légendes des Manlius, l'une brodée sur le surnom de Capitolinus, l'autre sur celui de Torquatus, avaient déjà pris place dans le recueil des récits imaginaires qui dès lors consti-

---

(1) « Οὐκ ἐτόλμησαν ἀντεξαγαγεῖν Ῥωμαῖοι τὰ στρατόπεδα. » Polybe l. II, c. 18; édition Didot, t. I, p. 81; Cougny, t. II, p. 64-65; D. Bouquet, t. I, p. 156 B.

(2) Polybe, l. III, c. 314, § 3; édition Didot, t. I, p. 198; D. Bouquet, t. I, p. 193 E. Tite-Live, l. XXII, c. 46, § 5.

tuaient une grande partie de l'histoire romaine. Quintus Claudius Quadrigarius, qui écrivait entre les années 80 et 70 av. J.-C., avait inséré ces deux légendes dans ses annales (1); Cicéron mentionne la seconde de ces légendes comme un fait historique certain dans son traité, *De officiis*, ch. XXXI, § 112, qui a été écrit l'an 46 avant notre ère.

Dans les récits de Claudius Quadrigarius et de Tite-Live, le Gaulois, sur le pont de l'Anio, montre la langue aux Romains pour se moquer d'eux. C'était au premier siècle avant notre ère une idée que la peinture avait popularisée à Rome. Dans le traité de *l'Orateur*, écrit vers l'an 55 avant J.-C., Cicéron raconte une plaisanterie faite par lui et qui avait eu du succès. S'adressant à l'orateur Helvius Mancia, son adversaire : « Je vais montrer » votre portrait, » dit-il. « — Faites-le voir, je » vous prie, » répondit Helvius. « Je montrai, » continue Cicéron, « je montrai du doigt sur le bou- » clier cimbre de Marius dans le *Forum*, près des » boutiques neuves, un Gaulois tout contrefait qui » tirait la langue, et l'on se mit à rire ; il n'était » pas possible de plus ressembler à Helvius Man- » cia (2). » La légende de Manlius et du Gaulois tirant la langue, transportée aux Cimbres, vaincus par Marius, était donc populaire à Rome au temps

---

(1) Hermann Peter, *Historicorum romanorum relliquiae*, t. I, p. 206-210; *Historicorum romanorum fragmenta*, p. 136-138.

(2) *De Oratore*, l. II, c. 66, § 266.

de Tite-Live. Ce peut être une excuse pour l'historien rhéteur, mais cela ne rend pas vraie la légende; cela n'ôte rien à la valeur de la conclusion négative que nous tirons du récit de Polybe.

La légende de M. Valérius Corvus peut être traitée sans plus de respect. Comme celles des Manlius, c'est des annales de Q. Claudius Quadrigarius (1) qu'elle est passée chez Tite-Live, l. VII, ch. 26 (2); on la trouve également chez un contemporain de Tite-Live, dans les antiquités romaines du Grec Denys d'Halicarnasse (3). Il s'agit de l'année 349 avant J.-C., 405 de Rome.

L'année précédente, 350 avant J.-C., 404 de Rome, le consul M. Popilius Laenas aurait, dit-on, battu les Gaulois et aurait en conséquence obtenu les honneurs du triomphe. Il y a concordance sur ce point entre Tite-Live et les *Acta triumphorum* (4). En l'an 349 avant J.-C., une autre victoire aurait été, prétend-on, remportée sur les Gaulois par le consul L. Furius Camillus, elle aurait été précédée par un combat singulier entre un Gaulois et

---

(1) Hermann Peter, *Historicorum romanorum relliquiae*, t. I, p. 211, 212; *Historicorum romanorum fragmenta*, p. 139.

(2) Edition donnée chez Teubner par Weissenborn, t. II (1863), p. 26, 27; D. Bouquet, t. I, p. 331 CD.

(3) Denys d'Halicarnasse, l. XV, c. 1; édition donnée chez Didot par A. Kiessling et V. Prou, p. 706; Cougny, t. II, p. 490-493.

(4) *Corpus inscriptionum latinarum*, t. I, 2ᵉ édition, p. 44; cf. Tite-Live, l. VII, c. 24, 25; édition donnée chez Teubner par W. Weissenborn, t. II (1863), p. 24-26; D. Bouquet, t. I, p. 330-331.

M. Valerius qui dut au concours d'un corbeau son succès ; de là le surnom de *Corvus* dans la *gens Valeria* (1).

Tout est faux dans ces récits. Ce qu'il y a de vrai c'est que, onze ans après l'expédition gauloise, dirigée sur Albe en 360 avant J.-C., je dis onze ans, c'est-à-dire la douzième année après cette année 360, les Gaulois envahirent le Latium, les Romains réunirent contre eux une armée, et les Gaulois se retirèrent sans combat (2). La date est 349 avant J.-C., précisément l'année du prétendu combat singulier de Valerius Corvus, combat qui n'a jamais existé que dans les *Laudationes funebres* de la *gens Valeria* et chez les honnêtes historiens qui ont, sans critique, admis dans leurs récits les erreurs commises volontairement par des faussaires dans les *Laudationes funebres*.

Pourquoi le surnom de *Corvus* « corbeau » existe-t-il dans la *gens Valeria!* On pourrait demander aussi pourquoi on le trouve dans la *gens Aquilia*. Tite-Live, l. VI, ch. 4, mentionne L. Aquilius Corvus dans sa liste des tribuns militaires avec puissance consulaire en l'année 365 de Rome, 388 avant J.-C. Les noms communs d'animaux apparaissent fréquemment comme surnoms dans l'onomastique romaine : nous citerons d'abord des

---

(1) Tite-Live, 1. VII, c. 26 ; édit. Weissenborn, t. II, p. 26-28. D. Bouquet, t. I, p. 331 CDE.

(2) Polybe, 1. II, c. 18, § 7, 8 ; édition Didot, t. I, p. 81 ; Cougny, t. II, p. 64-65 ; D. Bouquet, t. I, p. 156 BC.

§ 31. POLYBE. LES LAUDATIONES.

noms d'oiseaux : « aigle, » *Aquila*, notamment chez les *Antonii*, les *Arruntii*, les *Julii*, les *Pontii*, les *Vedii* (1), « coq », *Gallus*, qui dans le second surnom du consul Publius Volumnius Amentinus Gallus, 293 de Rome, 461 avant J.-C. (2), ne peut rappeler une relation quelconque avec les Gaulois arrivés en Italie soixante ans seulement plus tard. D'autres surnoms romains sont des noms communs de quadrupèdes : « loup », *Lupus;* « veau », *Vitulus;* « petit chien », *Catulus;* « ânesse », *Asina;* « porc », *Verres.* Le surnom de *Lupus* se rencontre dans neuf *gentes* romaines, chez les *Antii*, les *Cornelii*, les *Curtii*, les *Flavii*, les *Julii*, les *Junii*, les *Numidii*, les *Rutilii*, les *Virii* (3). Quintus Mamilius, « le veau, » *Vitulus*, fut consul en l'an 492 de Rome, 162 avant J.-C. (4). Un des consul de l'année 512 de Rome, 242 avant J.-C., fut Caius Lutatius « le petit chien, » *Catulus* (5). Deux des Cornelius Scipio portèrent le surnom d'ânesse, *Asina*, l'un fut consul en l'an 494 de Rome, 260 après J.-C., l'autre obtint la même dignité en l'an 533 de Rome, 221 avant J.-C. (6). Enfin, tout le

---

(1) De-Vit, *Totius latinitatis onomasticon*, t. I, p. 398.

(2) *Corpus inscriptionum latinarum*, t. I, 2ᵉ édition, p. 104; cf. De-Vit, *Totius latinitatis onomasticon*, t. III, p. 204.

(3) De-Vit, *Totius latinitatis onomasticon*, t. IV, p. 218.

(4) *Corpus inscriptionum latinarum*, t. I, 2ᵉ édition, p. 136.

(5) *Corpus inscriptionum latinarum*, t. I, 2ᵉ édition, p. 138; cf. De-Vit, *Totius latinitatis onomasticon*, t. II, p. 184.

(6) De-Vit, *Totius latinitatis onomasticon*, t. II, p. 451; *Corpus inscriptionum latinarum*, t. I, 2ᵉ édition, p. 136, 140, 141.

monde connaît le surnom du fameux C. Cornelius
« le cochon, » *Verres*, préteur en l'an 680 de Rome,
74 avant J.-C., propréteur en Sicile pendant les
trois années suivantes (1); sept discours de Cicéron l'ont rendu célèbre. Il n'y a pas lieu de s'étonner qu'un Romain s'appellât *Verres*, c'est-à-dire
« cochon ». La gens *Porcia*, dont était le célèbre
et vertueux Caton, tirait son gentilice d'un ancêtre appelé *Porcus*. Quand j'étais jeune, on parlait
en souriant de M. Cochon, maire d'Eu, ou plus
élégamment maire de la ville d'Eu. M. Cochon de
Lapparent est membre de l'Académie des sciences.
Le surnom romain de *Corvus* « corbeau », n'a
donc rien d'extraordinaire et la légende inventée
pour expliquer ce surnom chez les *Valerii* n'est
que ridicule. On n'a pas en France imaginé, que
je sache, un belliqueux exploit quelconque pour
justifier des noms de famille, tels que Le Bœuf,
Le Chat ou Le Cat, Le Coq, Le Lièvre, Le Loir,
Le Loup; on n'a pas cette prétention en Allemagne pour des noms comme Wolf, Hase, Hahn, etc.

---

(1) De-Vit, *Totius latinitatis onomasticon*, t. II, p. 459;
cf. *Paulys Realencyclopaedie*, 1re édit., t. VI, p. 2471.

DIXIÈME LEÇON.

22 février 1901.

§ 32.

Je vais essayer d'exposer sommairement, dans l'ordre géographique, les connaissances que nous devons à Polybe sur le monde celtique pendant la période historique dont cet auteur s'est spécialement occupé, 264-146 av. J.-C. Nous commencerons par le nord-ouest, et nous suivrons l'ordre suivant : 1° Iles Britanniques ; 2° Gaule transalpine, à l'ouest du Rhin ; 3° région située à l'est du Rhin, c'est-à-dire Allemagne moderne, moins la partie située à l'ouest du Rhin, plus la partie occidentale de l'empire d'Autriche ; 4° péninsule ibérique ; 5° Italie ; 6° péninsule des Balkans ; 7° Asie Mineure. C'est une tâche considérable dont nous n'entreprendrons aujourd'hui que les quatre premiers articles.

Sur les îles Britanniques, Polybe affecte de ne rien savoir. Il tient pour non avenus les renseignements que Pythéas a donnés (1). Il n'a pu s'en procurer d'autres (2); il espère être plus tard plus heureux et en traiter dans un ouvrage spécial (3) qu'il paraît n'avoir pas écrit, et qu'il aurait composé et publié sans doute sans sa mort prématurée à quatre-vingt-deux ans. Je suis plus jeune que lui de neuf ans, et j'entends autour de moi se disputer déjà ma prochaine et maigre succession.

§ 33.

Quant à la Gaule transalpine, les villes celtiques dont Polybe parle sont au nombre de quatre : Narbonne (Aude), qui existe encore sans changement de nom (4); Corbilon, ville détruite qui aurait été située à l'embouchure de la Loire (5); enfin les deux villes d'*Illiberris* et de *Ruscino*, dont l'une est

---

(1) Polybe, l. XXXIV, ch. 5, § 2, 6-10; édit. Didot, t. II, p. 110, 111. Strabon, l. II, c. 4, § 1, 2, 3. Edition donnée chez Didot par C. Müller et F. Dübner, p. 85 et suivantes.

(2) Polybe, l. XXXIV, c. 10, § 7; édit. Didot, t. II, p. 115-116. Strabon, l. IV, c. 2, § 1; Cougny, t. I, p. 110-113.

(3) Polybe, l. III, c. 57, § 3, 4, 5; l. XXXIV, c. 1, § 5, 6, 7; édit. Didot, t. I, p. 157; t. II, p. 108; Cougny, t. II, p. 180-181. Petrie et Thomas Duffus Hardy, *Monumenta historica britannica*, p. I.

(4) Polybe, l. XXXIV, c. 6, § 3, 5, 7; c. 10, § 7; édit. Didot, t. II, p. 111, 112, 116; D. Bouquet, t. I, p. 708 BC; Strabon, l. II, c. 4, § 2. Cougny, t. I, p. 40-41.

(5) Polybe, l. XXXIV, c. 10, § 6, 7; édit. Didot, t. II, p. 115, 116. Strabon, l. IV, c. 2, § 1; Cougny, t. I, p. 110-113; D. Bouquet, t. I, p. 20 CD.

aujourd'hui Elne (Pyrénées-Orientales), et l'autre Castel-Roussillon, près de Perpignan, même département (1). Polybe sait, en effet, que les Celtes habitent sur les côtes de la Méditerranée, entre le fleuve Narbôn, probablement l'Aude, et les Pyrénées (2). C'est-à-dire qu'il connaît la route de terre suivie par les armées romaines pour aller d'Italie en Espagne.

Un autre fleuve que l'Aude et sur les bords duquel on trouve aussi des Celtes est le Rhône, Ῥοδανός. Entre ce fleuve et les Alpes habitent les Galates, Γαλάται, surnommés Gésates, Γαισάτοι, c'est-à-dire « armés du javelot dit *gaison*. » Polybe a cru que le mot γαισάτος dérivait du grec γάζα, « trésor, somme d'argent, » et voulait dire « homme acheté à prix d'argent, soldat mercenaire (3). » Sur ce point, il se trompait. C'est en l'année 225 avant notre ère, en l'an de Rome 529, que les Gésates apparaissent pour la première fois chez Polybe; ils viennent en Italie combattre les Romains (4); ils sont vaincus

---

(1) Polybe, l. XXXIV, c. 10, § 1; édit. Didot, t. II, p. 115. Athénée, l. VIII, c. 2; D. Bouquet, t. I, p. 708 C. Ptolémée, l. II, c. 10, § 6; édit. donnée chez Didot par C. Müller, t. I, p. 240, l. 23; D. Bouquet, t. I, p. 80 A.

(2) Polybe, l. III, c. 37, § 8, 9; édit. Didot, t. I, p. 143. Cougny. t. II, p. 122-125. D. Bouquet, t. I, p. 171 E, cf. 708 CD.

(3) Polybe, l. II, c. 22, § 1; édit. Didot, t. I, p. 83, 84. Cougny, t. II, p. 72-74. D. Bouquet, t. I, p. 159 B.

(4) Polybe, l. II, c. 23; édit. Didot, t. I, p. 84. Cougny, t. II, p. 76-81. D. Bouquet, t. I, p. 160 B.

à la bataille de Télamon où périrent, dit Polybe, quarante mille Celtes (1).

Ce désastre ne les découragea pas, et les Galates Gésates des bords du Rhône, passant les Alpes au nombre de trente mille, revinrent en Italie au bout de trois ans porter secours à leurs compatriotes contre les Romains. Ce fut en vain, et les efforts des Transalpins ne purent empêcher la prise de Milan par les Romains, 222 ans av. J.-C., l'an de Rome 532 (2).

Il se peut que la première expédition faite en Italie par les Gaulois voisins du Rhône ait été de douze ans antérieure à celle de l'année 225 av. J.-C., et que les Gaulois venus des Alpes, τοὺς ἐκ τῶν Ἀλπέων Γαλάτας, les Transalpins, Τρανσάλπινοι, qui s'avancèrent jusque dans l'ancien territoire des Senones à Rimini, *Ariminum*, sur l'Adriatique, en l'an 236 av. J.-C., 518 de Rome (3), soient venus de la même région que les Gésates. Mais nous n'en sommes pas certains. Ils peuvent être arrivés de la région au nord des Alpes, où sont aujourd'hui : 1° le grand-duché de Bade, 2° le Wurtemberg, 3° la Bavière, 4° la partie occidentale de l'empire d'Autriche.

---

(1) Polybe, l. II, c. 27-31 ; édit. Didot, t. I, p. 87-90. Cougny. t. II, p. 88-101. D. Bouquet, t. I, p. 162-166.

(2) Polybe, l. II, c. 34 ; édit. Didot, t. I, p. 92, 93. Cougny, t. II, p. 108-111. B. Bouquet, t. I, p. 168 DE, 169 D.

(3) Polybe, l. II, c. 21, § 5 ; édit. Didot, t. I, p. 82, 83 ; cf. l. II, c. 15, § 8, p. 78. Cougny, t. II, p. 70-71. D. Bouquet, t. I, p. 158 C.

§ 33. POLYBE. GAULE TRANSALPINE.

De tous les peuples celtiques qui habitaient le bassin du Rhône, il n'y en a qu'un dont Polybe donne le nom, encore ce nom est-il défiguré ; il s'agit du peuple que les Romains ont nommé *Aedui*, en grec Αἴδουοι, qui habitaient sur la rive droite ou à l'ouest de la Saône, et chez lesquels étaient Autun, Chalon-sur-Saône et même Lyon (1), car les *Segusiavi*, sur le territoire desquels Lyon a été bâti, étaient clients des *Aedui*. Par conséquent, les *Aedui* non seulement habitaient dans la partie septentrionale du bassin du Rhône, mais atteignaient le Rhône à Lyon. Comment Polybe a-t-il écrit leur nom ? Nous n'en savons rien. Mais ce qui paraît évident, c'est que les *Ardyes Celtae*, Ἄρδυες Κελτοί, dont parlent les manuscrits de Polybe et qui habitaient la partie septentrionale du bassin du Rhône, sont les *Aedui* des textes latins postérieurs (2). Après avoir parlé de la source du Rhône dans les Alpes septentrionales, de sa direction vers l'Ouest, de son embouchure dans la mer de Sardaigne, Polybe ajoute que le cours de ce fleuve est dans une vallée, αὐλών, dont la partie septentrionale est habitée par les *Ardues Celtae*, Ἄρδυες Κελτοί (3), lisons Αἴδουοι Κελτοί, *Aedui Celtae*.

---

(1) Ptolémée, l. II, c. 8, § 12 ; édition donnée chez Didot par C. Müller, t. I, p. 218. Cougny, t. I, p. 262-263. D. Bouquet, t. I, p. 75 AB.

(2) A. Holder, *Altceltischer Sprachschatz*, t. I, col. 65.

(3) Polybe, l. III, c. 47, § 2, 3 ; édit. Didot, t. I, p. 150. Cougny, t. II, p. 150-151. D. Bouquet, t. I, p. 179 A.

§ 34.

Polybe n'a pas admis la véracité de Pythéas dans ce que ce dernier avait écrit au sujet des côtes de la mer du Nord, à l'est de l'embouchure du Rhin. Mais des populations qui, au troisième siècle de notre ère, occupaient la région méridionale de l'Allemagne moderne, il y en a une dont Polybe connaît le nom, ce sont les *Taurisci*. Nous savons par Pline et par Polybe qu'il y avait des *Taurisci* au sud des Alpes et qu'il s'en trouvait aussi au nord de cette chaîne de montagnes. Ceux du sud sont les *Lepontii* et les *Salassi* (1) ; chez les *Lepontii* était la ville d'*Oscela*, aujourd'hui Domo d'Ossola, province de Novare (2), chez les *Salassi*, Aoste et Ivrée, province de Turin (3). Ceux du nord changèrent de nom sous l'empire romain et on les appela, nous dit Pline, *Norici*, cela probablement du nom de *Noreia*, leur capitale (4), au-

---

(1) « Lepontios et Salassos Tauriscae gentis idem Cato arbitratur, » (Pline, l. III, § 134; t. I, p. 150, l. 21 de l'édition donnée chez Teubner par C. Jan, en 1870). Τοὺς δ'ἐπὶ τὰ πεδία Ταυρίσκοι (Polybe, l. II, c. 15, § 8 ; édit. Didot, p. 78; Cougny, t. II, p. 54-55.) Polybe les oppose aux Transalpins.

(2) Ptolémée, l. III, c. 1, § 34 ; édit. donnée chez Didot par C. Müller, t. I, p. 343, l. 3, 4.

(3) Ptolémée, l. III, c. 1, § 30 ; édit. C. Müller, t. I, p. 341, l. 5-8.

(4) « Juxtaque Carnos quondam Taurisci appellati, nunc Norici. » Pline, l. III, § 133. Au § 148 reparaissent les *Taurisci* comme voisins de la Pannonie.

jourd'hui Neumarkt, dans l'empire d'Autriche, en Styrie. Strabon nous appprend qu'ils appartenaient au groupe celtique (1), qu'ils étaient voisins du Danube (2), que chez eux se trouvait *Nauportus*, aujourd'hui Oberlaibach, sur la Save, empire d'Autriche, en Carniole (3). Strabon dit, d'accord avec Pline, que ces *Taurisci* étaient identiques aux *Norici* (4). On peut admettre que leur territoire atteignait l'Inn à l'ouest, le Danube au nord et à l'est.

Ces *Taurisci* septentrionaux ont été connus de Polybe; il rapporte que chez les Taurisques Noriques, ἐν τοῖς Ταυρίσκοις τοῖς Νωρικοῖς, il y a des mines d'or; on commence à trouver l'or à deux pieds de profondeur et on descend jusqu'à quinze pieds (5). Mais nous ne savons pas d'où venaient les *Taurisci* qui prirent part à la bataille de Télamon, en l'an 225 av. J.-C., 529 de Rome (6). Etaient-ils arrivés du nord des Alpes, étaient-ils *Norici* par conséquent?

(1) « Τὰ Κέλτικα [ἔθνη] οἵτε Βόϊοι καὶ Σκορδίσκοι καὶ Ταυρίσκοι. » Strabon, l. VII, c. 3, § 2; édit. donnée chez Didot par C. Müller et F. Dübner, p. 246, l. 10, 11.

(2) Strabon, l. V, c. 1, § 6; édition C. Müller et F. Dübner, p. 177, l. 20-21; l. VII, ch. 5, § 2, p. 260, l. 24-29.

(3) Strabon, l. VII, c. 5, § 2; édit. C. Müller et F. Dübner, p. 260, l. 41-44; Cougny, t. I, p. 216-217.

(4) « Τῶν δὲ Νωρικῶν εἰσι καὶ Ταυρίσκοι.. » Strabon, l. IV, c. 6, § 9; édit. C. Müller et F. Dübner, p. 172, l. 8, 9.

(5) Strabon, l. IV, c. 6, § 12; édit. C. Müller et F. Dübner, p. 173, l. 34-46. Polybe, l. XXXIV, c. 11, § 10; édit. Didot, t. II, p. 116.

(6) Polybe, l. II, c. 28, § 4; c. 30, § 6; édit. Didot, t. I, p. 88, 89. Cougny, t. II, p. 92-93, 98-99. D. Bouquet, t. I, p. 165 E.

Leur patrie se trouvait-elle au sud des Alpes, étaient-ils *Lepontii*, *Salassi?* Nous l'ignorons.

§ 35.

Pour la péninsule ibérique, Polybe a des indications plus précises. Il sait les noms des deux groupes de populations celtiques qui se sont établis dans ce pays : *Celtiberi*, *Celtici*. Les *Celtici* sont les plus occidentaux des deux : ils ont d'abord occupé, sauf l'Algarve, toute la côte occidentale de la péninsule, de la Galice à l'Estramadure inclusivement, le long de l'océan Atlantique, et, en arrière de cette côte, une large bande de territoire tant en Portugal qu'en Espagne ; la conquête de la péninsule par les Carthaginois enleva aux Celtes une grande partie de ce vaste territoire et les réduisit à deux tronçons, l'un en Estramadure, en Alemtejo et en Andalousie, entre le Guadalquivir et le Tage, l'autre en Galice et dans la partie la plus septentrionale du Portugal, au sud et à l'est du cap Finisterre, dans l'angle presque droit que forment au nord-ouest de la péninsule les côtes de l'Océan (1). Polybe parle du premier tronçon des *Celtici* dans un fragment du traité géographique qui formait son trente-quatrième livre (2). Il y dit

---

(1) *Revue celtique*, t. XIV, p. 382, 386-395 ; t. XV, p. 1-5.
(2) Strabon, l. III, c. 2, § 5 ; édit. C. Müller et F. Dübner, p. 125, l. 23-25. Polybe, l. XXXIV, c. 9, § 3 ; édit. Didot, t. II, p. 114.

que les *Celtici* sont voisins des *Turdétani*. Les *Turdetani* sont une population ibérique de l'Andalousie.

Polybe connaît mieux les *Celtibères*, Κελτίβηρες, c'est-à-dire étymologiquement ceux des Celtes, dont le territoire comprenait le bassin de l'Ebre, Ἴβηρ. En l'an 151 avant J.-C., de Rome 603, Publius Cornelius Scipio Aemilianus, son ami, partit pour l'Espagne en qualité de tribun et de lieutenant, *legatus*, du consul Lucius Licinius Lucullus ; en 134-133 avant J.-C., 620-621 de Rome, le même Scipion, envoyé en Espagne en qualité de consul, termina le siège de Numance. Polybe paraît l'avoir accompagné dans au moins un de ces voyages (1).

C'est contre les Celtibères qu'alors en Espagne les Romains luttaient. Déjà en l'année 179 avant J.-C., 575 de Rome, le propréteur Tibérius Sempronius Gracchus avait forcé les Celtibères à se soumettre (2). Ce Gracchus était gendre du premier Scipion l'Africain, ami de Polybe. Polybe a raconté que ce Gracchus avait pris en Celtibérie trois cents villes, « trois cents tours, » dit, en se moquant de Polybe, Poseidonios (3). Avant Scipion Emilien, deux générations de Scipions s'étaient distingués en Espagne à la tête des armées romaines, et

---

(1) Polybe, l. III, c. 59, § 7 ; édit. Didot, t. I, p. 158.
(2) Tite-Live, l. XL, c. 47-50 ; édition donnée chez Teubner par W. Weissenborn, 1862, t. V, p. 94-96.
(3) Strabon, l. III, c. 4, § 13 ; édit. C. Müller et F. Dübner, p. 135, l. 19-23. Polybe, l. XXVI, c. 2 ; édit. Didot, t. II, p. 11.

l'Espagne semblait être pour les Scipions une sorte de fief, comme auparavant pour les Barcides sous la suprématie de Carthage.

Cicéron, dans ses *Epistolae ad diversos*, l. V, *ep.* 2, écrivant à L. Lucceius, lui parle de la guerre de Numance, *Bellum Numantinum*, écrite par Polybe. Dans cet ouvrage, qui formait probablement son trente-cinquième livre, Polybe racontait la campagne à laquelle P. Cornelius Scipio Aemilianus prit part en 151, où le jeune guerrier se distingua par un combat singulier au siège d'Intercatia (1), ville des *Vaccaei* (2). Les *Vaccaei* occupaient le bassin moyen du Duero, partie de la vieille Castille et du royaume de Léon. Polybe savait qu'Elmantike, lisez *Salmantica*, et Arbucala, villes prises par Hannibal l'an 220 avant J.-C., étaient dans le territoire des *Vaccaei*, Οὐάκκαιοι (3). Il s'agit de Salamanque, chef-lieu de province, et de Toro, province de Zamora, deux localités de l'ancien royaume de Léon (4). Les *Vaccaei* appartenaient au groupe celtique dit Celtibère. Polybe connaissait les noms de trois autres peuples Celtibères, les *Belli*, les *Titti*, et surtout les *Arevaci*,

---

(1) Polybe, l. XXXV, c. 5; édit. Didot, t. II, p. 123; cf. Appien, *De rebus hispaniensibus*, c. 53; édit. Didot, p. 54.

(2) *Revue celtique*, t. XV, p. 33, 36; cf. Strabon, l. III, c. 4, § 13; édit. Didot, p. 135, l. 12-15; Polybe, édit. Didot, t. II, p. 115.

(3) Polybe, l. III, c. 14, § 1; édit. Didot, t. I, p. 127.

(4) *Revue celtique*, t. XV, p. 30.

qu'il appelle Ἀραυακοί (1), et chez lesquels était située Numance. Les *Belli* et les *Titti* étaient probablement clients des *Arevaci*, bassin du haut Duero et du haut Tage, Vieille Castille, Nouvelle Castille, royaume de Léon.

Polybe n'ignorait pas combien le territoire des Celtibères était vaste ; ce territoire était voisin de Sagonte, aujourd'hui Murviedro, royaume de Valence, un peu au nord de cette ville (2). C'était, disait Polybe, en Celtibérie, qu'étaient les sources de l'*Anas*, « Guadiana, » et du *Baetis*, « Guadalquivir (3). » La source du Guadalquivir est aujourd'hui en Andalousie dans la province de Jaen ; dans la même province était située *Castulo*, ville principale des *Oretani* et dont l'emplacement est marqué par S. Maria de Cazlona, près de Linarès et de Bailen (4) ; or les Oretani sont un peuple celtique ou celtibère dont Polybe a défiguré le nom en les appelant Ὀρεῖται Ἴβηρες (5) ; c'était chez eux que commençait le cours du *Baetis* et de l'*Anas*.

Ainsi, le domaine des Celtibères en Espagne au

---

(1) Polybe, l. XXXV, c. 2, § 3, 4 ; édit. Didot, t. II, p. 121.

(2) Polybe, l. III, c. 17, § 2 ; édit. Didot, t. I, p. 130 ; cf. *Revue celtique*, t. XIV, p. 382.

(3) Strabon, l. III, c. 2, § 11 ; édit. C. Müller et F. Dübner, p. 122, l. 46-52. Polybe, l. XXXIV, c. 9, § 12 ; édit. Didot, t. II, p. 115.

(4) Ptolémée, l. II, c. 6, § 58 ; édit. donnée chez Didot, par Müller, t. I, p. 181, 182 ; *Corpus inscriptionum latinarum*, t. II, p. 440, 441.

(5) Polybe, l. III, c. 33, § 9 ; édit. Didot, t. I, p. 140.

temps de Polybe s'étend de Salamanque, aux temps modernes, royaume de Léon, autrefois ville des *Vaccaei*, peuple celtibère, nord-ouest, jusqu'à la source du Guadalquivir en Andalousie, province de Jaen, sud-est, et s'approche des côtes de la Méditerranée à Murviedro, province de Valence.

ONZIÈME LEÇON.

1ᵉʳ mars 1901.

§ 36.

Les Celtes d'Italie sont ceux sur lesquels Polybe nous donne les renseignements les plus précieux. Puisque nous n'avons plus l'ouvrage de Fabius Pictor, 254-201 avant J.-C., Polybe, 205-123, est aujourd'hui pour l'histoire des Celtes d'Italie l'auteur le plus rapproché des événements peut être les plus importants de cette histoire. Il doit avoir pris chez Fabius Pictor ce qu'il rapporte des plus anciens de ces événements.

Bien qu'en principe Polybe commence là où finit Timée, en 264 avant J.-C. (1), il fait partir son récit de l'année 396 environ, quand il s'agit des Celtes d'Italie. Il raconte que les Etrusques étaient maîtres du bassin du Pô, à l'époque où Capoue et Nole leur appartenaient. Or, Capoue et la Campa-

---

(1) « Ἀφ' ὧν Τίμαιος ἀπέλιπε · πίπτει δὲ κατὰ τὴν ἐννάτην καὶ εἰκοστὴν πρὸς ταῖς ἑκατὸν Ὀλυμπιάδα. » Polybe, l. I, c. 5, § 1; cf. l. III, c. 32, § 2; éd. Didot, t. I, p. 4, 139. L'olympiade 129 correspond aux années 264-261 av. J.-C. et aux années de Rome 490-493.

nie paraissent avoir été au pouvoir des Etrusques, pendant tout le sixième siècle, de 600 à 501 avant J.-C. et pendant plus de la première moitié du cinquième. Ce fut en 445 avant J.-C., en l'an de Rome 309, sous le consulat de M. Genucius et de C. Curtius, que commença le soulèvement des Campaniens, *Campani*, c'est-à-dire des populations osques de la Campanie (1) qui eurent l'alliance et l'appui des Samnites; Capoue, capitale de cette région, fut enlevée aux Etrusques en l'an 424 avant J.-C., de Rome 350 (2), et, délivrés de la domination étrusque, les Campaniens s'emparèrent de la ville grecque de Cumes en l'an 421 avant J.-C. (3). De ces faits il résulte que la conquête du bassin du Pô par les Celtes n'a pu être contemporaine de la fondation de Marseille, en 600 avant J.-C., sous Tarquin l'Ancien (616-578 avant J.-C.), comme le raconte Tite-Live (4), en ce recueil de fables qui, entre ses mains, est devenu l'histoire des premiers siècles de Rome.

---

(1) Diodore de Sicile, l. XII, c. 31; édition donnée chez Didot par C. Müller, t. I, p. 432, l. 1-5; cf. Tite-Live, l. IV, c. 1, § 1; édition W. Weissenborn, t. I (1862), p. 196.

(2) Tite-Live, l. IV, c. 37, § 1; éd. W. Weissenborn, t. I (1862), p. 231.

(3) Diodore de Sicile, l. XII, c. 76, § 5; édition donnée chez Didot par C. Müller, t. I, p. 459; t. II, p. 599; cf. l'article *Campania* de Ihm et l'article *Capua* de Hülsen, *Paulys Realencyclopaedie*, éd. Wissowa, t. III, col. 1436 et 1556.

(4) Tite-Live, l. V, c. 34; éd. W. Weissenborn, t. I (1862), p. 231; D. Bouquet, t. I, p. 322.

§ 36. POLYBE. ITALIE. GÉOGRAPHIE.

Les Celtes, voisins des Étrusques, avaient avec eux les relations que le voisinage amène (1). Tout d'un coup, sous un petit prétexte quelconque, après la chute de la domination étrusque à Capoue et dans les pays voisins de cette ville, 424, les Celtes attaquent les Étrusques avec une grande armée et les chassent des pays qui entourent le Pô. Il n'est pas téméraire de proposer la concordance chronologique de cet événement militaire avec la destruction de Melpum en Transpadane par les *Insubres*, les *Boii*, les *Senones*, le jour où Véies fut enlevée aux Étrusques par les Romains, 396 avant J.-C. (2).

L'historien grec nous donne la liste des peuples celtiques qui s'établirent alors dans cette région : d'abord il nous mène au nord du Pô, et, allant de l'Ouest à l'Est, il commence par les *Laevi* et les *Lebecii*. Les *Laevi* paraissent être une population ligure établie antérieurement aux environs de Pavie, l'antique *Ticinum* (3), et conquise par les Gaulois. Les *Laevi* ou mieux *Laiui*, que Polybe appelle Λάοι en supprimant le digamma, ont été sous l'empire romain une dépendance des Celtes Insubres, dans le territoire desquels Ptolémée place

---

(1) « Οἷς ἐπιμιγνύμενοι κατὰ τὴν παράθεσιν Κελτοί. » Polybe, l. II, c. 17, § 3 ; éd. Didot, t. I, p. 80 ; Cougny, t. II, p. 60.

(2) Pline, l. III, c. 125 ; édition donnée chez Teubner par C. Jan, t. I (1870), p. 148, l. 20-26 ; D. Bouquet, t. I, p. 55 BC.

(3) Pline, l. III, § 124 ; édition donnée chez Teubner par C. Jan, t. I (1870), p. 148, l. 11-14 ; D. Bouquet, t. I, p. 55 B.

Ticinum (1). Ils ont été probablement d'abord considérés comme une fraction des Celtes *Lebecii*. Ceux-ci possédaient Verceil et Laumello (2). Polybe néglige ici les Celtes Cisalpins de l'extrême nord-ouest, c'est-à-dire les *Salassi* et les *Lepontii*, dont il parle sous le nom de *Taurisci*, quelques lignes plus haut (3). Il mentionne ensuite les Insubres, qu'il appelle *Isombres*, Ἰσόμβρες, conformément à la prononciation romaine qui supprime l'*n* suivie d'*s*, mais en intercalant un *m* à la deuxième syllabe. Chez les Insubres était situé Milan (4).

Venaient ensuite les *Cénomani*, que Polybe appelle Γονομάνοι, mauvaise notation dont la responsabilité remonte peut-être à quelque copiste maladroit. C'étaient les habitants de Bergame, Brescia, Crémone et Vérone (5). Au nord du Pô, les *Cénomani* étaient alors les derniers des Celtes au sud est du territoire celtique, comme les *Cénomanni* furent plus tard en Gaule transalpine les derniers

---

(1) Ptolémée, l. III, c. 1, § 29; édition donnée chez Didot par C. Müller, t. I, p. 341, l. 4; Cougny, t. I, p. 284-287; D. Bouquet, t. I, p. 84 BC.

(2) Ptolémée, l. III, c. 1, § 32; éd. C. Müller, t. I, p. 342, l. 2, 5. Holder, *Altceltischer Sprachschatz*, t. II, col. 204, au mot *Libeci*.

(3) Polybe, l. II, c. 15, § 7, 8; éd. Didot, t. I, p. 78; cf. Ptolémée, l. III, c. 1, § 30, 34; éd. C. Müller, t. I, p. 341; 343.

(4) Ptolémée, l. III, c. 1, § 29; éd. C. Müller, t. I, p. 340-341; Cougny, t. I, p. 284-285. Strabon, l. V, c. 1, § 6; éd. C. Müller et F. Dübner, p. 177, l. 23-24; Cougny, t. I, p. 178-179; D. Bouquet, t. I, p. 37 C.

(5) Ptolémée, l. III, c. 1, § 27; éd. C. Müller, t. I, p. 238, 239; cf. Strabon, l. I, c. 1, § 9; éd. C. Müller et F. Dübner, p. 179, l. 49.

§ 36. POLYBE. ITALIE. GÉOGRAPHIE. 153

des Celtes au nord-ouest, si l'on admet que les *Ossismi* appartenaient à une population plus ancienne. Comparez l'irlandais *cian* = *kēnos = *keino-s, « éloigné, lointain ».

A l'époque où écrivait Fabius Pictor, c'est-à-dire vers la fin du troisième siècle avant J.-C., les *Carni*, que nous voyons établis à Trieste et aux environs sous l'empire romain, au nord-est des *Cénomani* (1), et qui sont un rameau des *Taurisci* du bassin du Danube, n'avaient point encore passé les Alpes. C'est en l'an 186 avant J.-C., 568 de Rome, qu'il est pour la première fois question de l'établissement des Gaulois Transalpins dans cette partie de l'Italie. Tite-Live, qui parle de cette invasion à cette date (2), revient sur le même sujet en 183 (3); c'est en 170 que le nom des *Carni* apparaît pour la première fois chez cet historien (4). Polybe ne pouvait parler d'eux dans le récit des événements des années 396-390 avant J.-C.

Au sud du Pô, il place d'abord les *Ananes*, *Anares* ou *Anamares*, établis autour de *Clastidium*, aujourd'hui Casteggio (5), province de Pavie.

---

(1) Strabon, l. VII, c. 5, § 2; éd. C. Müller et F. Dübner, p. 260, l. 49. Ptolémée, l. III, c. 1. § 22-25; éd. C. Müller, t. I, p. 335-337.

(2) Tite-Live, l. XXXIX, c. 22; éd. Weissenborn, t. V (1862), p. 19; D. Bouquet, t. I, p. 360-361.

(3) Tite-Live, l. XXXIX, c. 45, 54, 55; éd. Weissenborn, t. V (1862), p. 42, 50, 51; D. Bouquet, t. I, p. 361.

(4) Tite-Live, l. XLIII, c. 5; éd. Weissenborn, t. V (1862), p. 193; D. Bouquet, t. I, p. 362-363.

(5) Polybe, l. II, c. 17, § 7; c. 34, § 5; cf. c. 32, § 1; éd. Didot,

A l'est des Ananes, Polybe met les *Boii;* ceux ci avaient enlevé aux Etrusques la ville de *Felsina* et lui avaient donné le nom gaulois de *Bononia*, aujourd'hui Bologna, que nous prononçons Bologne (1), mais ils avaient conservé les anciens noms probablement étrusques de *Mutina*, aujourd'hui Modena, Modène, et de *Parma*, Parme (2).

Au delà, c'est-à-dire au sud-est des *Boii*, se trouvaient, suivant Polybe, les *Lingones,* qui habitaient sur les côtes de la mer Adriatique, par conséquent dans les provinces de Ravenne, Forli et Ferrare (3).

Plus loin et au sud des *Lingones*, venaient sur

t. I, p. 80, 92; cf. 90; Cougny, t. II, p. 60, 61, 108-109, cf. 102-103; D. Bouquet, I, p. 155 C, 169 A; cf. E. Hülsen chez Wissowa, *Paulys Realencyclopaedie*, t. I, col. 2055.

(1) Tite-Live, l. XXXIII, c. 37; éd. Weissenborn, t. IV (1862), p. 114; D. Bouquet, t. I, p. 349 C; Pline, l. III, § 115, édition C. Jan, t. I (1870), p. 146, l. 23, 24; *Corpus inscriptionum latinarum*, t. VIII, p. 132.

(2) Tite-Live, l. XXXIX, c. 55; éd. Weissenborn, t. V, p. 51; cf. *Corpus inscriptionum latinarum*, t. XI, p. 150, 188. Suivant Pline, l. III, § 116 (éd. C. Jan, t. I, p. 146, l. 29-30; D. Bouquet, t. I, p. 55 B), les *Boii* ont disparu de cette région qui, presque toute entière, chez Ptolémée, l. III, c. 1, § 42 (éd. C. Müller, p. 345-346; Cougny, t. I, p. 286-289), s'appelle *Gallia togata*. Le maintien du *p* de Parma prouve que les Gaulois à cette date avaient déjà recouvré le *p* en prononçant ainsi le *q* indo-européen.

(3) Polybe, l. II, c. 17, § 7; éd. Didot, p. 80; Cougny, t. II, p. 60, 61; D. Bouquet, t. I, p. 155 C; cf. Tite-Live, l. V, c. 35, § 2, éd. Weissenborn, t. I, p. 291-292; Bouquet, t. I, p. 322 D. Ptolémée, l. III, c. 1, § 20 (éd. C. Müller, t. I, p. 334; Cougny, t. I, p. 284-285; D. Bouquet, t. I, p. 83 D), attribue Ravenne aux Boii. Sur cette ville, voy. *Corpus inscriptionum latinarum*, t. XI, p. 6.

§ 36. POLYBE. ITALIE. GÉOGRAPHIE.

les côtes de l'Adriatique les *Sénônes* à Sinigaglia, *Séna Gallica* et à Rimini, *Ariminum* (1). Polybe les appelle Sénônes, Σήνωνες (2) : ce nom paraît dériver de Séna, Σήνη, ou Sénas, Σήνας, nom de leur capitale (3). Il a été défiguré par les écrivains postérieurs qui l'écrivent, Σένωνες, en faisant la première syllabe brève et en conservant la quantité primitive de la seconde syllabe. C'est l'orthographe de Diodore de Sicile (4). Strabon, si l'on s'en rapporte aux manuscrits, a écrit de même deux fois Σένωνες avec la première syllabe brève et la deuxième longue, quoique les éditeurs aient imprimé Σένονες avec trois brèves (5), et cela pour arriver à identifier les *Sénônes* d'Italie avec les

---

(1) Ptolémée, l. III, c. 1, § 19 ; éd. C. Müller, t. I, p. 333-334 ; Cougny, t. I, p. 282-283 ; D. Bouquet, t. I, p. 83 CD. Tite-Live, l. V, c. 35, éd. Weissenborn, t. I, p. 291-292 ; D. Bouquet, t. I, p. 322 DE ; Pline, l. III, § 116 ; éd. C. Jan, t. I, p. 146, l. 29-31 ; D. Bouquet, t. I, p. 55 B.

(2) Polybe, l. II, c. 17, § 7 ; c. 19, § 10 ; c. 21, § 7 ; éd. Didot, t. I, p. 80, 82, 83 ; Cougny, t. II, p. 60-61, 68-69, 72-73.

(3) Polybe, l. II, c. 19, § 12 ; éd. Didot, p. 82 ; Cougny, t. II, p. 68, 69. Strabon, l. V, c. 2, § 10 ; éd. C. Müller, F. Dübner, p. 189, l. 10, 18 ; Cougny, t. I, p. 202-203 ; D. Bouquet, t. I, p. 42 E, 43 A.

(4) Diodore de Sicile, l. XIV, c. 113, § 3 ; édition donnée chez Didot par C. Müller, t. I, p. 621, l. 43 ; Cougny, t. II, p. 412-413 ; D. Bouquet, t. I, p. 311 B.

(5) Strabon, l. V, c. 1, § 6, 10 ; éd. C. Müller et F. Dübner, p. 177, l. 17, et p. 180, l. 4 ; cf. *variae lectiones*, p. 967. La leçon Σένονες de Müller et Dübner est celle de Meineke, édition donnée chez Teubner, t. I, p. 291, l. 17, et p. 296, l. 6 ; cf. Cougny, t. I, p. 178-179, 190-191 ; D. Bouquet, t. I, p. 37 B, 40 B.

Sĕnŏnes de Gaule, Σένονες par trois brèves, orthographe de Strabon et de Ptolémée, dans leur description de la Gaule (1). Cette faute Σένονες pour Σένωνες, mieux Σήνωνες, quand il s'agit des *Sénônes* d'Italie, se trouve, paraît-il, une fois dans les manuscrits de Strabon (2). Chez Ptolémée, les *Sénônes* d'Italie s'appellent *Semnones*, Σέμνονες (3), et avec cette orthographe, il y a allongement compensatif de la première syllabe. Plutarque, qui dans sa *Vie de Camille* fait la confusion des *Sénônes* d'Italie avec les *Sĕnŏnĕs* de Gaule, adopte l'orthographe *Sennónes*, au génitif Σεννώνων (4), il fait par conséquent comme Polybe les deux premières syllabes longues. Il n'y a aucune raison pour identifier les *Sénónes, Semnónes, Sennónes* d'Italie avec les *Sĕnŏnes* de Gaule, d'où le nom de la ville de Sens.

§ 37.

Du texte de Polybe, il résulte que, pendant près

---

(1) Strabon, l. IV, c. 3, § 5; éd. C. Müller et F. Dübner, p. 161, l. 37; Cougny, t. I, p. 126. Ptolémée, l. II, c. 8, § 9; éd. C. Müller, t. I, p. 215, l. 9; Cougny, t. I, p. 260-261; D. Bouquet, t. I, p. 74 B.

(2) Strabon, l. IV, c. 4, § 1; éd. C. Müller et F. Dübner, p. 162, l. 24, p. 964; Cougny, t. I, p. 130; Meineke, t. I, p. 266, l. 27; cf. Σένωνες, D. Bouquet, t. I, p. 28 B.

(3) Ptolémée, l. III, c. 1, § 19, 43; éd. C. Müller, t. I, p. 333, l. 14, p. 350, l. 8; Cougny, t. I, p. 282-283, 288-289; D. Bouquet, t. I, p. 83 C, 85 C.

(4) Plutarque, *Camille*, c. 15; éd. donnée chez Didot par Th. Doehner, *Vies*, t. I, p. 162, l. 9; Cougny, t. III, p. 50, 51; D. Bouquet, t. I, p. 377 A.

§ 37. POLYBE. ITALIE. HISTOIRE. 157

d'un siècle, de 390 à 299 avant J.-C., il n'y eut pas de guerre entre les Gaulois et les Romains. Les combats racontés par Tite-Live et attribués par lui à cette période sont fictifs. En 299, les Gaulois firent sur le territoire romain quelques actes de pillage (1). C'est en 296 que la guerre commença sérieusement (2); elle aboutit à la défaite des Gaulois près de Sentinum, en 295 avant J.-C., l'année 459 de Rome. Pour la première fois, Tite-Live ici donne sur les opérations militaires des détails historiques vrais qui font défaut dans le résumé de Polybe; il parle des Gaulois portant suspendues sur la poitrine de leurs chevaux ou fixées sur leurs lances les têtes des Romains tués; il nous les montre chantant des chants de guerre et de victoire (3); c'est montés sur leurs chars, *esseda*, que les Gaulois chargent les Romains (4).

Polybe reprend la supériorité quand il s'agit des événements de l'année 225 avant J.-C. et des batailles de Fésule et de Télamon pour lesquelles le

---

(1) Polybe, l. II, c. 19, § 1 et 4; édition Didot, p. 81; Cougny, t. II, p. 64-67. Tite-Live, l. X, c. 10, § 6-12; édition donnée chez Teubner par W. Weissenborn, t. II (1863), p. 157-158; D. Bouquet, t. I, p. 332 CD.

(2) Polybe, l. II, c. 19, § 5, 6. Tite-Live, l. X, c. 18, 26-29; éd. Weissenborn, t. II, p. 165, 176-180; D. Bouquet, t. I, p. 332-334.

(3) « Pectoribus equorum suspensa gestantes capita et lanceis infixa, ovantesque moris sui carmine. » Tite-Live, l. X, c. 26, § 11, éd. Weissenborn, t. II, p. 176; D. Bouquet, t. I, p. 333 A.

(4) Tite-Live, l. X, c. 28, § 8; éd. Weissenborn, t. II, p. 178; D. Bouquet, t. I, p. 333 E.

texte de Tite-Live est perdu. En l'année 232 avant J.-C., Polybe, nous parlant des *Gaesatae*, Γαισάτοι, nous avait fait connaître l'arme de jet des Gaulois, *gaesum*, γαῖσον (1); en 225, il nous renseigne sur leurs vêtements : la culotte, qu'il nomme en grec *anaxyrides*, αναξυρίδες, et le manteau dit saie, *sagos*, σάγος (2), que les Romains ont changé de genre, *sagum*.

Sagos est un mot grec (3); *anaxyrides* est d'origine perse. Ce mot apparaît dans l'histoire sous le règne de Cyrus, vers le milieu du sixième siècle avant J.-C. : c'est un vêtement des Perses en guerre contre le roi de Lydie, Kroïsos (4). Dans le récit des événements qui firent monter sur le trône en 521 Dareios, fils d'Hystaspes, Hérodote parle de la culotte, *anaxyrides*, du perse Oïbarès (5). Vers l'an 500, Aristagoras, tyran de Milet, en Asie Mineure, demandant au roi de Sparte, Cléomène, son alliance contre les Perses, lui dit que ces Barbares vont à la guerre en culottes, *anaxyrides*, et la

---

(1) Polybe, l. II, c. 22, § 1; éd. Didot, t. I, p. 83; Cougny, t. II, p. 74-75; D. Bouquet, t. I, p. 159 B. Sur ce mot qui est gaulois, d'origine indo-européenne, voyez Whitley Stokes, *Urkeltischer Sprachschatz*, p. 104.

(2) Polybe, l. II, c. 28, § 7; éd. Didot, t. I, p. 88; Cougny, t. II, p. 92-93; D. Bouquet, t. I, p. 164 B.

(3) Prellwitz, *Etymologisches Wörterbuch der griechischen Sprache*, p. 277 au mot σάγη, et p. 280 au mot σάττω.

(4) Hérodote, l. I, c. 71, § 3; éd. Didot, p. 23, l. 14; cf. Xénophon, *Cyropédie*, l. VIII, c. 3, § 13; éd. Didot, p. 164.

(5) Hérodote, l. III, c. 87; éd. Didot, p. 162, l. 36.

tête couverte de chapeaux, *cyrbasias*, κυρϐασίας (1). Les Perses sont encore en culottes dans l'armée de Xerxès qui envahit la Grèce en 480 (2).

Ce vêtement fut introduit en Europe par le groupe iranien que désignent les noms de Scythes, de Skolotes, de Sarmates (3), et qui vinrent occuper la partie méridionale de la Russie moderne à une date antérieure à toute histoire d'Europe; car, suivant une tradition rapportée par Hérodote, Targitaos, premier roi des Scythes, régnait mille ans avant que Dareios, fils d'Hystaspes, entreprit une expédition contre les Scythes, 508 avant J.-C. Or Targitaos était fils de Zeus et du Borysthénès, le Dniéper. Les Scythes auraient donc habité les rives du Dniéper, plus de quinze cents ans (?) avant notre ère (4). Or ils portaient la culotte, *anaxyrides*, comme les Perses, nous le savons par Hippocrate (5). Hippocrate, né en 460 avant J.-C., est mort entre 377 et 359; son témoignage est antérieur d'un siècle et demi au moins à la date à la-

---

(1) Hérodote, l. V, c. 49, § 4; éd. Didot, p. 253, l. 36-38; cf. Max Duncker, *Geschichte des Alterthums*, 5ᵉ édition, t. VII, p. 31, note; p. 41.

(2) Hérodote, l. VII, c. 61, § 1; éd. Didot, p. 338, l. 4.

(3) Duncker, *Geschichte des Alterthums*, 5ᵉ édition, t. II, p. 442-444.

(4) Hérodote, l. IV, c. 5, 7, § 1; éd. Didot, p. 185, l. 38-46; p. 186, l. 11, 15.

(5) Hippocrate, *Des airs, des eaux et des lieux*, c. 22, éd. Littré, t. II, p. 82 : « ὅτι ἀναξυρίδας ἔχουσιν αἰεί. »

quelle apparaissent les culottes gauloises, 225 ans avant J.-C.

Le nom gaulois de la culotte, *brâca*, n'est pas d'origine celtique. Le vêtement était inconnu du rameau gaëlique et a été introduit en Grande-Bretagne par la conquête belge ou brittonique, vers l'an 200 avant J.-C. Strabon parle de la culotte large, ἀναξυρίδες περιτεταμέναι des Belges (1), et Martial, des culottes, *bracae*, des Bretons (2).

Le nom de la culotte en gaëlique d'Ecosse et en irlandais, *triubhas*, *trius*, est d'origine française, c'est le français du treizième siècle, *trebus*, dont F. Godefroy, *Dictionnaire de l'ancienne langue française*, t. VIII, p. 34, donne quatre exemples et qu'il traduit à tort par « chausse », au lieu de « haut de chausse, culotte », comme me l'a expliqué M. Gaston Paris. En bas latin on a signalé *trubuci* (3), *tribuces* et *tribuci* (4). Il y a dans ces trois notations une métathèse d'*r* qui a pénétré en français et en gaëlique. La notation latine la plus ancienne est celle d'Isidore de Séville, *tubruci* ou

---

(1) Strabon, l. IV, c. 4, § 3; éd. Didot, p. 163, l. 35-36; Cougny, t. I, p. 136-137; D. Bouquet, t. I, p. 29 E.

(2) « Veteres bracae Britonis pauperis, » Martial, l. XI, ep. 21, v. 9; édition donnée chez Teubner par F. G. Schneidewin (1876), p. 261; Petrie et Thomas Duffus Hardy, *Monumenta historica britannica*, p. xci.

(3) De-Vit, *Totius latinitatis lexicon*, t. VI, p. 204, au mot *Tubracus*.

(4) Ducange, *Glossarium mediae et infimae latinitatis*, éd. Favre, t. VIII, p. 203, au mot *Tubrucus*.

§ 37. POLYBE. ITALIE. HISTOIRE. 161

tubraci (1) sans métathèse d'*r*. L'origine de ce mot est germanique, il faut remonter à son composé pluriel *theuh-brókas*, littéralement « culottes de cuisses », au singulier en vieux haut allemand *theoh-bróch, deoh-próch, dioh-pruoch* (2); on dirait en anglais au pluriel *thigh-breeches*. Du vieux haut allemand *deoh-proch* est venue une forme romane *deurus* qui a été conservée par les gloses de Cassel (3). Les formes française *trebus* et gaëlique *triubhas, trius* ont pour point de départ une notation germanique par *th* initial et non par *d* avec une métathèse d'*r* qui manque dans *deurus*.

Le nom gaulois et breton de la culotte, *brāca*, qui apparaît pour la première fois chez Lucilius, poète romain mort en l'an 103 avant J.-C., 651 de Rome : *braces saga fulgere* (4), remonte probablement à une date plus ancienne; c'était déjà le mot dont vraisemblablement se servaient les Gaulois quand chez eux en Italie, en 225, les Romains remarquèrent ce vêtement inusité en Grèce et à Rome.

Ce mot *brāca* est arrivé aux Gaulois avec le vête-

---

(1) Isidore, *Origines*, l. XIX, c. 22, § 30.
(2) Oskar Schade, *Altdeutsches Wörterbuch*, 2ᵉ édition, t. I, p. 104; Graff, *Althochdeutscher Sprachschatz*, t. III, p. 278.
(3) *Anciens glossaires romans corrigés et expliqués* par Fr. Diez, traduits par Alfred Bauer, p. 68, 99, 100.
(4) Lucilius, *Saturarum*, l. XI, fr. 303; Emile Baehrens, *Fragmenta poetarum Romanorum* (Teubner, 1886), p. 184; cf. Holder, *Altceltischer Sprachschatz*, t. I, col. 502.

ment par l'entremise des Germains, plus proches voisins qu'eux des Scythes et des Sarmates, avant l'établissement relativement récent des Gaulois sur les côtes nord-ouest de la mer Noire. Il y a eu dans les langues indo-européennes un mot *bhrāg-*, d'où le latin *suffragines* = * *subfrāgines* « jarret », c'est-à-dire, « ce qui est sous le croupion, sous le derrière »; *bhrāg-* signifie donc « derrière », de là le substantif féminin vieux scandinave *brŏk*, en anglo-saxon *brŏc*, pluriel *brĕc*, d'où l'anglais *breeches*; le même mot se trouve en vieux haut allemand sous la forme *bruoch*. De là les *bragou braz* des Bretons. Le gaulois *brāca* a conservé mieux que les langues germaniques l'*a* du primitif *bhrāg*; mais le changement du *g* en *c* ne peut s'expliquer que par la substitution germanique des consonnes. Quant au sens, *brāca* est avec *bhrāg* « derrière » dans le même rapport que le français « culotte » avec le celto-latin *culus* (1). Le texte de Polybe sur la guerre de l'année 225 avant J.-C. a donc pour l'histoire du costume chez les Celtes une importance considérable.

De la même date est chez Polybe la mention de l'épée gauloise, qui n'avait pas de pointe, avec laquelle on ne pouvait frapper que de taille, et qui était très longue (2), comme le disent Tite-Live,

---

(1) O. Schrader dans *Zeitschrift für deutsche Wortforschung*, t. I, p. 239.

(2) 225 av. J.-C., Polybe, l. II, c. 30, § 8; 223 av. J.-C., l. II,

dans son récit de la bataille de Cannes, 216 avant J.-C., l. XXII, c. 46, § 5 (1), et Diodore de Sicile, l. V, c. 30, § 3 (2).

Nous ne parlerons pas ici des détails que donne Polybe sur le rôle des Gaulois d'Italie dans la seconde guerre punique, cela nous demanderait trop de développements. Nous avons peut-être dépassé ici les limites raisonnables d'une notice littéraire.

c. 33, § 5; 216 av. J.-C., l. III, c. 114, § 3; éd. Didot, t. I, p. 89, 91, 198; Cougny, t. II, p. 98-99, 106-107, 250-253; D. Bouquet, t. I, p. 166 A, 168 B, 193 E.

(1) Cf. Beurlier chez Daremberg et Saglio, *Dictionnaire des antiquités*, t. II, p. 1605.

(2) Edition donnée chez Didot par C. Müller, t. I, p. 272, l. 19-20; Cougny, t. II, p. 388-389; D. Bouquet, t. I, p. 307 D.

DOUZIÈME LEÇON.

8 mars 1901.

§ 38.

Sur les Celtes, dans la péninsule des Balkans, il y a chez Polybe peu de détails à trouver. L'invasion de la Macédoine, celle de la Grèce, 281-279 avant J.-C., sont des événements antérieurs à la période dont il s'occupe et qui n'ont eu sur l'histoire des temps postérieurs aucune influence. Polybe y fait seulement de courtes allusions. C'est ainsi qu'au l. IX, ch. 35, § 4, il rappelle la défaite de Ptolémée Kéraunos, roi de Macédoine, par les Gaulois en 281 (1). De même la résistance heureuse des Etoliens à ces barbares, commandés par Brennos, en 279, est mentionnée par Polybe au l. IX, ch. 30, § 3 (2). L'expédition dirigée contre Delphes par les Gaulois et la destruction d'une partie de leur armée pendant la retraite, en

---

(1) Ed. Didot, t. I, p. 437; Cougny, t. II, p. 276-277; D. Bouquet, t. I, p. 199 A.

(2) Ed. Didot, t. I, p. 433; Cougny, t. II, p. 274-275; D. Bouquet, t. I, p. 198 E.

279, est pour lui une date mémorable sur laquelle il revient à deux reprises, l. I, ch. 6, § 5 (1) et l. II, ch. 20, § 6 (2). Dans un troisième passage il compare ces événements à l'invasion de la Grèce par Xerxès, en 480 (3). Mais sur cette expédition contre Delphes il ne donne que très peu de détails : dans le second des passages cités, il parle du désastre, διαφθόρα, des Gaulois, qui, dit-il dans le premier passage, y ont péri, φθαρέντων, sauf ceux qui passèrent en Asie.

Mais outre ceux des survivants au désastre de Delphes qui allèrent fonder un état gaulois en Asie Mineure, il y en eut d'autres, Polybe lui-même le raconte ; ceux-ci, sous l'autorité d'un roi appelé *Comontorios*, créèrent en Thrace un état, qui eut pour capitale une ville appelé Tyla, Τύλη chez Polybe, Τύλις chez Etienne de Byzance, qui dit que cette ville était près du mont Hæmus (4), — probablement au sud, certainement dans le voisinage des Balkans. — Les Grecs de Byzance furent obligés de payer un tribut aux rois gaulois de Tyla ; ce tribut, après avoir été une rente annuelle variable, trois mille, cinq mille et jusqu'à dix

---

(1) Ed. Didot, t. I, p. 4; Cougny, t. II, p. 30-31; D. Bouquet, t. I, p. 147 B, 148 A.

(2) Ed. Didot, t. I, p. 82; Cougny, t. II, p. 70-71; D. Bouquet, t. I, p. 158 A.

(3) Polybe, l. II, c. 35, § 7; éd. Didot, t. I, p. 93; Cougny, t. II, p. 112-113.

(4) « Τύλις, πόλις Θράκης, τοῦ Αἵμου πλησίον; » édition donnée chez Teubner, par A. Westermann, 1839, p. 285.

mille pièces d'or, fut fixé par abonnement à soixante-dix talents, soit quatorze cents kilogrammes d'argent. Le dernier roi fut Cavaros, Καύαρος, dont le royaume fut détruit par une révolte des Thraces au commencement du deuxième siècle avant J.-C., ou vers la fin du troisième (1). Des colonies celtiques établies plus au nord que Tyla : *Singidunum* « Belgrade » en Serbie, *Durostorum* « Silistrie » en Bulgarie, *Noviodunum* « Isaktscha » en Dobrutscha sur le Danube, *Carrodunum* sur le Dniester dans la Russie méridionale (2), Polybe ne parle point.

§ 39.

Sur l'établissement des Celtes en Asie Mineure, il ne donne que des renseignements bien incomplets. La cause en est l'état fragmentaire des livres où il parlait d'eux. Les Celtes d'Asie Mineure sont un débris de l'armée battue près de Delphes par les Grecs (3). Ils se divisent en trois

---

(1) Polybe, l. IV, c. 45, § 10, c. 46, § 1-4; éd. Didot, t. I, p. 235; Cougny, t. II, p. 258-261; D. Bouquet, t. I, p. 195-196. Sur Cavaros, cf. l. IV, c. 52, § 1, 2, l. VIII, c. 6; éd. Didot, t. I, p. 238, 404; Cougny, t. II, p. 260-261, 270-273; D. Bouquet, t. I, p. 196 B.

(2) Ptolémée, l. III, c. 5, § 5; c. 9, § 3; c. 10, § 2, 5; éd. C. Müller, t. I, p. 434, l. 4; p. 453, l. 5; p. 458, l. 5; p. 466, l. 1; p. 468, l. 11.

(3) Polybe, l. I, c. 6, § 5; éd. Didot, t. I, p. 4; Cougny, t. II, p. 30-31; D. Bouquet, t. I, p. 147 B, 148 A.

peuples distincts : les *Tolistobogii*, Τολιστοϐόγιοι (1), les *Tectosages*, Τεκτόσαγες (2), les *Trocmi*, Τρόκμοι (3).

Il faut, paraît-il, distinguer des *Tectosages* les *Aïgosages*, Αἰγοσάγες (4), amenés d'Europe en Asie Mineure par Attale, roi de Pergame en 218, et qui après lui avoir servi d'auxiliaires dans sa guerre contre Achaios, Ἀχαιός, se séparèrent de lui et voulurent se créer un état en Troade près de l'Hellespont ou des Dardanelles, comme on dit aujourd'hui. Ces Gaulois avaient amené avec eux leurs femmes et leurs enfants, qui, dans des chars, suivaient les guerriers: c'était un grand embarras, et les mouvements de l'armée en étaient gênés; en outre les Gaulois ne se montraient pas soldats dociles. Attale se débarrassa d'eux en leur donnant des terres près de la mer au nord de Pergame. Les Gaulois furent bientôt en guerre avec les Grecs des villes voisines, Ilion, Alexandrie de Troade, Abydène. Prusias, roi de Bithynie, prit les armes contre eux, les vainquit, fit massacrer d'abord tous les hommes, ensuite toutes les femmes et presque tous les enfants, « grand et bel exemple, καλὸν παράδειγμα, » donné par Prusias à la postérité, dit Polybe, « cela apprendra qu'il n'est pas si facile

---

(1) Polybe, l. XXII, c. 20; éd. Didot, t. I, p. 664; Cougny, t. II, p. 290-291; D. Bouquet, t. I, p. 200 C.

(2) Polybe, l. XXII, c. 22, § 2; éd. Didot, t. I, p. 665; Cougny, t. II, p. 292-293; D. Bouquet, t. I, p. 200 E.

(3) Polybe, l. XXXI, c. 13, § 2; éd. Didot, t. II, p. 73.

(4) Holder *Altcelttischer Sprachschatz*, t. I, col. 50.

aux barbares de pénétrer en Grèce (1). » C'était en l'an 216 avant J.-C., l'année de la bataille de Cannes.

Il n'y a pas de raisons pour confondre ces *Aïgo-sages*, exterminés en 216, avec les *Tectosages*, qui survécurent à la conquête de la Galatie par les Romains (2). Polybe parle aussi d'un autre peuple gaulois, dont le nom avait un second terme identique à celui de *Tecto-sages*, ce sont les *Rigo-sages*, Ῥιγοσάγες, qui en 220 avant J.-C. servirent comme auxiliaires dans l'armée d'Antiochos III le Grand, roi de Syrie, contre Molon, satrape de Médie; ils contribuèrent au succès d'Antiochos dans une bataille livrée au delà du Tigre (3). Rigo-sages paraît signifier « ceux qui portent des manteaux de roi, » Tecto-sages « ceux que des manteaux couvrent. » Aïgo-sages est peut-être une déformation grecque d'un primitif * *Ago-sages*, « ceux qui portent des manteaux en poil de bêtes à cornes : » *ag* en vieil irlandais veut dire « bêtes à cornes (4). » Les Grecs ont écrit αἰγο- à cause du grec αἴξ, αἰγός, et ont compris qu'il s'agissait de manteaux en poil de chèvre.

(1) Polybe, l. V, c. 77, 78, 111; éd. Didot, t. I, p. 314, 315, 335; Cougny, t. II, p. 262-263, 266-269.

(2) Strabon, l. XII, c. 5, § 1-2; éd. Didot, p. 485-486; Cougny, t. I, p. 230-235; D. Bouquet, t. I, p. 47.

(3) Polybe, l. V, c. 53, § 3; éd. Didot, t. I, p. 297; cf. t. II, p. 269, au mot *Rigosages*; Cougny, t. II, p. 262-263; D. Bouquet, t. I, p. 196 C.

(4) Windisch, *Irische Texte*, t. I, p. 343; cf. Ascoli, p. XLII.

§ 39. POLYBE. ASIE MINEURE.

Polybe, en son l. XXII, racontait la guerre faite aux Celtes d'Asie Mineure en l'an 189 avant J.-C. par le consul Gneius Manlius Vulso. De ce livre nous n'avons que des débris, tandis que le l. XXXVIII de Tite-Live, où se trouve le récit de la même guerre, nous a été conservé en entier. Il y a cependant, parmi les fragments de Polybe, un texte intéressant, mieux conservé par l'auteur grec que par l'arrangeur latin. Je veux parler de *Chiomara*, femme du roi gaulois Ortiagon ou Orgiagon (1). Prisonnière des Romains, elle était confiée à la garde d'un centurion, également passionné pour les femmes et pour l'or. Après avoir fait usage de la force pour contraindre Chiomara à devenir sa maîtresse, il la vendit à son mari pour un talent attique, c'est-à-dire pour vingt kilogrammes d'argent. Deux domestiques d'Ortiagon vinrent apporter l'argent, pendant la nuit, à un rendez-vous donné hors du camp romain. Tandis que le centurion avec une balance pesait l'argent, Chiomara, adressant la parole aux Gaulois envoyés d'Ortiagon, leur fit tirer l'épée et couper la tête du Romain. Elle enveloppa cette tête sanglante dans un pan de sa robe, et, quand elle se trouva en présence de son mari, elle la fit rouler à ses pieds. Ortiagon fut tout étonné ; un autre l'aurait été à moins. « La fidélité aux engagements est une belle chose, » s'écria-t-il. — C'était un repro-

---

(1) Holder, *Altceltischer Sprachschatz*, t. II, col. 880-881.

che : Chiomara avait bien mal observé la convention faite avec le centurion romain. — « C'est vrai, » répondit Chiomara, « mais il y a une chose plus belle que d'exécuter un contrat : deux hommes vivants ne peuvent se vanter de m'avoir possédée. » J'ai vu cette femme à Sardes, ajoute Polybe, j'ai admiré son grand cœur et son intelligence (1).

A l'autre extrémité du monde celtique, dans la littérature épique irlandaise, nous trouvons dans la bouche d'une femme la même pensée : deux hommes vivants ne peuvent se vanter de m'avoir possédée ; mais en Irlande la mort frappe la femme que le déshonneur menace, l'homme qui serait de trop lui survit.

Derdriu avait un mari qu'elle aimait, c'était vers le début de l'ère chrétienne, quatre siècles avant saint Patrice ; le roi Conchobar, renouvelant le crime de David, a fait tuer le mari de Derdriu et la pauvre veuve est devenue la concubine du monarque ; moins consolable que Bethsabée, elle fut un an à la cour du roi sans cesser de pleurer. « Quels sont les gens que tu hais le plus, » demanda Conchobar. « Toi, » répondit-elle, « et cet Eogan, par qui tu as fait tuer mon mari. » — « Eh bien, s'écria le roi, tu seras pendant un an la

(1) Polybe, l. XXII, c. 21, § 5-12 ; éd. Didot, t. I, p. 665 ; Plutarque, *De mulierum virtutibus*, c. 22 ; édition donnée chez Didot, par F. Dübner, *Moralia*, t. I, p. 319 ; Cougny, t. III, p. 322-323 ; D. Bouquet, t. I, p. 417-418.

femme d'Eogan. » Et il la livra à Eogan. Le lendemain Eogan et Derdriu, montés sur un char, partaient du château royal. Conchobar était sur la porte, il adressa la parole à Derdriu d'un ton ironique. « Tu as dit que tu ne te verrais jamais deux maris à la fois. Eh bien, tu es maintenant comme une brebis entre deux béliers ; ces deux béliers, c'est Eogan et c'est moi. » Derdriu se précipita en bas du char, sa tête porta contre une pierre et s'y brisa, la pauvre femme était morte (1). Ainsi s'était tuée Lucrèce après le crime commis contre elle par Tarquin (2).

Tite-Live, dans son récit des aventures de la femme d'Ortiagon (3), ne reproduit pas la pensée dominante chez la femme celtique, quand elle se respecte, en dépit du reproche de polyandrie mérité par quelques-unes d'entre elles. « Deux hommes vivants ne peuvent se vanter de m'avoir possédée, je ne me verrai jamais deux maris en même temps. » Tite-Live dit seulement que la femme d'Ortiagon, après avoir avoué à son mari l'insulte qu'elle avait subie, lui a raconté comment elle s'était vengée, la tête sanglante du centurion attestait l'exactitude du récit.

---

(1) E. Windisch, *Irische Texte*, t. I, p. 81-82. Rudolph Thurneysen, *Sagen aus dem alten Ireland*, p. 20 ; *Cours de littérature celtique*, t. V, p. 235-236.

(2) Tite-Live, l. I, c. 58 ; Valère Maxime, l. VI, c. 1, § 2.

(3) Tite-Live, l. XXXVIII, c. 24 ; édition Weissenborn, t. IV, p. 340-341 ; D. Bouquet, t. I, p. 357 DE, 358 A.

§ 39. POLYBE. ASIE MINEURE.

Ortiagon ou Orgiagon était roi des *Tolistobogii*, un des trois rois des Gaulois d'Asie Mineure et exerçait sur les deux autres une sorte de primauté (1) : c'était au deuxième siècle avant notre ère.

De même, au deuxième siècle de notre ère, Tuathal Techtmar était roi suprême d'Irlande; il fut, dit-on, contemporain des empereurs romains Adrien, 117-138, et Antonin le Pieux, 138-161 (2). Il avait deux filles Fithir et Darfhine; il donna un jour une grande fête, les rois ses vassaux s'y rendirent, parmi eux Eochaid, roi de Leinster, qui, n'étant pas marié, demanda l'aînée des deux filles, Fithir, l'obtint du père et retourna en Leinster avec elle. Elle ne plut pas à ses sujets. « Quel mauvais choix tu as fait, » lui dirent-ils, « tu as laissé la mieux des deux. » Eochaid se laissa persuader. Il retourna chez son beau-père. « Ta fille, que j'ai épousée, est morte, dit-il, je viens te demander la seconde. » Tuathal donna sa seconde fille Darfhine au roi de Leinster qui l'emmera chez lui. Mais quand Darfhine se trouva en face de sa sœur, elle comprit qu'elle allait être réduite au rang méprisable des concubines royales, puisqu'un Irlandais ne pouvait avoir deux femmes légitimes à la fois; terrassée par la douleur et la honte, elle mou-

---

(1) Polybe, l. XXII, c. 21; éd. Didot, t. I, p. 664-665; Cougny, t. II, p. 292-293; D. Bouquet, t. I, p. 200, note.

(2) Annales de Tigernach éditées par Whitley Stokes, *Revue celtique*, t. XVI, p. 419; t. XVII, p. 6.

rut immédiatement, le chagrin tua aussi Fithir.

Tuathal prit les armes pour venger la mort de ses filles et Eochaid vaincu dut payer un wehrgeld énorme : 5,000 vaches, 5,000 cochons, 5,000 manteaux, 5,000 chaînes d'argent, 5,000 moutons, 30 vaches blanches aux oreilles rouges, avec 30 veaux semblables, 5,000 petits chaudrons de cuivre, un grand chaudron pouvant contenir 12 cochons et 12 bœufs. Cette redevance devait être payée chaque année à Tuathal d'abord, puis à chacun des successeurs de Tuathal : ce fut seulement cinq siècles plus tard, sous le règne de Finachta Fledach, 674-694 (1), que la remise de cet impôt exorbitant fut obtenue par les habitants de Leinster, qui depuis longtemps refusaient de payer volontairement et ne s'exécutaient qu'après avoir livré bataille et été vaincus (2).

L'intérêt de ces récits est de nous montrer comment les Celtes concevaient la monogamie, la dignité de la femme légitime et la situation inférieure de la concubine. L'Irlande, au nord-ouest le plus lointain, et la Galatie, à l'extrême sud-est, s'accordent sur une doctrine qui est le fondement de la famille européenne et que Polybe, dans le monde grec, a le premier énoncée dans sa forme celtique païenne.

---

(1) Whitley Stokes, Annales de Tigernach dans *Revue celtique*, t. XVII, p. 203-214.
(2) Whitley Stokes, *Revue celtique*, t. XIII, p. 32-124.

Le vingt-deuxième des canons attribués à saint Patrice exprime, malgré sa forme chrétienne, une vieille doctrine celtique. « Si un père a donné sa fille à un mari, si ensuite la fille aime un autre homme, si le père y consent, accepte l'amant pour gendre et reçoit de lui le prix de sa fille, que le père et la fille soient tous deux exclus de l'église (1). » La formule antique est dans la bouche de la fille : « Deux hommes vivants ne peuvent se vanter de m'avoir possédée. » « Je ne me verrai jamais deux maris en même temps. » Chiomara et Derdriu, deux païennes, l'ont dit plusieurs siècles avant saint Patrice, et l'église chrétienne n'a fait autre chose que de donner de cette thèse morale une nouvelle rédaction et une sanction également nouvelle.

(1) Haddan and Stubbs, *Councils and ecclesiastical Documents relating to Great Britain and Ireland*, t. II, p. 329.

TREIZIÈME LEÇON.

19 avril 1901.

§ 40.

Polybe mourut en l'an 123 avant J.-C. A cette date, les Romains commençaient la conquête de la Gaule transalpine. Nous ne parlerons pas de la guerre faite dans l'intérêt de Marseille aux Oxybii et aux Deciates, département des Alpes-Maritimes, Basses-Alpes, l'an 600 de Rome, 154 avant J.-C. Ce fut environ trente ans plus tard que Rome entreprit de soumettre à sa domination la partie de la Gaule transalpine qui servait de route à ses armées pour passer d'Italie en Espagne. L'expédition de Marcus Fulvius Flaccus contre les *Salluvii* et les *Vocontii*, habitant les premiers dans les départements du Var et des Bouches-du-Rhône, les seconds dans ceux du Vaucluse et de la Drôme, remonte aux années 125 et 124 avant J.-C., 629-630 de Rome. La guerre fut continuée contre les *Salluvii* aidés en vain des Allobroges (Isère, Ain, canton de Genève), par Gaius Sextius Calvinus, en 123 et en 122 avant J.-C., 631, 632 de Rome. Gnæus Domitius Ahenobarbus et Quintus Fabius Maximus en 121 avant J.-C., 633 de Rome, poursuivirent la guerre contre les Allobroges ; ceux-ci, malgré le concours des Arvernes (Puy-de-Dôme, Cantal, Lozère, Haute-Loire, Allier), furent vaincus au confluent de l'Isère et du Rhône le 8 août de l'an 121 avant J.-C., l'an 633 de Rome, et cette bataille décida du sort de la partie méridionale de la Gaule entre les Alpes et les Pyrénées : cette région devint province romaine et deux points y furent occupés d'une façon permanente, 1° *Aquæ Sextiæ*, Aix en Provence, forteresse romaine, sorte de camp permanent dès le temps de Gaius Sextius Calvinus, 122 avant J.-C., 632 de Rome, 2° Narbonne, colonie romaine à partir de l'année 118 avant J.-C., 636 de Rome.

Dès cette époque, la politique romaine sut s'assurer un appui parmi les populations de la Gaule indépendante, en contractant alliance avec un des deux peuples qui, dans la vaste région située entre le Rhin et l'Océan, se disputaient la suprématie. Ces deux peuples étaient les *Aedui*, Αἴδουοι (Saône-et-Loire et Rhône) et les *Arverni* (Puy-de-Dôme, Lozère, Haute-Loire). Les *Arverni* se sont associés aux Allobroges contre les Romains, naturellement il y eut alliance entre les Romains et les *Aedui*. Les *Aedui* et les *Arverni* étaient mentionnés au quatrième livre des *Chroniques* composées par Apollodore d'Athènes (1) et dédiées par lui au roi

---

(1) Sur Apollodore, voyez Christ, § 438, p. 607-608; C. et Th.

de Pergame, Attale II Philadelphe, qui régna de 169 à 138. Ces chroniques se terminent en 144. Apollodore y parlait des *Aedui*, alliés des Romains dans la Gaule celtique (1). Il écrit leur nom avec une lettre de trop Αἰδούσιοι pour Αἴδουοι : peu importe. Quant aux *Arverni*, Etienne de Byzance qui cite Apollodore dit que c'est le peuple le plus belliqueux des Galates de Celtique (2), mais Apollodore les avait simplement nommés : « Des Celtes, les *Arverni* (3) », il n'avait donc fait aucune allusion à la guerre soutenue par les *Arverni* contre les Romains en 121 et il est bien possible que la mention de l'alliance des *Aedui* avec les Romains soit une addition d'Etienne de Byzance au texte d'Apollodore.

§ 41.

Il faut arriver au premier siècle avant notre ère pour trouver un auteur grec qui réellement connaisse les Celtes de la Gaule transalpine. Cet au-

---

Müller, *Fragmenta historicorum graecorum*, t. I, p. xxxviii-xlv, 428-469, et la nouvelle édition de Pauly, *Realencyclopaedie*, donnée par Wissowa, t. I, col. 2855-2886.

(1) « Αἰδούσιοι σύμμαχοι Ῥωμαίων πρὸς τῇ Κελτικῇ Γαλλίᾳ. » *Fragmenta historicorum graecorum*, t. I, p. 437, fr. 60; Cougny, t. I, p. 360-361 ; D. Bouquet, t. I, p. 114 A.

(2) « Ἀρόερνοι ἔθνος μαχιμώτατον τῶν πρὸς τῇ Κελτικῇ Γαλατῶν. » *Fragmenta historicorum graecorum*, t. I, p. 437, fr. 62; Cougny, t. I, p. 360-361 ; D. Bouquet, t. I, p. 114 C.

(3) « Κελτῶν Ἀροέρνους, » *ibid.*

§ 41. POSEIDONIOS.

teur est Poseidonios, Ποσειδώνιος, d'Apamée (1). Apamée, où il naquit, est une ville de Syrie, mais Rhodes où il vécut et où il fonda une école célèbre, devint intellectuellement sa patrie. Cicéron fut un de ses élèves et reçut son enseignement en l'an 78 avant notre ère ; le grand orateur, né en 106, avait alors 28 ans. La réputation de Poseidonios fut assez grande pour lui attirer deux fois, en 67 et en 62 avant J.-C., la visite du grand Pompée, qui avait obtenu les honneurs du triomphe en l'an 79 et en l'an 71 avant J.-C., 675, 683 de Rome, et qui avait été consul en 70, l'an de Rome 675 (2).

Poseidonios écrivit une suite aux histoires, ἱστορίαι, de Polybe ; cette suite comprenait cinquante-deux livres, qui racontaient les événements accomplis pendant soixante-quatre ans, de l'an 145 à l'an 82 avant J.-C. Cet ouvrage a été perdu, nous n'en avons que des fragments, mais au point de vue des études celtiques, ces fragments sont d'une importance fondamentale.

Comme Polybe, son prédécesseur, Poseidonios a tenu à connaître l'Europe occidentale, tant l'Espagne que la Gaule transalpine ; nous savons par exemple qu'il a passé trente jours à Cadix, mais il ne s'est pas contenté de visiter les villes mariti-

---

(1) Sur cet auteur, voyez Christ, § 405, p. 568-569 ; Croiset, t. V, p. 309-310 ; *Fragmenta historicorum graecorum*, t. III, p. 245-296 ; Müllenhoff, *Deutsche Altertumskunde*, t. II, p. 126-130.

(2) *Corpus inscriptionum latinarum*, t. I, 2ᵉ édition, p. 154, 178.

§ 41. POSEIDONIOS.

mes qui faisaient partie du monde alors civilisé et de voyager comme Polybe à la suite des armées romaines dans le cortège des généraux vainqueurs. Poussé par le désir de s'instruire, il pénétra comme simple particulier au milieu des populations barbares de la Gaule indépendante. Ce qu'il raconta des mœurs celtiques était le résultat de ses observations personnelles : tel l'usage de rapporter en triomphe les têtes des ennemis tués et de placer en évidence dans les vestibules des maisons ces trophées lugubres, comme on y met aujourd'hui des têtes embaumées de sangliers ou de cerfs. « J'ai vu, » disait-il bien souvent, « ces têtes d'hommes suspendues aux murs des maisons gauloises, c'est un spectacle qui, au début, m'était pénible ; peu à peu, je m'y suis habitué (1). »

Poseidonios est le plus ancien auteur qui ait parlé des Bardes. « Les Celtes, » dit-il, « emmènent avec eux, même à la guerre, des commensaux, qu'en grec nous appellerions des parasites, παρασίτους. Ces commensaux font l'éloge de leurs patrons devant les assemblées d'hommes, debout autour d'eux, et même en particulier devant quiconque veut bien les écouter. On les appelle bardes, ils sont poètes, c'est en chantant qu'ils prononcent ces éloges (2). »

(1) *Fragmenta historicorum graecorum*, t. III, p. 261, fr. 26 ; Strabon, l. IV, c. 4, § 5 ; édition C. Müller et F. Dübner, p. 164, l. 40-46 ; Cougny, t. I, p. 140-141 ; D. Bouquet, t. I, p. 31 CD.

(2) *Fragmenta historicorum graecorum*, t. III, p. 259, fr. 23 ;

§ 41. POSEIDONIOS.

Ce passage provient probablement du récit de la guerre qui, entreprise par les Romains contre les Allobroges et les Arvernes, aboutit à la défaite du roi arverne Bituitos, l'an 121 avant J.-C. C'est, doit-on croire, cette bataille qui donna à Poseidonios l'occasion de parler de Luernios, père de Bituitos.

Luernios s'était promené dans son char à travers champs, jetant l'or et l'argent à la foule qui l'accompagnait.

Suivant l'exemple du roi galate Ariamnès, dont nous avons parlé, d'après Philochoros, Luernios organisa un festin public; ce festin devait durer moins longtemps que celui d'Ariamnès, quelques jours seulement au lieu d'un an, mais il était organisé avec un luxe extraordinaire. La salle du festin était un espace carré, dont le côté avait douze stades, soit un peu plus de deux kilomètres de long et qui par conséquent comprenait un peu plus de quarante mille mètres carrés. Cet espace était clos d'une palissade, on y trouvait des lacs remplis de liquides excellents, probablement de bière; il y avait à manger pour quiconque se présentait et des domestiques pour servir ces convives improvisés.

Un jour le même roi avait donné un dîner, un barde comptait y aller, il fit erreur et n'arriva que

---

Athénée, l. VI, c. 49; édition donnée chez Teubner par A. Meineke, t. I (1858), p. 436; Cougny, t. II, p. 318-319; D. Bouquet, t. I, p. 707 CD.

§ 41. POSEIDONIOS.

le lendemain, alors que Luernios était déjà monté sur son char et partait. Le barde le suivit en courant, chantant les louanges de Luernios, et y mêlant des plaintes, expression du regret qu'il éprouvait d'être arrivé trop tard. Luernios lui jeta un sac d'or, le barde le remercia : « Les traces de votre char, » disait-il, « produisent aux hommes de l'or et des bienfaits (1). »

Poseidonios n'avait pas assisté aux festins de Luernios, mais c'est comme témoin oculaire qu'il raconte l'usage gaulois de manger autour de tables rondes, peu de pain, beaucoup de viande, sans cuillers ni fourchettes, en prenant à deux mains de gros morceaux dans lesquels on mordait à belles dents. Les convives n'avaient ni chaises, ni bancs, ils s'asseyaient sur du foin. Chez les riches, on buvait du vin qui venait de Marseille, mais la boisson ordinaire était la bière appelée *corma* ; tous les convives buvaient chacun à leur tour dans la même coupe. L'esclave chargé des fonctions d'échanson faisait circuler cette coupe en allant de gauche à droite, et pour adorer, c'était à droite qu'on se tournait (2). Les Irlandais païens

---

(1) *Fragmenta historicorum graecorum*, t. III, p. 261, fragment 25, seconde partie; Athénée, l. IV, c. 37; édition donnée chez Teubner par A. Meineke, t. I (1858), p. 273-274; D. Bouquet, t. I, p. 705; Cougny, t. II, p. 324-325.

(2) *Fragmenta historicorum graecorum*, t. III, p. 260; Athénée, l. IV, c. 36, éd. Meineke, t. I, p. 272-273; D. Bouquet, t. I, p. 704-705; Cougny, t. II, p. 320-324.

attribuaient comme les Gaulois une valeur magique à l'acte de faire un tour à droite, *dessel*.

Ce n'est pas le seul point sur lequel les usages gaulois, constatés par Poseidonios, s'accordent avec ce que nous apprend la littérature irlandaise la plus ancienne. Telle était la coutume de donner dans les festins le meilleur morceau au guerrier le plus brave et de recourir au duel, à un duel à mort entre les concurrents, quand on ne pouvait s'accorder sur la question de savoir à qui attribuer cet honneur (1).

Diodore de Sicile et Strabon travaillaient avec des livres et n'ont guère fait d'observations personnelles ; c'est probablement chez Poseidonios qu'ils ont pris ce qu'ils disent des mœurs celtiques. Chez César, au l. VI, ch. 13 à 20, le récit de la guerre s'interrompt, et l'auteur intercale, d'une manière inattendue, une sorte de hors-d'œuvre : c'est un tableau de la civilisation gauloise, César l'a probablement emprunté en grande partie aux livres de Poseidonios.

§ 42.

Une des institutions les plus intéressantes que nous puissions signaler chez les Celtes est le

---

(1) *Fragmenta historicorum graecorum*, t. III, p. 259-260; Athénée, l. IV, c. 40, éd. Meineke, t. I, p. 276; D. Bouquet, t. I, p. 705-706; Cougny, t. II, p. 318-321.

§ 42. SOTION ET POSEIDONIOS.

druidisme, c'est-à-dire un clergé recruté par l'enseignement comme les clergés modernes, chose inconnue dans le monde gréco-romain. La plus ancienne mention de leur nom remonte à l'année 200 environ avant J.-C. Vers cette date Sotion, Σωτίων, d'Alexandrie (1) a écrit un traité de la « succession des philosophes, » Διαδοχή τῶν φιλοσόφων, qui est perdu; mais Diogène Laerce, qui écrivait probablement quatre siècles plus tard, avait cet ouvrage sous les yeux. Diogène Laerce, aux premières lignes de son préambule, dit que la philosophie a commencé chez les barbares, que les premiers philosophes auraient été chez les Perses les Mages, à Babylone et en Assyrie les Chaldéens, dans l'Inde les Gymnosophistes, chez les Celtes et les Galates les Druides, Δρυΐδας ou Semnothées, c'est-à-dire les augustes et divins; les autorités qu'il cite sont : 1° un traité apocryphe d'Aristote, le livre de la magie, τὸ μαγικόν, de date inconnue; 2° Sotion au vingt-troisième livre de la succession des philosophes (2).

Les Druides n'étaient pas les seuls prêtres des Celtes, qui avaient, comme les autres peuples, des prêtres attachés à des temples. Tite-Live, sous la date de l'an 538 de Rome, 216 avant J.-C., parle d'un temple des Boii qui habitaient dans la Gaule

---

(1) Sur Sotion d'Alexandrie, voyez Christ, § 514, p. 709; cf. p. 733, note 5; Croiset, t. V, p. 127.

(2) Diogène Laerce, édition donnée chez Didot par G. Cobet, p. 1; Cougny, t. V, p. 82-83.

Cispadane, aux environs de Parme, Modène et Bologne. On y porta le crâne du consul L. Postumius, tué dans une bataille avec presque toute son armée, et ce crâne, orné d'or, servit de coupe aux prêtres du temple, *sacerdotibus ac templi antistitibus* (1).

Pour désigner les prêtres affectés au culte local d'une divinité spéciale, il y a un terme technique gaulois, c'est *gutuatros*, que les Romains ont écrit *gutuater*, suivant en cela les lois de la langue latine. Nous savons, par les inscriptions, qu'il y avait à Mâcon un *gutuatros* du dieu Mars (2). A Autun on rendait un culte à un dieu *Anvalos*, deux inscriptions l'attestent; ce sont des dédicaces à l'empereur et au dieu *Anvalos* ou *Anvallos*, l'une par le *gutuater* C. Secundius Vitalis Appa, l'autre par le *gutuater* Norbaneius Thallus probablement tous deux affectés au culte du dieu *Anvalos* (3). *Gutuatros* est un mot de même famille que le gothique *gudja* « prêtre » et que l'allemand, *gott* « Dieu. » *Gott* veut dire « ce qu'on invoque (4), » *gudja* est « celui qui invoque; » *gutuatros* doit avoir le même sens. Le *Beleni aedituus*,

---

(1) Tite-Live, l. XXIII, c. 24, § 11, 12; édition Weissenborn, t. II, p. 343; D. Bouquet, t. I, p. 343 B.

(2) Holder, *Altceltischer Sprachschatz*, t. I, col. 2046.

(3) *Revue épigraphique*, octobre, novembre, décembre 1900, p. 132, 133.

(4) Kluge, *Etymologisches Woerterbuch*, 5ᵉ édition, p. 143; Brugmann, *Grundriss*, t. II, p. 312.

gardien du temple de Belenus, dont parle Ausone, *Professores*, XI, 22-25, était probablement un *gutuatros* : la proscription des druides par les empereurs Tibère (1) et Claude (2), qui régnèrent, l'un de l'an 14 à l'an 37 de notre ère, l'autre de 41 à 54, ne s'était pas étendue à ce sacerdoce local. Ausone, *Professores*, V, et XI, parlant de deux prêtres, chacun attachés à un temple du dieu Belenus, les qualifie tous deux de druides, il confond les druides avec les *gutuatri*, c'était au quatrième siècle de notre ère et la tradition de la distinction s'était perdue.

Le druide n'est pas comme le *gutuatros*, celui qui invoque spécialement tel ou tel dieu, c'est le très savant homme, *dru-vid-s;* tous les dieux sont également de sa compétence, et grâce à la magie, sa puissance égale la leur. Les Gaulois venus comme conquérants en Grande-Bretagne, vers l'an 200 avant J.-C., y ont trouvé le druide et l'ont importé sur le continent.

Jules César est le premier auteur qui nous parle des druides avec quelques détails : c'est dans le récit de la guerre de Gaule en l'an 53 avant notre ère qui a dû être rédigé deux ans plus tard en 51. Viennent ensuite 2° Diodore de Sicile, l. V, ch. 31, écrivant probablement peu après la mort de Jules César qui arriva comme on sait l'an 44 avant J.-C.,

---

(1) Pline, l. XXX, § 13.
(2) Suétone, *Claude*, 25.

3° Timagène qui un peu postérieur écrivait sous Auguste, 4° Strabon sous Tibère vers l'an 19 de J.-C. Jules César, Diodore de Sicile, Strabon n'ont fait, semble-t-il, que reproduire plus ou moins exactement les données contenues dans l'ouvrage de Poseidonios. C'est à Poseidonios que César et Strabon ont probablement emprunté la peinture de cet immense mannequin où des victimes humaines étaient entassées vivantes pour être brûlées et ainsi offertes en sacrifice aux dieux (1). L'intervention des druides dans les procès publics et privés, telle que l'exposent César (2), Diodore (3) et Strabon (4), doit avoir la même origine.

Quoi qu'il en soit, c'est vers l'an 200 avant J.-C. que le nom des druides apparaît pour la première fois dans la littérature grecque, et sur ce point l'auteur primitif auquel nous devons renvoyer est Sotion, cité par Diogène Laerce.

---

(1) *De bello gallico*, l. VI, c. 16, § 4, 5. Strabon, l. IV, c. 4, § 5; éd. donnée chez Didot par C. Müller et F. Dübner, p. 164-165; Cougny, t. I, p. 142-143; D. Bouquet, t. I, p. 31 E.

(2) *De bello gallico*, l. VI, c. 13, § 10.

(3) Diodore, l. V, c. 31, § 5; éd. Didot, p. 273, l. 6-10; Cougny, t. II, p. 392-393; D. Bouquet, t. I, p. 308 DE.

(4) Strabon, l. IV, c. 4, § 4; éd. donnée chez Didot par C. Müller et F. Dübner, p. 164, l. 23-29; Cougny, t. I, p. 138-139; D. Bouquet, t. I, p. 31 AB.

QUATORZIÈME LEÇON.

26 avril 1901.

§ 43.

L'intérêt supérieur que présentent les grands historiens grecs nous a fait négliger jusqu'ici les auteurs latins contemporains de Polybe et de Poseidonios. M. Porcius Cato, dit ordinairement Caton le Censeur ou Caton l'Ancien, est le premier en date (1). Il naquit l'an 234 avant J.-C., 520 de Rome et mourut l'an 149 avant J.-C., 605 de Rome. Il commença à écrire ses sept livres des *Origines* à l'âge d'environ soixante ans, vers l'an 174 avant J.-C. Il publia les trois premiers livres en l'année 166 avant J.-C., 586 de Rome, l'année où Polybe exilé arriva de Grèce à Rome; le dernier, où il reproduit un discours prononcé par lui en l'année même où il mourut, date de cette année 149 avant J.-C.,

---

(1) Sur Caton l'Ancien, voyez Teuffel-Schwabe, § 118-122, t. I, p. 193-200; Schanz, § 65-69, 1re partie, p. 124-131; Hermann Peter, *Historicorum romanorum relliquiae*, t. I; p. CXXVII-CLXVII, 51-94; *Historicorum romanorum fragmenta*, p. 40-67.

605 de Rome ; ce livre septième des *Origines* a été écrit après le retour de Polybe en Grèce, 150 avant J.-C., 604 de Rome, et il est par conséquent aussi postérieur à la rédaction des trente premiers livres de l'historien grec, composés à Rome avant la fin de l'exil de Polybe. L'auteur grec et l'auteur latin contemporain ont en outre cela de commun, qu'ils ont chacun vécu très vieux, étant morts le Grec à quatre-vingt-deux ans, le Romain à quatre-vingt-cinq.

Au livre second des *Origines*, publié comme nous venons de le dire, en l'an 166 avant J.-C., Caton l'Ancien a écrit une phrase dont on a fait depuis de nombreuses citations : « La plupart des Gaulois, » — c'est-à-dire des Gaulois Cisalpins — cultivent » avec ardeur et talent deux arts, l'un l'art de » la guerre, l'autre celui de parler habilement. » *Pleraque Gallia duas res industriosissime persequitur : rem militarem et argute loqui* (1). *Gallia*, dans ce texte, désigne la Gaule Cisalpine ; en l'année 166 avant J.-C., il n'y avait pas d'autre province de Gaule (2) ; la province de Gaule transalpine a été créée quarante-cinq ans plus tard, vingt-huit ans

---

(1) Charisius, chez Keil, t. II, p. 181 ; H. Peter, *Historicorum romanorum relliquiae*, t. I, p. 61, n° 34 ; *Historicorum romanorum fragmenta*, p. 48, n° 34.

(2) Sur le mot *Gallia* signifiant Gaule Cisalpine de l'an 218 à 171 av. J.-C., voir Tite-Live, l. XXI, c. 17, § 7, 9 ; l. XXII, c. 31, § 9 ; c. 32, § 3 ; c. 33, § 7 ; c. 35, § 6 ; l. XXXII, c. 27 ; l. XXXIV, c. 46, 54, 55 ; l. XXXV, c. 2 ; l. XXXVI, c. 36 ; l. XXXVIII, c. 36, 37 ; l. XXXIX, c. 42 ; l. XL, c. 18, 36 ; l. XLI, c. 7, 14 ; l. XLIII, c. 1.

§ 43. CATON L'ANCIEN.

après la mort de Caton l'ancien ; elle date de l'année 121 avant J.-C., et la première guerre de conquête faite par les Romains dans cette région ne remonte qu'à l'année 125 avant J.-C. J'ai déjà fait observer que par conséquent ce passage de Caton ne concerne pas les Gaulois transalpins et que d'ailleurs il est un arrangement latin d'un vers homérique où il s'agit d'Ulysse (1).

Le même Caton nous apprend que les *Lepontii* habitant Domo d'Ossola (2) et les Salassi chez qui se trouvaient les villes d'Aoste et d'Ivrée (3), étaient de nation taurisque, *tauriscae gentis*, et appartenaient par conséquent au groupe celtique (4).

Suivant cet auteur, les *Cenomani*, occupant dans l'Italie transpadane l'espace entre Bergame et Trente (5), sont un rameau des *Volcae*, et, comme au temps de Caton l'ancien on ne connaissait à Rome d'autres *Volcae* que ceux des côtes françaises de la Méditerranée, à l'ouest de Marseille, c'est des environs de Marseille que le savant auteur latin fait venir les *Cenomani*, quand ils arrivent au sud des Alpes : *Cenomanos juxta Massiliam*

---

(1) *Odyssée*, II, 272; *Cours de littérature celtique*, t. VI, p. 394.
(2) Ptolémée, l. III, c. 34; éd. C. Müller, t. I, p. 343, l. 3-4; Cougny, t. I, p. 286-287; D. Bouquet, t. I, p. 84 C.
(3) Ptolémée, l. III, c. 30; éd. C. Müller, t. I, p. 341, l. 5-8.
(4) Pline, l. III, § 134; édition de C. Jan, t. I, p. 150, l. 21-22; H. Peter, *Historicorum romanorum relliquiae*, t. I, p. 62; *Historicorum romanorum fragmenta*, p. 49.
(5) Ptolémée, l. III, c. 27; éd. C. Müller, t. I, p. 338-340; Cougny, t. I, p. 284-285; D. Bouquet, t. I, p. 84 AB.

habitasse in Volcis (1). Mais quand au commencement du quatrième siècle, vers l'année 396 avant J.-C., les *Cenomani* vinrent s'établir en Italie, les *Volcae* n'étaient point encore parvenus sur les côtes de la Méditerrauée, où, vers l'année 356 avant J.-C., le périple de Scylax ne connaît encore que des Ibères, des Ligures et des Grecs. Les *Volcae*, au commencement du quatrième siècle avant J.-C., étaient voisins des Germains au centre de l'Allemagne moderne. C'est de là que les *Cenomani* d'Italie sont venus au commencement de ce siècle fonder en Italie la ville de Trente, *Tridente* (2) ou *Tridentum*, tandis que peut-être vers le même temps était créé par les *Aulerci Cenomanni* de Gaule Transalpine le village de *Trans* (Mayenne) au Moyen-Age *Tridentum* à l'accusatif, *Tredento* et *Tredendo* à l'ablatif. J'ai cru longtemps qu'il y avait à se préoccuper de la différence d'orthographe entre le nom des *Cenomani* d'Italie et celui des *Cenomanni* de France. L'identité des noms antiques de Trans, Mayenne, et de Trente, Tyrol me fait aujourd'hui douter de la valeur de ma critique.

Novare, suivant Caton était une ville ligure,

---

(1) Pline, l. III, § 130; éd. C. Jan, t. I, p. 149, l. 26-27; D. Bouquet, t. I, p. 55 C; Hermann Peter, *Historicorum romanorum relliquiae*, t. I, p. 63, l. 5; *Historicorum romanorum fragmenta*, p. 40, l. 26.

(2) Ptolémée, l. III, c. 27; éd. C. Müller, t. I, p. 339, l. 9; Cougny, t. I, p. 184-185; D. Bouquet, t. I, p. 84 B.

Pline soutient qu'elle était gauloise : *Novaria ex Vertamacoris, Vocontiorum hodie que pago, non, ut Cato existimat, Ligurum* (1). Les deux auteurs ont chacun raison. La province de Novare contient vingt-neuf localités qui portent des noms terminés par le suffixe *-asco,-asca,-asche*, et par conséquent ligures (2). Mais auprès de Novare, dans le *circondario* ou arrondissement de cette ville, il y a : un bourg appelé *Tornaco* (3), dont le nom est identique à celui de la ville de Tournai, *Turnacus*; un village appelé *Cavanago* (4), le même nom que celui de treize villages de France : trois Chavenat (Charente, Haute-Vienne), quatre Chavenay (Eure-et-Loir, Marne, Seine-et-Oise, Vienne), six Cabanac (Ariège, Haute-Garonne, Gironde, Lot, Hautes-Pyrénées). un Cavanac (Aude). Il est bien difficile de contester qu'il y ait eu dans la province de Novare un établissement celtique, comme le dit Pline, et ce fait ne contredit pas la doctrine de Caton que Novare était ligure : les Ligures y avaient précédé les Celtes, et les Celtes conquérants n'avaient pas chassé les Ligures, ils se contentaient de les dominer.

On sait également par Caton l'ancien que les

---

(1) Pline, l. III, § 124; éd. de C. Jan, t. I, p. 148, l. 12-13, D. Bouquet, t. I, p. 55 B; Hermann Peter, *Historicorum romanorum relliquiae*, t. I, p. 82, l. 12-13; *Historicorum romanorum fragmenta*, p. 49, l. 15-16.
(2) *Revue Celtique*, t. **XI**, p. 157.
(3) *Revue Celtique*, t. **XI**, p. 165.
(4) *Revue Celtique*, t. **XI**, p. 164.

Boii, qui avaient occupé la plus grande partie de la Gaule Cispadane, entre le Pô et le Rubicon (1), étaient divisés en cent douze tribus (2).

§ 44.

Sempronius Asellio prit part comme tribun militaire au siège de Numance, 134 et 133 avant J.-C., années de Rome 620 et 621, quinze ans après la mort de Caton l'ancien. Dans le quatorzième livre de ses *Res gestae*, le dernier dont on ait une citation avec renvoi au numéro du livre, il racontait la mort de Livius Drusus, événement qui date de l'an 91 avant J.-C., 663 de Rome. Il semble avoir, dans un livre postérieur, parlé d'un événement de l'année 83 avant J.-C., 671 de Rome (3). Son ouvrage est donc à peu près contemporain de celui de Poseidonios dont les Ἱστορίαι, en cinquante deux livres, prennent fin en l'année 82 avant J.-C., soixante-sept ans après l'année où se terminent les *Origines* de Caton l'ancien. Sempronius Asellio nous apprend que de son temps on mettait en

---

(1) Ptolémée, l. III, c. 1, § 20 ; éd. C. Müller, t. I, p. 334, l. 4-9 ; Cougny, t. I, p. 284-285.

(2) Pline, l. III, § 116 ; édition C. Jan, t. I, p. 146, l. 30 ; D. Bouquet, t. I, p. 55 B ; H. Peter, *Historicorum romanorum relliquiae*, t. I, p. 63 ; *Historicorum romanorum fragmenta*, p. 50.

(3) Sur Sempronius Asellio, voyez Teuffel-Schwabe, § 142, 5, t. I, p. 234 ; Schanz, § 72 (1re partie, p. 134-135) ; Hermann Peter, *Historicorum romanorum relliquiae*, t. I, p. CCXLVIII-CCLI, 178-184.

§ 44. SEMPRONIUS ASELLIO.

Gaule, *in Gallia* (1), cette ville, *Noreia* des *Taurisci* (2) ou *Norici*, près de laquelle, en 113 avant J.-C., 641 de Rome, le consul Gnaeus Papirius Carbo fut battu par les Cimbres (3), et que plus tard, antérieurement à l'année 58 avant J.-C., les Boii assiégèrent en vain (4); c'est aujourd'hui Neumarkt dans l'empire d'Autriche, en Styrie.

Une conséquence de cette doctrine apparaît chez Denys d'Halicarnasse : dans son ouvrage terminé en l'an 8 avant J.-C., 744 de Rome, il dit que la Celtique, Κελτική, touche aux Scythes et aux Thraces, qu'elle est partagée par le Rhin en deux parties égales (5) et que la Germanie est une section de la partie orientale. Mais Denys ne semble pas comprendre dans la Celtique *Noreia* et le *Noricum* qui sont situés au sud du Danube, car il paraît donner à la Celtique le Danube pour limite méridionale. En effet, quand il publia ses « Antiquités romaines, » le *Noricum* payait tribut aux Romains depuis environ six ans, trente-trois ans avant l'an 19 de notre ère, date où Strabon ter-

---

(1) H. Peter, *Historicorum romanorum relliquiae*, t. I, p. 183, l. 1-3; *Historicorum romanorum fragmenta*, p. 111, l. 9-10.

(2) Pline, l. III, § 131; éd. C. Jan, t. I, p. 149, l. 132.

(3) Strabon, l. V, c. 1, § 8; éd. C. Müller et Dübner, p. 178, l. 43-45; Cougny, t. I, p. 184-185; D. Bouquet, t. I, p. 99 B; Tite-Live, *Periochæ*, l. LXIII.

(4) *De Bello Gallico*, l. I, c. 5, § 4.

(5) « Σχίζεται μέση ποταμῷ Ῥήνῳ. » Denys d'Halicarnasse, l. XIV, c. 1; édition donnée chez Didot par A. Kiessling et V. Prou, p. 701, l. 3; Cougny, t. II, p. 480-481.

mina son grand ouvrage, et le royaume de Norique, *Noricum regnum*, vassal des empereurs, semblait former en quelque sorte une personne morale à part, déjà parfaitement distincte de la Celtique (1).

§ 45.

Sempronius Asellio écrivait plus d'un demi-siècle après la mort de Caton l'ancien. Arrivent ensuite trois annalistes romains qui ont rédigé leur composition historique à une date très rapprochée de celle où Sempronius Asellio a mis les siennes par écrit. Ce sont Quintus Claudius Quadrigarius, Valerius Antias et Cornelius Sisenna.

Q. Claudius Quadrigarius paraît avoir composé ses annales entre les années 80 avant J.-C., 674 de Rome, et 70 avant J.-C., 684 de Rome.

Un rhéteur romain du deuxième siècle de notre ère, M. Cornelius Fronto, comparant entre eux quelques-uns des premiers annalistes romains, présente Claudius Quadrigarius comme celui qui procurait le plus de plaisir à ses lecteurs : « Fabius Pictor est confus, Claudius Quadrigarius agréable à lire, Valerius Antias sans élégance, Cornelius Sisenna trop long. » : *Scripsere... Pictor incondite, Claudius lepide, Antias inuenuste, Seisenna longinque,* dit Fronto (2), dans une lettre adressée

---

(1) Strabon, l. IV, c. 6, § 9; éd. C. Müller et F. Dübner, p. 172, l. 9-12; cf. *Corpus inscriptionum latinarum*, t. III, p. 588.

(2) Hermann Peter, *Historicorum romanorum relliquiae*, t. I,

§ 45. CLAUDIUS QUADRIGARIUS.

à l'empereur Lucius Verus, qui régna de l'an 161 à l'an 169 de notre ère. Claudius Quadrigarius devait probablement le mérite littéraire de ses livres aux jolies fables qu'il tirait des éloges funèbres composés pour flatter la vanité des grands seigneurs romains de son temps.

Le premier livre de ses annales racontait la bataille de l'Allia, perdue par les Romains en l'an 390 avant J.-C., 364 de Rome, et les événements suivants au moins jusqu'à l'année 320 avant J.-C., 434 de Rome, c'est-à-dire pendant soixante-dix ans. C'est dans ce livre que Tite-Live, l. V, c. 46, § 8, a probablement pris l'idée du voyage hardi de Pontius Cominius allant de *Veii* au Capitole romain, puis retournant du Capitole à *Veii*, traversant ainsi deux fois l'armée gauloise assiégeante pour établir une entente entre les assiégés et les Romains.

Le but de ce récit était de plaire en même temps à la *gens Pontia* et à la *gens Cominia*. A la *gens Pontia* appartenait L. Pontius, contemporain du célèbre Sylla (1), qui mourut en l'an 78 avant J.-C. Quatre ans plus tard, les chevaliers Publius

---

p. CCLXXXVII. Sur Claudius Quadrigarius, voyez Teuffel-Schwabe, § 155, 1; t. I, p. 257-258; Schanz, § 112, 1; 1ʳᵉ partie, p. 192-193; *Paulys Realencyclopaedie*, éd. Wissowa, t. III, col. 2858-2861, article de M. Niese; Hermann Peter, *Historicorum romanorum relliquiae*, t. I, p. CCLXXXVII-CCCIV, 205-236; *Historicorum romanorum fragmenta*, p. 136-151.

(1) Pauly, *Realencyclopaedie*, t. V, p. 1892.

Cominius et Lucius Cominius accusèrent C. Aelius Pætus Staienus (1). Claudius Quadrigarius connaissait probablement L. Pontius et les deux Cominius (2) et il a été bien aise de leur être agréable en mettant leur nom dans ses annales.

De même chez Tite-Live l'exploit de M. Manlius Capitolinus repoussant les Gaulois qui allaient pénétrer par escalade au Capitole, la seconde dictature de M. Furius Camillus et sa victoire sur les Gaulois en 390 semblent des emprunts à Claudius Quadrigarius (3). On peut en dire autant du combat singulier de Publius Manlius Torquatus avec le Gaulois auquel il prend son *torques* en 367 avant J.-C., l'an 387 de Rome, sous une cinquième dictature de M. Furius Camillus (4). Les Furius Camillus étaient des personnages importants à Rome au premier siècle avant notre ère (5) : un d'eux fut ami de Cicéron. Les Manlius Torquatus,

---

(1) De-Vit, *Totius latinitatis onomasticon*, t. II, p. 389.

(2) Hermann Peter, *Historicorum romanorum relliquiae*, t. I, p. 205, fragment 4, a mis en note, au-dessous du passage de Claudius Quadrigarius conservé par Aulu-Gelle, celui de Tite-Live, l. V, c. 48, § 8. Le premier de ces auteurs parle d'une conversation du Romain avec les Gaulois ; le second n'en dit rien.

(3) Hermann Peter, *Historicorum romanorum relliquiae*, fragment 7, t. I, p. 206; *Historicorum romanorum fragmenta*, p. 136-137.

(4) Hermann Peter, *Historicorum romanorum relliquiae*, t. I, fragment 10, p. 207-210; *Historicorum romanorum fragmenta*, p. 137-139; D. Bouquet, t. I, p. 690-691.

(5) Pauly, *Realencyclopaedie*, t. III, p. 556; De-Vit, *Totius latinitatis onomasticon*, t. III, p. 173; cf. t. I, p. 475.

qui sont une branche des Manlius Capitolinus, tenaient une place honorable dans l'aristocratie romaine au même temps. Un d'eux, L. Manlius Torquatus, fut consul en l'année 65 avant J.-C., de Rome, 689 (1).

La légende de M. Valerius Corvus ou Corvinus et du corbeau qui lui vient en aide dans son combat contre un Gaulois en l'année 349 avant J.-C., 405 de Rome (2), a une origine analogue, et avant d'apparaître chez Tite-Live, l. VII, c. 26, elle a été racontée par Claudius Quadrigarius en son livre I. Claudius Quadrigarius a dû être contemporain du père de M. Valerius Messala Corvinus, né en 64 avant J.-C., l'an 690 de Rome et qui eut comme orateur une grande célébrité.

On ne peut nier avec une certitude rigoureuse que ce soit de Claudius Quadrigarius que parle Plutarque au début de sa *Vie de Numa*, où il cite un certain Clôdios, auteur d'un livre de chronologie critique. Suivant ce Clôdios, les anciens monuments écrits de Rome ont péri, lors de la prise de cette ville par les Celtes (3). Mais il est proba-

---

(1) De-Vit, *Totius latinitatis onomasticon*, t. IV, p. 310; *Corpus inscriptionum latinarum*, t. I, 2ᵉ édition, p. 156.

(2) H. Peter, *Historicorum romanorum relliquiae*, t. I, p. 211-212; *Historicorum romanorum fragmenta*, p. 138, 139; D. Bouquet, t. I, p. 690.

(3) Plutarque, *Numa*, c. 1; *Vies*, édition donnée chez Didot par Th. Doehner, t. I, p. 71; H. Peter, *Historicorum romanorum relliquiae*, t. I, p. 176; *Historicorum romanorum fragmenta*, p. 271.

ble que ce Clôdios est identique au Clôdius qui combattit comme tribun militaire au siège de Numance sous Scipion Emilien, 134, 133 avant J.-C., l'an de Rome 620, 621 (1).

§ 46.

Les annales de Valerius Antias (2) ont été écrites peu de temps après celles de Claudius Quadrigarius.

Tite-Live lui reproche l'exagération des chiffres. Ainsi dans une bataille livrée près de Côme aux Gaulois Insubres, l'an 196 avant J.-C., 558 de Rome, par le consul M. Claudius Marcellus, les Romains auraient tué quarante mille ennemis, pris quatre-vingt-sept enseignes et sept cents chariots de bagages, *carpenta*. L'année suivante, dans la Péninsule ibérique, sous les murs d'Iliturgis, les Romains commandés par Appius Claudius auraient, suivant le même auteur, tué douze mille hommes aux Celtibères (3).

---

(1) H. Peter, *Historicorum romanorum relliquiae*, t. I, p. CCXLV, CCCII; *Pauly's Realencyclopaedie*, éd. Wissowa, t. IV, col. 77-79; Teuffel-Schwabe, § 259, 6; t. I, p. 608.

(2) Sur Valerius Antias, voyez Teuffel-Schwabe, § 155, 2, 3; t. I, p. 258-260; Schanz, § 112, 2; 1re partie, p. 192-193.

(3) Hermann Peter, *Historicorum romanorum relliquiae*, t. I, p. 253-254; *Historicorum romanorum fragmenta*, p. 160.

§ 47.

Cornelius Sisenna qui fut préteur en l'an 78 avant J.-C., 676 de Rome, et qui mourut en 67 avant J.-C., 687 de Rome, nous donne dans ses *Historiæ* le nom d'une lance gauloise appelée *materis* (1). C'est chez lui qu'on voit pour la première fois apparaître le nom de Brennus dans l'histoire de la prise de Rome par les Gaulois, en 390 (2).

Les historiens latins contemporains de Polybe et de Poseidonios n'ont à aucun point de vue la valeur de ces deux écrivains grecs, mais il serait injuste de les dédaigner, et les historiens modernes doivent de la reconnaissance aux auteurs de l'antiquité qui, par des citations de ces vieux annalistes, nous ont conservé des fragments de leurs livres.

---

(1) Hermann Peter, *Historicorum romanorum relliquiae*, t. I, p. cccxxii, 282, 288; *Historicorum romanorum fragmenta*, p. 180, 183. Sur Cornelius Sisenna, voyez Teuffel-Schwabe, § 156, 1, 2, 3; t. I, p. 260-262; Schanz, § 113; 1re partie, p. 198-199; *Pauly's Real-encyclopaedie*, t. IV, p. 1512-1513, article de Niese.

(2) Hermann Peter, *Historicorum romanorum relliquiae*, t. I, p. 296., fr. 133; *Historicorum romanorum fragmenta*, p. 188, fr. 133.

QUINZIÈME LEÇON.

3 mai 1901.

§ 48.

Au milieu du premier siècle avant notre ère apparaissent deux auteurs très importants pour l'histoire des Gaulois : le principal est Jules César, (C. Julius Caesar), avec ses *Commentarii Gallici civilisque belli*, ainsi que, dans sa biographie, ils sont appelés par Suétone. Les sept premiers livres des *Commentarii gallici belli* ou *rerum gestarum Galliae*, comme dit Hirtius, concernent les campagnes des années 58 à 52 avant J.-C. ; ils paraissent avoir été écrits en 51. Les trois livres des *Commentarii civilis belli*, un peu postérieurs, racontent l'histoire des années 49 et 48. De ces deux ouvrages on ne peut séparer le huitième livre de la guerre des Gaules par Hirtius qui l'écrivit après la mort de Jules César arrivée le 15 mars de l'an 44 avant J.-C., enfin les commentaires de la guerre d'Espagne et de la guerre d'Afrique (1).

(1) Sur Jules César et ses continuateurs, voyez Teuffel-Schwabe,

Nous considérons comme emprunté à Poseidonios le passage du *De bello Gallico*, l. VI, ch. 11-20, où l'auteur décrit les mœurs, les institutions, la religion des Gaulois. Mais sauf cette observation, nous n'entreprendrons pas d'exposer, même d'une façon sommaire, ce que l'histoire des Gaulois peut apprendre chez Jules César ; cela nous entraînerait à des développements qui dépasseraient les limites forcément restreintes du cours que nous faisons.

§ 49.

Vient ensuite, comme importance, Diodore de Sicile, Διόδωρος ὁ Σικελιώτης (1), qui, bien différent de

§ 194-197; t. I, p. 373-385; Schanz, § 117-122 a; 1ʳᵉ partie, p. 202-217.

Des éditions du *De bello gallico*, la plus commode à consulter pour les historiens est celle qu'a donnée M. A. Holder en 1882. Les deux Index sont d'un usage plus rapide pour les historiens que les vastes lexiques de MM. Merguet et Meusel, destinés surtout aux grammairiens. Nous citerons aussi 1° l'édition de M. Kübler, qui a paru chez Teubner en 1893, qui est un bon travail, mais dont l'Index ne contient que les noms propres, 2° celle de M. Meusel faite à Berlin chez Weber en 1894 ; elle est digne de l'auteur si estimé du *Lexicon Caesarianum*; mais les noms propres seuls apparaissent dans l'Index. M. Meusel a publié la même année dans les *Jahresberichte des philologischen Vereins* d'importants *Beitraege zur Kritik von Caesars Bellum gallicum*. N'oublions pas les *Belli civilis libri III*, édités chez Teubner par A. Holder en 1898 : on y trouve un Index de tous les mots. Les passages du *De bello civili*, du *De bello Alexandrino*, du *De bello Africano*, qui concernent les Gaulois, sont réunis chez D. Bouquet, t. I, p. 291-299, et chez Petrie et Thomas Duffus Hardy, *Monumenta historica britannica*, t. I, p. xxxiv.

(1) Sur Diodore de Sicile, voyez Christ, § 459-461, p. 631-637;

§ 49. DIODORE DE SICILE.

Jules César, n'est qu'un compilateur. Jules César et ses continuateurs racontent la plupart du temps des événements dont ils furent témoins ou qu'ils connaissent par la relation des gens qui y ont assisté. Diodore de Sicile copie en les arrangeant, la plupart du temps, sans doute, en les abrégeant, les historiens qui l'ont précédé, et il doit toute sa valeur à ce que nous avons perdu le texte original de ces historiens. La « Bibliothèque » de Diodore de Sicile, divisée en quarante-trois livres, se termine juste au moment où, en l'année 58 avant J.-C., commence la guerre des Gaules, mais Diodore ne publia cet ouvrage qu'après la mort de Jules César, postérieurement à l'apothéose du conquérant romain ; il l'appelle « celui qui à cause de ses exploits a été surnommé dieu, » ὁ διὰ τὰς πράξεις προσαγόρευθεὶς θεός (1), ὁ διὰ τὰς πράξεις ἐπονομασθεὶς θεός (2), « celui qu'on a appelé Dieu » ὁ κληθεὶς θεός (3). L'apothéose de Jules César paraît avoir eu lieu l'an 712 de Rome, 42 avant J.-C. (4)

Croiset, t. V, p. 640-649 ; les textes concernant les Celtes ont été réunis par Cougny, t. II, p. 352-457 ; D. Bouquet, t. I, p. 301-318 ; Petrie et Thomas Duffus Hardy, *Monumenta historica britannica*, p. I-III, CIII, CIV.

(1) Diodore, l. I, c. 4, § 7 ; édition donnée chez Didot par C. Müller, t. I, p. 5, l. 20, 21 ; Cougny, t. II, p. 352-353 ; D. Bouquet, t. I, p. 301 D.

(2) Diodore, l. V, c. 21, § 2 ; édition C. Müller, t. I, p. 266, l. 36 ; Cougny, t. II, p. 364-365.

(3) Diodore, l. V, c. 5, § 4 ; édition C. Müller, t. I, p. 269, l. 3-5.

(4) Mommsen, *Römisches Staatsrecht*, 2ᵉ édition, p. 733, note 2.

Comme nous l'avons dit plus haut, c'est à Poseidonios que Diodore de Sicile doit avoir emprunté ce qu'il dit de plus intéressant sur les Gaulois.

§ 50.

Une partie des œuvres de Cicéron (1) est antérieure non seulement à Diodore, mais aux Commentaires de la guerre des Gaules. Nous ne dirons rien ici du plaidoyer *pro P. Quinctio*, où il est question d'une propriété située au delà des Alpes, mais chez un peuple dont le nom, *Sebaginos*, est trop incertain pour donner le droit d'en conclure quoi que ce soit (2).

C'est à l'année 69 avant J.-C., que remonte la plaidoirie *pro Fonteio* (3). M. Fonteius avait été chargé du gouvernement de la province de Gaule pendant trois ans, de l'an 75 à l'an 73 avant J.-C. ou autrement de l'an 677 à l'an 679 de Rome. Environ quatre ans plus tard, Indutiomaros que Cicéron qualifie de « chef des Allobroges et des

---

(1) Sur Cicéron, voyez Teuffel-Schwabe, § 175-189; t. I, p. 310-367; Schanz, § 140-178; 1re partie, p. 243-256; D. Bouquet, t. I, p. 654-663; Petrie et Thomas Duffus Hardy, *Monumenta historica britannica*, t. I, p. LXXXVII-LXXXVIII.

(2) C. F. W. Müller, *M. Tullii Ciceronis scripta quae manserunt omnia*, Teubner, partie II, vol. I (1880), p. 26, l. 3, *Adnotatio critica*, p. VIII.

(3) *Ibidem*, partie II, vol. II, p. 17-35. l'*Adnotatio critica* se trouve aux pages V-IX. Un extrait du texte a été donné par D. Bouquet, t. I, p. 655-656.

§ 50. CICÉRON.

autres Gaulois, » *dux Allobrogum caeterorumque Gallorum*, porta plainte contre Fonteius à Rome pour cause de concussion. L'accusateur fut M. Plaetorius, Cicéron défendit l'accusé ; il avait l'année précédente dans le procès contre Verrès pris le rôle opposé, celui d'accusateur. Il était avocat, rien ne prouve que Fonteius en Gaule se fût mieux conduit que Verrès en Sicile.

Les renseignements que Cicéron nous donne dans ce discours peuvent se diviser en plusieurs catégories. Certains sont géographiques. Cicéron connaît les *Volcae*, dont le nom chez Tite-Live dans le récit des événements de l'année 238 avant J.-C., 536 de Rome, doit être copié chez Fabius Pictor (1). Cicéron est, après Caton l'ancien, le premier auteur latin où ce nom de *Volcae* se rencontre. Il parle aussi le premier des *Ruteni*, c'est-à-dire des habitants du Rouergue et de Cahors. Ses adversaires, dit-il, aiment mieux défendre les finances des *Ruteni* que celles du peuple romain (2). Le nom des Allobroges avait été écrit Ἀλλόβριγες par Polybe (3),

---

(1) *Hannibal ceteris metu aut pretio pacatis, jam in Volcarum pervenerat agrum gentis validae; colunt enim circa utramque ripam Rhodani.* Tite-Live, l. XXI, c. 26, § 6 ; édition donnée chez Teubner par Weissenborn (1863), t. II, p. 225 ; D. Bouquet, t. I, p. 336 B. Cf. *Corpus inscriptionum latinarum*, t. XII, p. 346.

(2) Edition donnée chez Holtze par Nobbe (1869), c. 1, § 4, p. 350 ; chez Teubner par C. F. W. Müller, partie II, vol. II (1885), c. 3, § 4, p. 20, l. 14-15.

(3) Polybe, l. III, c. 49, § 13 ; c. 50, § 2, 3 ; éd. Didot, t. I, p. 152 ; Cougny, t. II, p. 158-159 ; D. Bouquet, t. I, p. 281 AB.

probablement d'après Fabius Pictor et Ἀλλόβρυγες par Apollodore (1). C'est chez Cicéron *Pro Fonteio* que, pour la première fois, apparaît la bonne leçon du nom des *Allobroges* (2) : « Craindriez-vous, » dit-il aux juges, « de refuser créance aux témoignages des *Volcae* et des *Allobroges*? »

Un paragraphe du *Pro Fonteio* (3) est surtout à signaler ; il est très intéressant par les notions géographiques qu'il contient. On y trouve la plus ancienne mention que nous connaissions du nom de Toulouse, *Tolosa*, et du nom gaulois romanisé de Narbonne, *Narbo, -onis*, au temps d'Hécatée de Milet vers l'an 500 avant J.-C., *Narba*. Il ne faut pas, comme l'a fait le savant épigraphiste, M. Otto Hirscheld, reproduire l'erreur de Charles et Théodore Müller qui, dans le tome Ier des *Fragmenta historicorum graecorum*, t. I, p. 2, fr. 19, attribuant à Hécatée un passage de Strabon, font dire au géographe de Milet que Narbonne, Ναρβών, est

---

(1) Etienne de Byzance au mot Ἀλλόβρυγες; cf. Holder, *Altcellischer Sprachschatz*, t. I, col. 95; Cougny, t. I, p. 360-361; D. Bouquet, t. I, p. 114.

(2) C. 8, § 26 de l'*Oratio pro M. Fonteio* dans l'édition de Cicéron donnée par Nobbe chez Holtze (1869), p. 352; cf. C. F. W. Müller chez Teubner (1885), *M. Tullii Ciceronis scripta quae manserunt omnia*, partie II, vol. II (1885), p. 26, l. 30-32 ; c. 12, § 26 du même discours ; D. Bouquet, t. I, p. 656 A.

(3) C. 5, § 9 de ce discours dans l'édition de Cicéron donnée par Nobbe, p. 351; C. F. W. Müller, c. 9, § 19, *M. Tullii Ciceronis scripta quae manserunt omnia*, partie II, vol. II, p. 24, l. 11-20; D. Bouquet, t. I, p. 656 A.

un marché et une ville celtique, ἐμπόριον καὶ πόλις Κελτική (1). Etienne de Byzance, d'après lequel on cite Hécatée de Milet, n'a pas commis cette erreur. Narbonne n'est devenu celtique que vers l'an 300 avant J.-C.; Hécatée de Milet écrivait près de deux siècles plus tôt (2).

Fonteius avait exigé pour le vin le payement de contributions indirectes, *portoria*. Cicéron nomme cinq agents chargés par Fonteius de la perception. Ils faisaient payer par amphore : à Toulouse, quatre deniers, soit 3 fr. 20, c'est-à-dire 12 francs par hectolitre; à *Crodunum* que l'on a corrigé en *Segodunum* (3), aujourd'hui Rodez, trois deniers, soit par amphore 2 fr. 40, c'est-à-dire près de 9 francs par hectolitre; à *Vulcalo* deux deniers et un *victoriatus* ou demi-denier, soit 20 centimes, par amphore, c'est-à-dire, un peu plus de 7 francs par hectolitre. A *Cobiomachus*, entre Toulouse et Narbonne, les voituriers qui, venant de Narbonne, quittaient la route de Toulouse et gagnaient la Gaule indé-

---

(1) *Corpus inscriptionum latinarum*, t. XII, p. 521.

(2) Cougny, t. I, p. 368-369; D. Bouquet, t. I, p. 117 A.

(3) C. F. W. Müller, *Adnotatio critica*, p. VII; notes sur la page 24, l. 13-18. Cette leçon, proposée en 1854 par M. Th. Mommsen dans l'édition Halm, t. II, première partie, p. 468, 477, a été reproduite en 1884 par J. Marquardt, *Handbuch der römischen Alterthümer*, t. V, 2ᵉ édition, p. 272, note 2. *Segodunum* pouvait être dans la province romaine, bien qu'une partie des *Ruteni* fussent restés indépendants : *De bello gallico*, l. I, c. 45, § 2; cf. l. VII, c. 5, § 1, etc.; Holder, t. I, col. 1252-1253 de l'*Altceltischer Sprachschatz*.

pendante, devaient payer 6 deniers, soit 4 fr. 80 par amphore, c'est-à-dire, un peu plus de 18 francs par hectolitre (1). On a corrigé *Cobiomachus* en *Ebromagus* (2), qui serait *Eburomagus*, Bram (Aude), situé, en effet, sur la voie romaine de Narbonne à Toulouse (3).

Le grand orateur traite les Gaulois d'impies, ils s'attaquent, dit-il, même aux dieux, ils ont été faire la guerre à Apollon dans son temple de Delphes, à Jupiter au Capitole; ils font des sacrifices humains (4).

Suivant Cicéron, dès cette époque, le commerce tout entier de la province de Gaule était entre les mains des marchands romains; aucune pièce d'argent ne circulait autrement que par leur entremise (5).

La conquête commerciale dans la Gaule suivait la conquête par les armes. Dix-sept ans plus tard, au moment où commence la révolte qui rendra célèbre le nom de Vercingétorix, des marchands romains sont déjà installés, bien au nord de la pro-

---

(1) Cf. Ernest Desjardins, *Géographie de la Gaule romaine*, t. II, p. 245.
(2) Voir la note 3 de la page 209.
(3) Table de Poutinger, segment 2.
(4) Ed. Nobbe, p. 352, c. 9 et 10, § 28-31; éd. C. F. W. Müller, partie II, vol. II, p. 27-28; c. 13, 14, § 30, 32.
(5) Ed. Nobbe, p. 350, col. 2, c. 2, § 11; éd. C. F. W. Müller, partie II, vol. II, p. 21, l. 4-6; c. 5, § 11.

§ 50. CICÉRON. 211

vince romaine, à *Cenabum*, Orléans, où les insurgés les massacrent (1).

Six ans après le discours *pro Fonteio*, c'est-à-dire en l'année 63 avant notre ère, dans la troisième harangue de Cicéron contre Catilina, on voit reparaître le nom des Allobroges. Leurs députés, envoyés à Rome pour demander à être mieux traités par le gouverneur de la province, sont sollicités d'entrer dans la conjuration de Catilina dont ils livrent les secrets au gouvernement régulier (2).

En l'année 56, dans son discours sur les réponses des haruspices, § 18, Cicéron dit que les Romains sont plus pieux, plus religieux que les autres peuples, mais il reconnaît que les Gaulois l'emportent sur eux par la force physique, *robore ;* les Carthaginois, par la ruse ; les Grecs, par le sens artistique, et les autres italiens par un certain sens naturel (3). Ce discours est un des textes à consulter sur les Galates Brogitaros et Déïotaros.

La même année, Cicéron prononça son discours : *De provinciis consularibus*, dont le résultat fut de conserver à Jules César le gouvernement des deux Gaules, l'une Cisalpine, l'autre Transal-

---

(1) *De bello gallico*, l. VII, c. 3, § 1.

(2) Edition C. F. W. Müller, partie II, vol. II. p. 275 et suiv.; Nobbe, p. 424 et suiv.; D. Bouquet, t. I, p. 657. Cf. à ce sujet Salluste, *De conjuratione Catilinae*, c. 40, 41, 44, 45, 50, 52 ; édition donnée en 1887 chez Teubner par R. Dietsch, p. 20, 21, 22, 25, 31 ; D. Bouquet, t. I, p. 300.

(3) Edition C. F. W. Müller, partie II, vol. II, p. 522, l. 21-26; édition Nobbe, p. 494; D. Bouquet, t. I, p. 657 E.

pine. On y voit clairement apparaître aussi la distinction entre les Germains et les Gaulois, inconnue encore au temps où Marius vainquit les Cimbres et les Teutons. Mais Cicéron a beau savoir que les Gaulois et les Germains sont deux peuples différents, il croit toujours que les Cimbres et les Teutons sont gaulois. « C. Caesar, dit Cicéron au
» § 32, a été faire la guerre aux Gaulois, dont
» avant lui nous nous étions bornés à repousser
» les attaques. Nos généraux croyaient qu'il fallait
» se contenter de résister aux agressions de ces
» peuples et ne pas les aller chercher; C. Marius,
» lui-même, dont le divin et excellent courage
» releva le peuple romain abattu par des pertes
» douloureuses, ne fit autre chose que de vaincre
» les innombrables troupes des Gaulois envahis-
» sant l'Italie, il ne pénétra ni dans leurs villes,
» ni dans leur pays (1). »

La victoire de Marius sur les Cimbres date de l'année 101 avant J.-C. C'est seulement vingt-huit ans plus tard, en 73 que nous voyons apparaître dans l'histoire romaine la distinction des Gaulois et des Germains. Une révolte d'esclaves menace l'état romain de ruine; parmi ces esclaves on distingue deux partis : l'un a le Thrace Spartacus à sa tête, et veut éviter le combat; l'autre, commandé par Crixus, est composé de Gaulois, compatriotes

---

(1) Edition C. F. W. Müller, partie II, vol. III (1886), p. 126; édition Nobbe, p. 535-536; D. Bouquet, t. I, p. 658.

de Crixus, et de Germains ; il prétend livrer bataille : *Crixo et gentis ejusdem Gallis et Germanis obviam ire et ultro offerre pugnam cupientibus, contra Spartacus* (1). Salluste a écrit ces mots dans le troisième des cinq livres de ses *Historiae*, dont le dernier se termine en l'an 67 avant J.-C.

Vingt ans après la révolte des esclaves, Jules César ayant pour la seconde fois passé le Rhin, 53 avant J.-C., crut avoir saisi une idée nette de la distinction entre les Gaulois et les Germains ; il l'exposa dans son sixième livre rédigé deux ans plus tard, comme le reste des « Commentaires de la guerre des Gaules, » vers l'an 51 avant notre ère. Mais cette distinction était connue de Cicéron, dès l'année 56, quoique bien moins nettement. César en effet savait que les Cimbres et les Teutons étaient Germains, Cicéron les croyait Gaulois. »

Dans le même paragraphe du discours *de provinciis consularibus*, Cicéron parle de la révolte des Allobroges en 61 et de leur défaite par C. Pomptinius (2). Il dit aussi un mot des batailles livrées avec succès par Jules César aux Germains et aux Helvètes, en l'année 58, la première année de la guerre des Gaules. Le premier passage du Rhin

---

(1) Rudolfus Dietsch, *Gai Sallusti Crispi quae supersunt* (1859), t. II, p. 87, l. 16, 20 (*Historiarum reliquiae*, l. III, c. 67) ; cf. Müllenhoff, *Deutsche Altertumskunde*, t. II, p. 155.

(2) Cf. Cassius Dio, l. XXXVII, c. 47, 48 ; Cougny, t. IV, p. 226-227 ; Mommsen, *Römische Geschichte*, 6ᵉ édition, t. III, p. 224.

par Jules César est postérieur à ce discours, il date de l'année suivante 55.

En 53, trois ans après ce discours, de nouveau Cicéron, dans le troisième livre, § 15 et 16, de sa *République*, reproche aux Gaulois leurs sacrifices humains. Il dit aussi que, considérant comme honteuse la culture du blé, les Gaulois vont, les armes à la main, moissonner les blés des autres peuples; il ajoute que Rome empêche les Transalpins de cultiver la vigne et l'olivier, le but de cette prescription étant de rendre plus profitable cette culture en Italie (1).

De l'année 45, celle qui précéda la mort de Jules César, date le plaidoyer de Cicéron pour le roi Galate Déiotaros (2), personnage dont il est aussi question dans d'autres écrits du célèbre orateur.

Passons à celle des œuvres de Cicéron qui ont été composées après la mort de Jules César, 15 mars 44.

De l'année 44 et du 6 juin, date une lettre de L. Munatius Plancus à Cicéron, insérée dans les œuvres du fameux orateur, *Epistolae ad diversos*, ou *ad familiares*, l. X. ep. 23. La date du lieu est *Cularo* dans le territoire des Allobroges, c'est Grenoble (Isère) (3).

---

(1) Edition Nobbe, p. 1191; C. F. W. Müller, partie IV, vol. II (1898), p. 337.

(2) Edition Nobbe, p. 594-598; C. F. W. Müller, partie II, vol. III (1886), p. 344-358.

(3) Edition Nobbe, p. 740; C. F. W. Müller, partie III, vol. I (1896), p. 283-285; D. Bouquet, t. I, p. 660 E.

§ 50. CICÉRON.

En 44 aussi fut écrit le premier livre du *De divinatione*, au § 90 duquel Cicéron nous apprend que Déviciacos était druide (1), fait de haute importance dont Jules César avait négligé de parler. Dans le même passage, Cicéron rappelle le voyage de Déviciacos à Rome, voyage mentionné par Jules César, en son l. VI, ch. 12, § 5, du *De bello Gallico*.

Au § 20 de la troisième philippique (2), prononcée le 19 décembre de l'an 44 avant J.-C., Cicéron se moque d'Antoine qui serait arrivé par la mine des Gaulois, *per Gallorum cuniculum*, au Capitole où était convoqué le Sénat. C'est une allusion au siège de l'année 390.

La cinquième philippique a été prononcée le 1ᵉʳ janvier 43. Aux § 8-9, Cicéron parle du danger qu'offrirait Antoine, s'il était investi du gouvernement de la Gaule, et il félicite D. Brutus de l'avoir empêché d'entrer en Gaule (3).

§ 51.

Pythéas est le premier des Grecs qui ait été en Grande-Bretagne, Jules César est le premier écri-

---

(1) Edition Nobbe, p. 247; C. F. W. Müller, partie IV, vol. II (1898), p. 179; D. Bouquet, t. I, p. 662 CD.

(2) Edition Nobbe, p. 618; C. F. W. Müller, partie II, vol. III (1886), p. 423, l. 33-35; cf. D. Bouquet, t. I, p. 658 E.

(3) Edition Nobbe, p. 621; C. F. W. Müller, partie II, vol. III (1886), p. 433-434; cf. D. Bouquet, t. I, p. 659 B.

vain romain qui y soit parvenu, et cela près de deux siècles après Pythéas, en l'an 55 avant J.-C. et l'année suivante (1). Entre eux, aucun auteur important ne se place : nous ne pouvons compter parmi les historiens, ni parmi les géographes Hécatée d'Abdère, qui vers la fin du quatrième siècle avant notre ère, dans son traité des Hyperboréens, mettait près de la Celtique une île aussi grande que la Sicile et habitée par les Hyperboréens (2).

Quant au traité apocryphe d'Aristote, *De Mundo*, Περὶ κόσμου, où, l. III, apparaissent les îles Britanniques, νῆσοι Βρεττανικαί, appelées l'une Albion, l'autre Ierna (3), il peut bien être contemporain de Jules César. En tout cas, il paraît postérieur à Poseidonios, comme le traité également apocryphe, *De*

---

(1) A cette seconde expédition se rapportent deux lettres de Cicéron à Trébatius (*Ad familiares*, l. VII, ep. 6, 7; C. F. W. Müller, partie III, vol. I (1896), p. 176-178). Dans l'une il lui conseille de ne pas se laisser attraper en Bretagne par les *essedarii*; dans l'autre il lui dit que comme en Bretagne on ne peut trouver à prendre ni or, ni argent, il faut tâcher d'en ramener un char de guerre, *essedum*. Dans la correspondance de Cicéron, il est plusieurs fois question des deux expéditions de Bretagne, 55 et 54, parce que son frère Quintus y prit part; cf. Petrie et Thomas Duffus Hardy, *Monumenta historica britannica*, t. I, p. LXXXVI-LXXXVII. — Sur P. Crassus et son voyage aux Cassitérides, 96-93 avant J.-C., voir ci-dessus, p. 9, note.

(2) *Fragmenta historicorum graecorum*, t. II, p. 286, fr. 2; extraits de Diodore de Sicile, l. II, c. 47; édition donnée chez Didot par C. Müller, t. I, p. 116, 117.

(3) Aristote, éd. Didot, t. III, p. 630, l. 43; Cougny, t. VI, p. 8-11.

mirabilibus auscultationibus, Περὶ θαυμασίων ἀκουσμάτων, où il est dit quelques mots des Celtes ; celui-ci est plus récent encore et peut bien ne pas remonter au delà du deuxième siècle de notre ère (1).

Mais des « Commentaires » est à peu près contemporaine l'ode de Catulle, C. Valerius Catullus, contre Mamurra, qu'il accuse de s'être enrichi de pillages dans la Gaule chevelue et en Bretagne. Mamurra était le *praefectus fabrum* de Jules César. Catulle était mort au plus tard l'an 52 avant J.-C. (2).

Le plus ancien auteur, qu'à propos des îles Britanniques nous puissions citer après l'auteur principal des « Commentaires » et après Catulle, est Diodore de Sicile, dont nous avons parlé déjà notamment au § 49 ; Diodore a consacré dans son l. V, les chapitres 21-22, aux îles Britanniques (3), et il en parle aussi en quelques autres endroits (4).

§ 52.

Diodore de Sicile est pour l'histoire des Celtes

---

(1) Aristote, éd. Didot, t. IV, p. 75-107. Cf. Müllenhoff, *Deutsche Altertumskunde*, t. I, p. 426 et suiv.

(2) Sur Catulle, voyez Teuffel-Schwabe, t. I, p. 444, § 214, 2 ; Schanz, 1re partie, § 102-106, p. 179-187 ; Petrie et Thomas Duffus Hardy, *Monumenta historica britannica*, p. 88. Sur Mamurra, cf. Pline, l. XXXVI, § 48.

(3) Ed. Didot, t. I, p. 266-267.

(4) Petrie et Thomas Duffus Hardy ont réuni dans les *Monumenta historica britannica*, t. I, p. i-iii, les passages de Diodore qui concernent les îles Britanniques.

une autorité de premier ordre, quoiqu'il manque d'originalité, comme nous l'avons dit, § 49, p. 205. Salluste, 86-34 avant notre ère (1), donne sur les Gaulois des renseignements trop peu considérables, pour que nous lui consacrions une notice spéciale. Nous avons déjà signalé ci-dessus au § 50, p. 113, le plus important des passages où, dans ses ouvrages, les Gaulois sont mentionnés.

(1) Teuffel-Schwabe, § 205, 206, t. I, p. 408-419; Schanz, partie I, § 128-134, p. 225-236. Cf. D. Bouquet, t. I, p. 300-301.

SEIZIÈME LEÇON.

10 mai 1901.

§ 53.

Timagène (1) était originaire d'Alexandrie, où il naquit probablement entre les années 80 et 75 avant J.-C.; il y fut fait prisonnier quand les Romains, commandés par Aulus Gabinius, s'emparèrent de cette ville, en l'an 55 avant J.-C., l'année où Jules César fit pour la première fois une expédition en Grande-Bretagne et, pour la première fois aussi, passa le Rhin. Gabinius, qui avait Timagène dans sa part de butin, le vendit à L. Cornelius Sulla Faustus, fils du dictateur. Affranchi probablement par Faustus, Timagène fonda à Rome une école, écrivit des livres, fut admis dans l'intimité d'Auguste et d'Asinius Pollion. Mais la franchise brutale de son langage mécontenta Auguste, qui lui interdit l'entrée de son palais. Cette trop hardie sincérité de Timagène fit fermer son

---

(1) Sur Timagène, voyez Christ, § 405, p. 570; *Fragmenta historicorum graecorum*, t. III, p. 317-323.

école; il vieillit à Tusculum chez Asinius Pollion et, probablement quelques années avant notre ère, mourut près d'Albe, dans le Latium, d'un excès de table, en faisant pour vomir d'inutiles efforts.

Ses écrits sont perdus, on n'en connaît que des citations. La plus longue a été donnée sous forme de traduction latine par Ammien Marcellin au quinzième de ses *Rerum gestarum libri*, écrits vers l'année 390 de notre ère (1).

Timagène paraît avoir connu la littérature mythologique des Gaulois, et aussi leur littérature épique.

Suivant lui, les Celtes, c'est-à-dire les habitants de la Gaule, sont pour partie indigènes, les autres viennent 1° des îles les plus éloignées, 2° des régions situées au delà du Rhin. Tel est, d'après lui, l'enseignement des *Drasidae*, lisez *Druidae*.

Les indigènes dont parle Timagène, c'est la population qui a précédé les Celtes.

Les îles les plus éloignées, *insulae extimae*, d'où serait venue une portion plus récente de la population, c'est-à-dire d'où serait arrivé le premier ban du groupe celtique, c'est une région située au delà de l'Océan et où, suivant la légende irlan-

---

(1) *Ammiani Marcellini rerum gestarum libri qui supersunt*, édition donnée chez Teubner par V. Gardthausen, en 1864, l. XV, c. 9, t. I, p. 68, 69; Cougny, t. II, p. 326-351; D. Bouquet, t. I, p. 544 BCD.

daise, règne Tethra, le roi des morts (1); en effet les Gaulois, suivant Jules César, l. VI, ch. 18, § 1, prétendent descendre de *Dispater*, c'est-à-dire du dieu des morts, et d'après Jules César, c'est, disent les Gaulois, l'enseignement des Druides.

La doctrine que Timagène attribue aux Druides, et celle que Jules César dit être propre aux mêmes Druides, sont identiques, malgré la différence de rédaction. Jules César néglige la plèbe, parle de l'aristocratie seule, quand il écrit que *tous* les Gaulois se disent descendants de *Dispater*; Timagène distingue la plèbe de l'aristocratie lorsque, après avoir mis à part la population indigène, c'est-à-dire la plèbe, réduite, dit Jules César, à un état voisin de la servitude (2), il raconte qu'une autre partie de la population est originaire des îles les plus éloignées, *alios quoque ab insulis extimis confluxisse*, et nous savons par la légende irlandaise que ces îles sont le pays des morts où règne Tethra, comme se nomme en Irlande le dieu que Jules César appelle *Dispater*.

Les évhéméristes de Grande-Bretagne et d'Irlande ont imaginé que le pays mystérieux des morts d'où venaient les vivants, devait être l'Espagne. Tacite, dans sa vie d'Agricola (3), se fait

---

(1) *Echtra Condla*, chez Windisch, *Kurzgefasste irische Grammatik*, p. 120, l. 3.
(2) *De bello gallico*, l. VI, c. 13, § 1, 2.
(3) Tacite, *Agricola*, c. 11, 4ᵉ édition donnée chez Teubner par

déjà un écho de cette hypothèse, quand il émet l'opinion que les Silures de Grande-Bretagne sont originaires d'Espagne ; c'est aussi d'Espagne que la légende irlandaise, dès le neuvième siècle, fait venir les fils de Mile, ancêtres des Irlandais (1).

Mais ces îles les plus éloignées dont parle Timagène sont les îles mystérieuses que les dieux, les déesses et les morts habitent, d'où, seuls des hommes vivants, quelques héros sont revenus, tel, parmi les Grecs, Ulysse quittant l'île de Calypso, tels, parmi les Irlandais, Mael-Duin et Cûchulainn.

A cette doctrine mythologique des Celtes, doctrine plus ou moins défigurée par les textes latins et grecs de l'antiquité, et, plus tard, par les auteurs irlandais du moyen âge, Timagène en joint une autre plus historique ; c'est qu'une partie des Celtes sont venus en Gaule des pays situés au delà du Rhin, d'où ils ont été chassés par des guerres multipliées et par des débordements de la mer. Le séjour des Gaulois à l'est du Rhin est connu de Jules César ; le célèbre écrivain latin sait qu'il fût un temps où à l'est du Rhin les Gaulois étaient plus puissants que les Germains : *Fuit antea tempus cum Germanos Galli virtute superarent.*

C. Halm, t. II, 1885, p. 251; Petrie et Thomas Duffus Hardy, *Monumenta historica Britannica*, t. I, p. XLII.

(1) Nennius chez Mommsen, *Chronica minora*, t. III, p. 137, l. 14, 18; *Lebar Gabala* dans le livre de Leinster, p. 11, col. 2, l. 46-49; cf. Livre de Ballymote, p. 20, col. 1, l. 48, 49.

Aujourd'hui encore, dit Jules César, aujourd'hui, c'est-à-dire au milieu du premier siècle avant notre ère, les *Volcae Tectosages* occupent les cantons les plus fertiles de la Germanie (1).

Pourquoi les Gaulois sont-ils partis des pays situés à l'est du Rhin? Cette émigration a eu deux causes, dit Timagène. Nous avons déjà parlé des débordements de la mer, dont certains Gaulois furent victimes au quatrième siècle avant notre ère, là où se trouve aujourd'hui le royaume des Pays-Bas. Ces débordements furent, suivant Timagène, une des causes qui força les Gaulois à passer de la rive droite sur la rive gauche du Rhin; mais la principale de ces causes fut la force des armes, *crebritas bellorum*, dit Timagène. Il avait été un temps où, par les armes, les Celtes, comme dit César, étaient supérieurs aux Germains, mais ceux-ci devinrent les plus forts à partir du troisième siècle avant J.-C. De là l'émigration des Belges qui vinrent s'établir sur la rive gauche, c'est-à-dire à l'ouest du Rhin.

C'est probablement à Timagène que nous devons de savoir ce que Tite-Live, au chap. 34 de son livre V, et Plutarque, *De virtutibus mulierum*, nous ont conservé de l'épopée du grand roi Ambicatus, c'est-à-dire d'une sorte de Charlemagne, qui régna sur les Celtes à l'époque de leur domination à l'est du Rhin dans la plus grande partie

---

(1) *De bello gallico*, l. VI, c. 24.

du territoire aujourd'hui occupé par les deux empires modernes d'Allemagne et d'Autriche : c'était vers la fin du cinquième siècle avant notre ère, il y a aujourd'hui environ deux mille quatre cents ans.

L'épopée gauloise peut se résumer ainsi : il y eut une fois chez les Celtes un *biturix*, c'est-à-dire un roi suprême, tel est le sens de ce mot, et la chose était bien connue dans le monde celtique ; Vercingétorix en est un exemple. Au temps où la royauté subsistait chez tous les peuples de la Gaule, le principat prétendu par les *Aedui* (1) aurait, en cas de succès, abouti à la constitution durable d'une royauté suprême éduenne, analogue à la royauté suprême arverne obtenue momentanément par Vercingétorix en l'année 52 avant J.-C. Le roi suprême épique des environs de l'an 400 s'appelait *Ambi-catus ;* on lit chez Tite-Live *Ambigatus* par un *g*, mais à ce *g* il faut substituer le *c*, qu'exigent l'irlandais *Imchad* (2) ou *Im-*

---

(1) *De bello gallico*, l. I, c. 31, § 3 ; cf. l. VI, c. 12, § 1.
(2) Livre d'Armagh, f° 19, a. 2 ; Whitley Stokes, *The tripartite Life*, t. II, p. 351, l. 4 ; cf. Hogan, *Documenta de sancto Patricio*, p. 116, l. 3, 9 ; Whitley Stokes, *The Martyrology of Gorman*, p. 184 ; Martyrologe de Tallacht, dans le Livre de Leinster, p. 363, col. 1 ; date : VII des calendes d'octobre ou 25 septembre. Dans *The Martyrology of Donegal*, publié par Todd et Reeves, 1864, p. 258, la leçon *Iomchaid* contient, à la dernière syllabe, un *i* de trop. La correction a été faite à la table, p. 511, où ce nom est écrit *Imchadh*.

§ 53. TIMAGÈNE.

chath (1), au génitif *Imchatho* (2), *Imchatha* (3).

La variante picte latinisée *Emchatus* (4) s'explique également par un primitif *Ambi-catus*. Ce mot composé paraît signifier : « grand guerrier ; » en effet, il faut probablement attribuer au préfixe gaulois *ambi-*, en irlandais *imm*, la valeur intensive (5), et reconnaître dans le second terme le substantif gaulois *catus*, « bataille, » au génitif **catouos*, **catós*, nécessaire pour expliquer le génitif irlandais *-catho*, *-catha*, dans *Imchatho*, *Imchatha*.

Ambicatus était brave et avait réussi. Son succès, non seulement lui avait été personnel, mais était celui de toute la nation celtique (6). La Gaule, c'est-à-dire la Celtique du temps, comprenait : 1° une grande partie de l'Allemagne actuelle et de l'empire d'Autriche ; 2° la France, moins le bassin du Rhône, moins aussi les départements voisins de la Méditerranée à l'ouest du Rhône ; 3° environ les deux tiers de la péninsule ibérique.

---

(1) Vie tripartite, ms. Egerton 93, Whitley Stokes, *The tripartite Life*, t. I, p. 210, note 12.

(2) Whitley Stokes, *The Calendar of Oengus*, p. v, l. 34, d'après le ms. Laud, 610, f° 60, a. 1.

(3) Whitley Stokes, *The tripartite Life*, t. I, p. 182, l. 1.

(4) *Vie de saint Columba*, par Adamnan, l. III, c. 14; éd. Reeves, p. 215; Metcalfe, *Pinkerton's Life of the Scottish Saints*, t. I, p. 191.

(5) Windisch, *Irische Texte*, t. I, p. 619, col. 1, au mot *imm-*; Zeus-Ebel, *Grammatica celtica*, 2ᵉ éd., p. 877.

(6) « Virtute fortunaque cum sua tum publica praepollens. » Tito-Live, l. V, c. 34, § 2.

Cette vaste Gaule, non pas la Gaule de César, mais la Celtique ou Gaule de Denys d'Halicarnasse, près d'un quart de l'Europe (1), était, dit le récit épique, si fertile en fruits de la terre et en hommes qu'il était bien difficile à un seul roi de gouverner une si nombreuse multitude.

Voulant éviter à son royaume les embarras que devait causer l'accroissement exagéré du nombre des naissances et de la population, Ambicatus profita de ce que sa sœur lui avait donné deux neveux, Bellovesus et Segovesus, jeunes gens énergiques, *sororis filios, impigros juvenes*. Nous trouvons déjà ici, dans la traduction latine de Timagène par Tite-Live, une trace de l'homonymie de l'irlandais *nia*, « fils de sœur, » *mac sethar* (2) et *nia*, « héros, » *tren-fer*, littéralement « fort homme (3). » *Bello-vesus*, mieux *Belo-visus*, *Sego-vesus*, mieux *Sego-visus*, paraissent signifier, le premier, « celui qui a la science de tuer, » le second, « celui qui a la science de vaincre. » C'étaient des noms qui présageaient les succès à la guerre, ce sont des noms épiques.

Ambicatus envoya ses deux neveux faire des conquêtes et s'établir dans les pays que les dieux,

---

(1) « Μὴ πολὺ ἀποδεῖν τετάρτη λέγεσθαι μοῖρα τῆς Εὐρώπης. » Denys d'Halicarnasse, l. XIV, c. 1; édition donnée chez Didot par A. Kiessling et V. Prou, p. 701, l. 1; Cougny, t. II, p. 480-481.

(2) Glossaire de Cormac, chez Whitley Stokes, *Three irish Glossaries*, p. 31; cf. Windisch, *Irische Texte*, t. I, p. 708, col. 1.

(3) Whitley Stokes, *Sanas Cormaic*, traduction, p. 125; cf. Windisch, *Irische Texte*, t. I, p. 708, col. 1.

par des présages, leur indiqueraient. Chacun d'eux devait emmener autant d'hommes qu'il voudrait, autant qu'il en faudrait pour rendre la résistance impossible aux peuples attaqués. Le sort donna à *Sego-visus* le pays qu'entoure la forêt Hercynie, c'est-à-dire la Bohême ; à *Belo-visus*, l'Italie.

Sur la route de celui-ci s'élevaient les Alpes qui semblaient infranchissables, qu'aucune route ne traversait; qui, s'élevant jusqu'au ciel, paraissaient former la limite de deux mondes étrangers l'un à l'autre. *Belovisus* avec son armée monta au-dessus de cette formidable barrière et descendit en vainqueur de cet obstacle naturel. C'était au nord-est de la péninsule. Il était arrivé par la Carinthie au Birnbaumerwald, l'*Alpis Julia* des anciens, d'où il entra dans le Frioul, et de là gagna le bassin du Pô.

Il emmenait avec lui non seulement les guerriers qui l'avaient accepté pour chef, mais avec eux leurs femmes. Avant de passer les Alpes, la discorde s'était jetée dans son armée. Deux partis se formèrent alors. Chacun prit les armes. Une bataille allait s'engager; mais les femmes s'interposèrent. Elles vinrent se placer entre les deux corps d'armée, s'érigèrent en juges, comme le devaient faire plus tard les Druides. Leur sentence fut acceptée, et ces guerriers, qui allaient s'entretuer, redevinrent amis (1). Unis, ils passèrent

---

(1) Plutarque, *De mulierum virtutibus*, c. 6; *Moralia*, éd. Didot,

§ 53. TIMAGÈNE.

les Alpes et firent la conquête de l'Italie septentrionale, possédée alors par les Etrusques.

Timagène, tel que nous le connaissons par Tite-Live, a complètement défiguré ce récit. Il avait lu les *Commentaires* de Jules César. Pour Timagène et Tite-Live, la Celtique n'est autre chose que ce tiers de la Gaule Transalpine habité par les *Celtae*, autrement dit *Galli*, c'est-à-dire, conformément aux *Commentaires*, la région située entre la Seine et la Marne au nord-est, la Garonne au Sud (1). Par conséquent, les compagnons de Bellovèse, ou mieux *Belovisus*, sont les peuples principaux de cette région. Ce sont les *Arverni*, les *Senones*, les *Aedui*, les *Ambarri*, les *Carnutes*, les *Aulerci*. Mais, malgré la bonne volonté de Timagène et de Tite-Live, il y a quatre de ces peuples qu'ils ne parviennent pas à retrouver en Italie : ce sont les *Ambarri*, les *Arverni*, les *Bituriges*, les *Carnutes*; Enfin, ils ne peuvent même essayer d'expliquer la présence des *Boii* dans la Gaule Cisalpine. Avant Jules César, il n'y avait pas de *Boii* entre la Seine et la Garonne. Enfin, au passage par les Alpes

---

t. I, p. 304; Cougny, t. III, p. 314-317; D. Bouquet, t. I, p. 415 B, 416 A; comparez à ce récit la légende des Sabines, Tite-Live, l. I, c. 13, qui provient probablement d'une vieille épopée romaine. Il en est déjà question dans les Annales de Cn. Gellius, deuxième siècle avant J.-C. : H. Peter, *Historicorum romanorum relliquiae*, t. I, p. 168; cf. p. CCXXXVIII et suivantes; *Historicorum romanorum fragmenta*, p. 94.

(1) *De bello gallico*, l. I, c. 1, § 1, 2.

Juliennes à l'est, Timagène et Tite-Live ajoutent un passage par les *Taurini*, par Turin à l'ouest, hypothèse invraisemblable à une date où les Ligures étaient maîtres du bassin du Rhône.

Ainsi, Timagène et Tite-Live font un anachronisme de trois siècles et demi. Ils transportent à l'année 396 avant J.-C. la géographie politique des années 58-51 avant J.-C. Que dis-je? Imaginant que l'invasion Celtique en Gaule Cisalpine date du règne de Tarquin l'Ancien, des environs de l'an 600 avant J.-C., ils font remonter à tout près de cinq siècles et demi en arrière la géographie politique des *Commentaires* de Jules César, comme si dans un espace de temps si long il n'y avait eu ni guerres, ni conquêtes, ni migrations de peuples.

Le synchronisme avec le règne de Tarquin l'Ancien donnant une date à l'établissement celtique en Italie est une invention grecque. Les récits épiques et légendaires celtiques sur lesquels s'appuie l'histoire des expéditions de *Belovisus* et de *Segovisus* ne pouvaient contenir une date quelconque. Les savants qui défendent la chronologie proposée ici d'après Timagène par Tite-Live ne savent ce que c'est que les épopées transmises par la tradition. Jamais ces épopées ne fournissent une donnée chronologique précise et sur laquelle on puisse fonder une doctrine historique. D'ailleurs, l'hypothèse de la conquête gauloise de l'Italie du nord vers le commencement du sixième siècle avant J.-C. est inconciliable avec la domination étrusque qui a persisté dans cette région jusque vers la fin du cinquième siècle (1).

(1) Voyez Müllenhoff, *Deutsche Altertumskunde*, t. II, p. 250 et suivantes. La doctrine de Heinrich Nissen, *Italische Landeskunde*, t. I, p. 476, note, est arbitraire; cf. Mommsen, *Rœmische Geschichte*, t. I, 6ᵉ édition, p. 326, 327.

DIX-SEPTIÈME LEÇON.

17 mai 1901.

§ 54.

De Timagène furent contemporains Varron, Cornelius Nepos, Virgile, Properce, Vitruve, Horace, Denys d'Halicarnasse, Tite-Live, Trogue-Pompée, Nicolas de Damas, Grattius Faliscus, Ovide.

Varron, M. Terentius Varro, né l'an 116 av. J.-C., mort à l'âge de quatre-vingt-neuf ans, en l'an 27, écrivit beaucoup d'ouvrages tant en vers qu'en prose (1). Son traité *De re rustica*, en trois livres composés à l'âge de quatre-vingts ans, c'est-à-dire trente-sept ans avant notre ère (2), contient quelques détails intéressants sur l'histoire des Gaulois.

Varron y raconte qu'étant dans la Gaule Transalpine, près du Rhin, avec le commandement d'une armée, il a vu des pays où il n'y avait ni vignes,

---

(1) Teuffel-Schwabe, § 164-169, t. I, p. 284-300; Schanz, 1re partie, § 182-193 a, p. 360-379.

(2) Teuffel-Schwabe, § 168, t. I, p. 298; Schanz, § 193; 1re partie, p. 377-378.

ni oliviers, ni pommiers, où l'on fumait la terre avec une matière blanche fossile appelée en latin *creta*, « craie (?). » Dans ces régions, le sel manquait ; on ne l'avait ni fossile, c'est-à-dire tiré des profondeurs du sol, ni provenant de l'eau de mer, et on le remplaçait par des charbons salés que produisait la combustion de certains bois (1).

Varron dit que dans l'*ager gallicus*, probablement la Gaule Cisalpine, on clôt les propriétés en construisant autour d'elles des murs en briques cuites (2). Il raconte que, suivant Saserna, qui écrivait vers l'an 100 av. J.-C. (3), quatre journées d'homme suffisaient pour cultiver un *jugerum*, soit 25 ares 23 centiares, dans la Gaule Cisalpine (4). Dans le même *ager gallicus*, toujours la Gaule Cisalpine, on préfère les petits troupeaux aux grands, parce qu'on craint les maladies épidémiques (5).

Varron vante les cochons de la Gaule Transalpine et Cisalpine, notamment les jambons de *Comacina*, ville dont la situation n'est pas déterminée, mais qui paraît avoir été située dans la Gaule Narbonnaise, et ceux des *Cavari*, dont la capitale était Valence (Drôme) ; il admire aussi les quartiers de cochons des *Insubres*, dont la capitale était Milan.

---

(1) L. I, c. 7, § 8; édition donnée chez Teubner par Henri Keil, 1889, p. 22-23.
(2) L. I, c. 14, § 4; édition H. Keil, p. 32, l. 4-5.
(3) Teuffel-Schwabe, § 160; t. I, p. 269.
(4) L. I, c. 18, § 6; éd. H. Keil, p. 37, l. 21, 23.
(5) L. II, c. 3, § 9; éd. H. Keil, p. 89, l. 15-18.

§ 55. CORNELIUS NEPOS.

Ces cochons étaient si gros que, vivants, ils ne pouvaient marcher ; il fallait les transporter en voiture (1).

La plupart des bœufs gaulois sont, dit-il, de de bons animaux de travail (2).

Dans son quatorzième livre, *Rerum divinarum*, il dit que *petorritum* est un mot gaulois (3). C'est le nom du chariot à quatre roues.

Un certain T. Pompeius, raconte Varron, eut en Gaule Transalpine un parc de chasse qui avait de contenance quarante mille pas carrés, soit plus de huit hectares (4). Les lièvres de Gaule Transalpine, nous dit aussi Varron, sont très grands, et sur les Alpes il y en a de tout blancs (5).

Enfin, dans son traité de la langue latine, Varron attribue aux Gaulois l'invention de la cotte de mailles (6).

§ 55.

Cornelius Nepos, plus jeune que Varron, vécut

---

(1) L. II, c. 4, § 10-11 ; éd. H. Keil, p. 93, l. 11. Sur Coracina, voyez Pline, l. III, § 36; édition donnée chez Teubner, en 1870, par C. Jan, t. I, p. 130, l. 23 ; cf. variantes, p. XXXIV ; De Vit, *Totius latinitatis Onomasticon*, t. II, p. 386.

(2) L. II, c. 5, § 10 ; éd. H. Keil, p. 99, l. 9.

(3) Aulu-Gelle, *Noctes Atticae*, l. XV, c. 30, § 7 ; édition donnée chez Teubner par Martin Herz, 1871-1872, t. II, p. 147.

(4) L. III, c. 12, § 2, éd. H. Keil, p. 149, l. 28-30.

(5) L. III, c. 12, § 5, 6 ; éd. H. Keil, t. I, p. 150, l. 22, 26.

(6) *De Lingua latina*, l. V, § 116, éd. donnée chez Weidmann par A. Spengel, p. 48, l. 11-12.

de l'an 99 à l'an 24 avant J.-C. Il était originaire de la Gaule Cisalpine. On a conservé de lui des vies d'hommes célèbres, tant généraux d'armée qu'historiens ; ses autres ouvrages sont perdus, par exemple des chroniques qu'a citées Catulle, mort vers l'année 52. Nous mentionnerons aussi un traité de géographie (1) ; de cet ouvrage ou plutôt des chroniques est extrait le passage où, parlant de *Melpum*, ville située au nord du Pô, Cornelius Nepos dit que cette ville fut détruite par les *Insubres*, les *Boii*, les *Senones*, le jour où Camille prit *Veii* (396 avant J.-C.). Ce passage nous a été conservé par une citation de Pline l'ancien (2).

§ 56.

Tibulle, Albius Tibullus, né en 54 avant J.-C., mort en l'an 19, chanta dans une de ses élégies (l. I, él. 7) le triomphe de M. Valerius Messala Corvinus, vainqueur des Aquitains dans une bataille livrée l'an 726 ou 727 de Rome, 28 ou 27 avant J.-C. (3).

(1) Teuffel-Schwabe, § 198, t. I, p. 385-392 ; Schanz, § 123, 1re partie, p. 217-218 ; Hermann Peter, *Historicorum romanorum fragmenta*, p. 217-227.

(2) Pline, l. III, § 125 ; édition C. Jan, t. I, p. 148, l. 23-26 ; D. Bouquet, t. I, p. 54 BC.

(3) Sur Tibulle, voyez Teuffel-Schwabe, § 245, t. I, p. 545-551. Schanz, 2e partie, § 279-281, p. 153-160. Sur la victoire de Messala Corvinus, voyez Appien, *De bellis civilibus*, l. IV, c. 38 ; éd. Didot, p. 412 ; Cougny, t. IV, p. 126-127 ; D. Bouquet, t. I,

§ 57.

Virgile, P. Vergilius Maro, né en 70 avant J.-C., mort l'an 19 (1), consacra à son Enéïde les dix dernières années de sa vie (29-19 avant J.-C). Il y a chanté le triomphe du consul M. Claudius Marcellus sur *Virdomaros* en 222 (2) et la gloire de Manlius Capitolinus précipitant du haut du Capitole, en 390, les Gaulois à la chevelure dorée. Ces Gaulois sont vêtus de tuniques dorées, de manteaux rayés, *virgatis sagulis*; ils portent des colliers d'or autour de leurs cous blancs comme lait. Leurs armes offensives sont des javelots, *gaesa*, deux pour chacun, leurs armes défensives de longs boucliers (3).

§ 58.

Properce, Sextus Propertius, est un poète qui vécut de l'an 49 à l'an 15 environ avant J.-C. (4).

---

p. 459 A; Petrie et Thomas Duffus Hardy, *Monumenta historica britannica*, t. I, p. LXXXVIII; *Acta triumphorum* dans *Corpus inscriptionum latinarum*, t. I, 2ᵉ éd., p. 50; Mommsen, *Roemische Geschichte*, t. V, 2ᵉ édition, p. 72, 73.

(1) Teuffel-Schwabe, § 224-231, t. I, p. 481-511; Schanz, 2ᵉ partie, § 218-250, p. 27-95.

(2) *Enéïde*, l. VI, vers 855-859. E. Benoist, *Les Œuvres de Virgile*, Hachette, t. II (1869), p. 361; D. Bouquet, t. I, p. 663 D.

(3) *Enéïde*, l. VIII, vers 651-662; édition E. Benoist, t. III (1872), p. 97; D. Bouquet, t. I, p. 663 E.

(4) Teuffel-Schwabe, § 246, t. I, p. 551; Schanz, 2ᵉ partie, § 285-290,

Il est l'auteur d'élégies, dont une raconte avec détails intéressants la défaite du roi gaulois *Virdomaros* par le consul M. Claudius Marcellus en 222 avant J.-C. (1). Dans cette pièce sont mentionnées les roues du char de guerre sur lequel était monté le chef gaulois, la culotte rayée dont il était vêtu, les javelots, au pluriel *gaesa*, dont il était armé, le collier, *torques*, dont était orné son cou.

§ 59.

Vitruve, Vitruvius Pollio, écrivit vers l'an 14 avant notre ère un traité d'architecture (2), où il mentionne les maisons des Gaulois, couvertes en bardeaux de chêne ou en paille (3). A Marseille même, dit-il, il y a des maisons couvertes en chaume mélangé de terre (4). Il distingue la Gaule,

---

p. 171-186; D. Bouquet, t. I, p. 663 DE; Petrie et Thomas Duffus Hardy, *Monumenta historica britannica*, t. I, p. LXXXIX.

(1) Livre V ou I. IV, élégie 10, v. 39-45; édition donnée chez Teubner, en 1874, par L. Müller, p. 115; par E. Bährens chez le même, 1880, p. 192; par Max Rothstein chez Weidmann, 1898, t. II, p. 304-305, 380-381; cf. Pauly, *Realencyclopaedie*, t. VI, p. 100-101. Je persiste à croire que dans l'élégie de Properce, vers 41, la correction *Brenno* pour *Rheno* n'est pas justifiée. Je ne puis, sur ce point, me rendre aux raisons de M. Rothstein.

(2) Teuffel-Schwabe, § 264, t. I, p. 622; Schanz, 2ᵉ partie, § 355, p. 347-355.

(3) *De Architectura*, l. II, c. 5, § 4; édition donnée chez Teubner par Valentin Rose, 1899, p. 33, l. 17-18.

(4) *De Architectura*, l. II, c. 1, § 5; édition Valentin Rose, 1899, p. 34, l. 14, 15; D. Bouquet, t. I, p. 663 B.

§ 60. HORACE.

Gallia, de la Celtique, *Celtica* : suivant lui, le Rhône coule en Gaule, le Rhin en Celtique (1), *Gallia* est probablement encore pour Vitruve la province romaine, telle qu'elle existait, comme fraction de la Gaule Transalpine, avant les conquêtes de Jules César; *Celtica*, chez Vitruve, c'est la Celtique telle que l'entend encore après Vitruve Denys d'Halicarnasse, c'est la Celtique que « coupe par le milieu le Rhin, le plus grand, croit-on, des fleuves d'Europe, le Danube excepté (2). »

§ 60.

Horace, Q. Horatius Flaccus, né l'an 65 avant notre ère, mourut en l'an 8 (3). Au livre IX de ses Epodes, ode 9, il montre au moment de la bataille d'Actium, 31 avant J.-C., deux mille cavaliers gaulois qui abandonnent l'armée d'Antoine, pour celle de son heureux adversaire, le fils adoptif de Jules César; ils vont chantant la gloire de César : *canentes Caesarem* (4). Dans ses *Carmina*, l. I, ode 8,

---

(1) *De Architectura*, l. VIII, c. 2, § 6; édition Valentin Rose, 1899, p. 188, l. 8, 9.

(2) Denys d'Halicarnasse, l. XIV, c. 1, § 2, édition donnée chez Didot par A. Kiessling et V. Prou, p. 700-701; Cougny, t. II, p. 480-481; D. Bouquet, t. I, p. 664 AC; Petrie et Thomas Duffus Hardy, t. I, p. LXXXVIII-LXXXIX.

(3) Teuffel-Schwabe, § 234, t. I, p. 514; Schanz, 2ᵉ partie, § 251-266, p. 95-135.

(4) Edition donnée chez Teubner, en 1899, par MM. Otto Keller et A. Holder, t. I, p. 308-309; D. Bouquet, t. I, p. 664 C.

238   § 61. DENYS D'HALICARNASSE.

v. 6, 7, on voit les élégants de Rome s'exerçant à dompter des chevaux gaulois (1). Au livre IV, ode 14 du même recueil, Horace vante la bravoure qui distingue les guerriers de la Gaule :

> te non paventis funera Galliae,

et il l'oppose à la férocité des *Sygambri*, les ancêtres des Francs :

> te caede gaudentes Sygambri.

Les uns et les autres ont pour Auguste le même respect. Dans la même ode, il a, quelques vers plus haut, rappelé la soumission récente de trois peuples gaulois, les *Vindelici*, les *Genauni* et les *Breuni*, Bavière et Tyrol (2).

§ 61.

Denys d'Halicarnasse, Διονύσιος ὁ Ἁλικαρνασσεύς, a terminé ses *Antiquités Romaines*, Ῥωμαικὴ ἀρχαιολογία, en l'an 8 avant J.-C. (3). Il s'est, sur certains points, asservi aux *laudationes funebres* et aux doctrines historiques acceptées d'après elles par Claudius Quadrigarius ; il croit en conséquence aux

---

(1) Edition donnée par Otto Keller et A. Holder, p. 26; D. Bouquet, t. I, p. 664 B.
(2) Otto Keller et A. Holder, *ibid.*, p. 274.
(3) Christ, § 463-464, p. 637-642 ; Croiset, t. V, p. 356-374.

légendes généralement reçues de son temps sur M. Furius Camillus, sur Brennus, sur Manlius Capitolinus, sur Manlius Torquatus et sur Valerius Corvinus (1). Mais chez lui tout n'a pas une valeur aussi contestable. Il sait qu'il y a des Ligures en Gaule (2), qu'en Gaule on fait encore des sacrifices humains (3); il sait que de son temps les Gaulois gardent leur religion (4); il précise la date de la prise de Rome par les Gaulois (5); il croit, comme Polybe, que la date de l'invasion gauloise dans le bassin du Pô a de peu de temps précédé la prise de Rome, et, détail nouveau, il explique cette invasion par la vengeance d'un mari offensé : ce mari est un Etrusque qui, ne pouvant obtenir de ses compatriotes la punition d'un adultère, demanda et obtint le concours de l'étranger (6).

(1) Denys d'Halicarnasse, l. XIII, c. 6-12; l. XIV, c. 8, 9; l. XV, c. 1; édition donnée chez Didot par A. Kiessling et V. Prou, p. 697-700, 703-707; Cougny, t. II, p. 466-479, 482-489, 490-493.

(2) Denys d'Halicarnasse, l. I, c. 10; éd. A. Kiessling et V. Prou, p. 8, l. 6, 8; Cougny, t. II, p. 458-459; D. Bouquet, t. I, p. 368 B.

(3) Denys d'Halicarnasse, l. I, c. 38; éd. A. Kiessling et V. Prou, p. 27, l. 19-22; Cougny, t. II, p. 460-461; D. Bouquet, t. I, p. 368 B.

(4) Denys d'Halicarnasse, l. VII, c. 70; éd. A. Kiessling et V. Prou, p. 449, l. 35-39; Cougny, t. II, p. 464-467.

(5) Denys d'Halicarnasse, l. I, c. 74; éd. A. Kiessling et V. Prou, p. 54, 55; Cougny, t. II, p. 462-465; D. Bouquet, t. I, p. 368 BC.

(6) Denys d'Halicarnasse, l. XIII, c. 10, 11; éd. A. Kiessling et V. Prou, p. 699-700; Cougny, t. II, p. 474-478.

§ 62.

L'ouvrage de Tite-Live, Titus Livius, *Annales*, *Ab urbe condita libri*, a été terminé vers la même date que celui de Denys d'Halicarnasse. Il a dû être commencé vers l'année 27 avant J.-C., et l'événement le plus récent qui y est rapporté date de l'an 9 (1). C'est une des sources les plus importantes de l'histoire des Gaulois, mais nous nous en tiendrons aux critiques que déjà nous avons adressées à l'auteur : le temps nous manque pour citer les nombreuses indications authentiques qu'il fournit (2).

Ici nous nous bornerons aux observations que voici.

Chez Tite-Live, l. V, ch. 34, § 8, la leçon qui paraît établie par les manuscrits et que j'appellerai leçon A, indique ainsi qu'il suit le chemin ou les chemins par où les Gaulois pénétrèrent en Italie : *Ipsi per Taurinos saltusque Iuliae Alpis transcenderunt*. Mais les deux termes *Taurini*, environs de Turin, nord-ouest de l'Italie, *Julia Alpis*, Birnbaumer Wald, nord-est de l'Italie, ont paru contradic-

---

(1) Teuffel-Schwabe, §§ 256, 257, t. I, p. 587-602; Schanz, 2ᵉ partie, 1ʳᵉ section, §§ 321-327, p. 251-272. D. Bouquet, t. I, p. 321-368.

(2) Sur Tite-Live, consulter Wilhelm Soltau, *Livius Geschichtswerk, seine Composition und seine Quellen ; ein Hilfsbuch für Geschichtsforscher und Liviusleser*, Leipzig, Th. Weicher, 1897.

toires à la plupart des érudits qui se sont occupés de ce passage. Le savant alsacien Beatus Rhenanus, de son nom de famille Bild, 1485-1547, a écrit à ce sujet ce qui suit : *M. Antonius Sabellicus libro secundo de vetustate Aquileiae, propterea quod hic mentio fit Alpis Juliae, dubitat an Taurinorum nomine Liuius Tauriscos intelligat illos, qui Noricis et Carnis vicini fuere. Et tandem argumenta affert, quibus clarum euadit per proximas Alpes, non ita procul a Massiliensibus, in Italiam Gallos transisse...* Voici la conclusion de Beatus Rhenanus : *Proinde fieri potest, ut iam olim scriptura vitiata fuerit (nam consentit Vormaciense exemplar cum vulgatis editionibus), sic stante sinceriore lectione :* Ipsi Taurino saltu inuias Alpeis transcenderunt (1). C'est ce que j'appellerai la leçon B.

La leçon B, proposée par Beatus Rhenanus, fut adoptée par Carlo Sigone (Carolus Sigonius), auteur d'une édition de Tite-Live qui parut en 1555. Voici comment Sigone s'exprime sur la leçon A : Ipsi per Taurinos saltusque Iuliae alpis transcenderunt. *Itaque assentior Beato Rhenano acutis-*

---

(1) *In T. Liuii Patauini, historicorum romanorum longe uberrimi et facile principis, opera, quae supersunt, noue nunc edita, recognita, et ad vetustissimorum mss. codicum Fuldensium, Moguntinensium et Coloniensium fidem emendata a Francisco Modio Brugensi, obseruationes, emendationes, animaduersiones, annotationes denique variae variorum...* Francofurti ad Moenum apud Joannem Wechelum, 1588, in folio, p. 431-432. François Modius de Bruges vécut de 1556 à 1597.

simo viro, qui hunc locum ita legit : Ipsi Taurino saltu inuias alpis transcenderunt (1).

Henri Lorit de Glaris (Henricus Loritus Glareanus), 1488-1565, s'exprime à peu près dans les mêmes termes : Saltusque Iuliae Alpis. *Iuliae Alpis in eo tractu haud scio num quis alius aucte præter Liuium meminerit. Certe Cornelius Tacitus Iulias vocat Alpes, quae versus Carnos sunt* (2). *Nisi in Liuio sit anticipatio, quod mihi non placet. Ideoque facile assentior D. Beato Rhenano hunc locum recte restituenti, ut legatur :* Ipsi Taurino saltu inuias Alpes transcenderunt (3).

Cette leçon B, qui a prévalu au seizième siècle, a persisté dans plusieurs éditions postérieures. On la trouve dans l'édition de Paris, 1649, reproduite par D. Bouquet, t. I, p. 322 *C.* Nous citerons ensuite l'édition qui a été donnée à Amsterdam, chez Louis et Daniel Elzévir, en 1665, par Jean-Frédéric Gronovius, t. I, p. 433. A la page 311 de celle d'Oxford, 1708, dont l'épître dédicatoire est signée Tho. Hearne, on trouve aussi dans le texte la leçon B : *Ipsi Taurino saltu invias Alpeis transcenderunt ;* mais, dans une note, après avoir dit que

---

(1) Voir l'ouvrage précité de François Modius, p. 105, sous ce titre : *Caroli Sigonii scholia quibus Titi Liuii Patavini historiae et earum epitomae partim emendantur, partim etiam explanantur.*

(2) Tacite, *Histoires*, l. III, c. 8.

(3) François Modius, p. 27, sous ce titre : *In T. Liuii librum quintum Henrici Glareani Loriti annotationes.*

telle est la leçon adoptée par Rhenanus, Glareanus et Sigonius, l'auteur donne la vieille leçon A :
Ipsi per Taurinos saltusque Juliae Alpis. La même leçon B se trouve encore dans la réimpression de l'édition Drakenborch, Venise, 1791, t. I, p. 476 ; cf. notes, p. 544.

La leçon B reparaît légèrement modifiée en 1738, au tome II, p. 149 de la première édition Drakenborch, datée d'Amsterdam et Leyde : *Ipsi per Taurinos saltusque invios Alpes transcenderunt;* c'est une variante que nous désignerons par la lettre C, et qu'a adoptée, en 1821, l'édition Lemaire, t. II, p. 189. Cette leçon C est aussi celle de l'édition Tauchnitz, t. I (1848), p. 360.

Une quatrième leçon, que j'appellerai E, est due à Madvig (1) : *Ipsi per Taurinos saltus* [vallem]*que Duriae Alpes transcenderunt.* C'est celle qu'on trouve dans les éditions de Tite-Live données en 1882 (2) et en 1883 (3) par H.-J. Müller, chez Weidmann. Franz Luterbacher : *Titi Livi ab urbe condita liber V,* Teubner, 1887, p. 65, l'a aussi adoptée ; mais, p. 108, l'auteur constate que la

---

(1) Io. Nic. Madvigii *emendationes Liuianae iterum auctiores editae,* 1877, p. 145.

(2) *Titi Livi ab urbe condita libri erklaert von W. Weissenborn,* Zweiter Band, zweites Heft. Buch IIiI, und V. Fünfte Auflage, besorgt von H.-J. Müller, p. 201.

(3) *Titi Livi ab urbe condita libri,* recognovit, H.-J. Müller. Pars III, libros IV et VI continens, p. 2ε.

plupart des manuscrits portent : *Saltusque iuliae*, ce qui est notre leçon A. Font exception les manuscrits de Paris 5725, dixième siècle, où on lit : *Saltusque iuliae alte* et le *Harleianus primus*, où l'on trouve écrit avec *r* au lieu d'*l* : *Saltusque iuriae*.

Quant à moi, avec Weissenborn, au tome I, p. 291 de ses éditions de Tite-Live données chez Teubner en 1879, en 1889 et en 1893, je crois qu'il faut s'en tenir à la leçon A : *Ipsi per Taurinos saltusque Juliae Alpis transcenderunt* (1). Tite-Live réunit dans ce passage deux versions difficilement conciliables, l'une ancienne et conforme à la réalité : *Saltus Juliae Alpis*, l'autre plus récente et erronée : *per Taurinos*. Celle-ci était une conclusion tirée de la croyance qu'à l'époque de l'invasion celtique en Italie, les Gaulois étaient déjà maîtres de presque tout le bassin du Rhône, comme au deuxième siècle avant J.-C., quand la conquête romaine commença dans la Gaule Transalpine. Tite-Live a, sans critique, copié les deux versions, laissant à l'avenir le soin de les concilier ou de faire le choix entre elles.

La première version : *Saltus Juliae Alpis*, s'accorde avec ce que nous savons de l'antique éta-

---

(1) Weissenborn avait hésité là-dessus. Dans *Titi Livi ab urbe condita libri erklaert von W. Weissenborn*, 4ᵉ édition, Weidmann, 1874, p. 354-355, l'auteur, maintenant la leçon A dans le texte, dit en note qu'elle est altérée et propose de lire *Cottiae* pour *Juliae*.

blissement des Gaulois dans une grande partie de l'Allemagne moderne et de l'empire d'Autriche ; elle émane probablement de Cornelius Nepos, qui l'aurait donnée dans sa chronique. On sait que cette chronique en trois livres était écrite quand le poète Catulle, mort peu après l'an 54 avant J.-C., dédia à Cornelius Nepos un recueil de vers. Catulle, dans sa dédicace, parle de cette chronique :

>...Cum ausus es, unus Italorum,
>   Omne aevum tribus explicare chartis.

Cette chronique est d'environ trente ans postérieure aux *Historiae* ou *Rerum gestarum libri* de Sempronius Asellio, qui mettaient en Gaule, *in Gallia*, la ville de *Noreia*, aujourd'hui Neumarkt, dans l'empire d'Autriche en Styrie (1); mais elle est de plus de quarante ans antérieure à Tite-Live.

Dans cette chronique, Cornelius Nepos, né dans le pays des Insubres, c'est-à-dire à Milan ou dans les environs, s'occupait, entre autres choses, de l'invasion gauloise en Italie. Par exemple il y fixait la date, 396 avant J.-C., de la destruction de Melpum, entre les Alpes et le Pô, par les *Insubres*, les *Boi* et les *Senones*, comme Pline l'ancien nous l'apprend en son livre III, § 125.

Per Taurinos est vraisemblablement la doctrine de Timagène. Ecrivant après la publication des

---

(1) H. Peter, *Historicorum romanorum relliquiae*, t. I, p. 183; *Historicorum romanorum fragmenta*, p. 111.

commentaires *De bello Gallico*, qui sont postérieurs à Cornelius Nepos, qui ont été publiés l'an 51 av. J.-C., Timagène a dû donner aux mots « celtique » et « Gaule » le sens que Jules César leur attribue, et croire que ces expressions désignaient exclusivement une région située à l'ouest des Alpes et du Rhin.

Suivant M. Wilhelm Soltau, *Livius' Geschichtswerk, seine Composition und seine Quellen* (1897), p. 181, 204, la source de Tite-Live au ch. 34 de son livre V est vraisemblablement Cornelius Nepos. Disons une des sources : quand le même M. Soltau soutient, p. 203, qu'à l'exception de Polybe, Tite-Live n'a consulté directement aucun historien grec, il s'avance beaucoup trop, car c'est à Timagène que Tite-Live paraît avoir emprunté une partie du récit de l'invasion gauloise en Italie.

§ 63.

En même temps que Tite-Live, écrivait Trogue Pompée, Cn. Pompeius Trogus, de la tribu gauloise des Vocontii, dont la ville principale était Vaison (Vaucluse). Son grand-père avait pris part à la campagne de Pompée contre Sertorius, en Espagne; pendant les années 76-71 avant J.-C., 678-683 de Rome ; et Pompée lui avait donné le droit de cité romaine. Le fils de ce protégé de Pompée s'appela comme son père Cn. Pompeius

§ 63. TROGUE POMPÉE.

Trogus; il fit partie de l'armée de Jules César en Gaule, et quand un des lieutenants du futur dictateur, Q. Titurius Sabinus, campé avec une légion et demie dans le pays des Eburons, près de Tongres, fut attaqué par le roi des Eburons, Ambiorix, il servit d'interprète à Titurius Sabinus et fut envoyé par lui en ambassade au roi Ambiorix (1). C'était dans l'hiver des années 54-53 avant J.-C., 700-701 de Rome. Trogue Pompée l'historien appartient à la troisième génération. Son ouvrage, *Historiae philippicae*, en quarante-quatre livres, se terminait en l'an 9 avant J.-C., 745 de Rome, et il est composé en grande partie au moins d'après une source grecque qui paraît être Timagène. La vaste composition de Trogue Pompée est perdue; mais nous en avons l'abrégé fait par Justin, M. Junianus Justinus, au temps des Antonins, 138-192 de notre ère (2).

On y trouve sur l'histoire des Gaulois beaucoup de détails importants. Ainsi en son livre XX, ch. 5, § 8, il donne une liste de villes fondées par les Gaulois en Italie : ce sont Milan, Côme, Brescia, Vérone, Bergame, Trente et Vicence (3), les deux premières attribuées par Ptolémée aux *Insubres*, les quatre suivantes aux *Cenomani*, deux peuples

---

(1) *De bello gallico*, l. V, c. 36.

(2) Teuffel-Schwabe, § 258, p. 602-604; Schanz, 2ᵉ partie, section I, § 328-330, p. 272-282.

(3) Justin, l. XX, c. 5, § 8, édition donnée chez Teubner par J. Jeep, 1859, p. 126; D. Bouquet, t. I, p. 479 A.

gaulois, mais la dernière aux *Veneti*, qui, on le sait, étaient non pas Gaulois, mais Illyriens (1).

Conformément à l'arrangement de Timagène, conservé par Ammien Marcellin, Trogue Pompée explique les migrations des Gaulois par l'excès de population, *abundanti multitudine* (2); il nous fait connaître le résultat de l'impossibilité où était Ambicatus de bien gouverner une si grande multitude d'hommes, ce résultat était la guerre civile, *intestina discordia et assiduae domi dissentiones* (3). Mais Trogue Pompée ne paraît pas avoir admis le synchronisme de la fondation de Marseille et du règne de Tarquin l'Ancien avec l'invasion gauloise en Italie (4), puisqu'il déclare que cette invasion a eu pour résultat la fin de la domination étrusque dans l'Italie du Nord : les Gaulois, dit-il, *sedibus Tuscos expulerunt* (5).

A partir du livre XX, les renseignements sur les Gaulois sont très nombreux dans l'abrégé de Trogue Pompée par Justin, mais ce qu'on y trouve surtout est l'histoire des Gaulois de la péninsule

---

(1) Ptolémée, l. III, c. 1, § 26, 27; édition C. Müller, t. I, p. 337, l. 1; p. 339, l. 1, 4, 7, 9; p. 341, l. 2, 3; Cougny, t. I, p. 284-287; D. Bouquet, t. I, p. 84.

(2) Justin, l. XXIV, c. 4, § 1; édition Jeep, p. 142; D. Bouquet, t. I, p. 479 B.

(3) Justin, l. XX, c. 5, § 7; édition Jeep, p. 126; D. Bouquet, t. I, p. 479 A.

(4) Voir plus haut, p. 229.

(5) Justin, l. XX, c. 5, § 8; édition Jeep, p. 126; D. Bouquet, t. I, p 479 A.

balkanique et d'Asie Mineure. Citons cependant les quelques lignes qui, dans le livre XXXII, sont consacrées à la prise de Toulouse par Quintus Servilius Caepio, l'an 647 de Rome, 107 avant J.-C., et au pillage de l'or et de l'argent enfoui dans un lac sacré près de cette ville (1).

§ 64.

Nicolas de Damas, Νικόλαος ὁ φιλόσοφος, qui n'était pas juif, passa cependant la plus grande partie de sa vie, 37-4 avant J.-C., à la cour du roi juif Hérode (2).

Il fut l'auteur d'une histoire universelle, ἱστορίαι, en cent quarante-quatre livres. Dans le cent seizième livre il parlait d'après César (3) des *soldurii* du roi des *Sótiates*, Adiatunnus (4).

Dans un autre ouvrage, *Recueil de mœurs extraordinaires*, Παραδόξων ἐθῶν συναγωγή, il raconte notamment

---

(1) Justin, l. XXXII, c. 3, § 9, 10, 11; édition Jeep, p. 172; D. Bouquet, t. I, p. 483 AB; cf. Mommsen, *Rœmische Geschichte*, 6ᵉ édition, t. II, p. 175; Pauly, *Realencyclopaedie*, t. VI, p. 116; *Corpus inscriptionum latinarum*, t. XII, p. 626, où sont les renvois à Cicéron, Strabon, Aulu-Gelle, Dion Cassius sur le même sujet.
(2) Christ, § 647, p. 644; Croiset, t. V, p. 396-402.
(3) *De bello gallico*, l. III, c. 22.
(4) *Fragmenta historicorum graecorum*, t. III, p. 418, fr. 89; Cougny, t. II, p. 494-495; D. Bouquet, t. I, p. 707 D, 708 A. A la notation *Sotiates*, on doit probablement préférer la notation *Sontiates*.

ce fait, bizarre aux yeux des modernes, mais conforme au droit primitif, que chez les Celtes, le meurtre d'un étranger est, dit-il, puni de mort, celui d'un citoyen d'exil seulement (1).

De sa vie de l'empereur Auguste, nous avons encore en grande partie un passage intéressant l'histoire des Gaulois au temps qui précéda la chute d'Antoine (2).

§ 65.

Grattius Faliscus est l'auteur d'un traité de la chasse, *Cynegetica*, déjà cité par Ovide dans la dernière des lettres poétiques qui forment son recueil *Ex Ponto*, composé de l'an 12 avant J.-C. à l'an 8 de notre ère (3). Grattius y parle du lévrier gaulois, *vertragus* au masculin, *vertraga* au féminin, écrit à tort *vertraha* dans les éditions, avec une orthographe mérovingienne :

Et pictam macula vertraham delige falsa (4).

---

(1) *Fragmenta historicorum graecorum*, t. III, p. 457, fr. 105; Cougny, t. II, p. 498-499.

(2) C. 28 et 30, *Fragmenta historicorum graecorum*, t. III, p. 450, 453; Cougny, t. II, p. 496-497.

(3) *Ex Ponto*, I. XIV, lettre 16, vers 34; Teuffel-Schwabe, § 253, t. I, p. 581; Schanz, 2ᵉ partie, 1ʳᵉ section, § 314, p. 239-240; Petrie et Thomas Duffus Hardy, *Monumenta historica britannica*, t. I, p. LXXXIX.

(4) *Cynegetica*, vers 203. *Poetae latini minores*, édition donnée chez Teubner par Baehrens, en 1879, t. I, p. 39; édition donnée

§ 66.

C'est le *canis gallicus* d'Ovide dans les *Métamorphoses*. Ovide, P. Ovidius Naso, né en 43 avant J.-C., mourut en l'an 17 ou 18 de notre ère, sans avoir terminé cet ouvrage, qui fut publié plus tard (1). On y lit :

> Ut canis in vacuo leporem cum gallicus arvo
> vidit, et hic praedam pedibus petit, ille salutem.
> etc. (2).

par Lehrs à la suite du *Théocrite* de Didot, p. 9. Cf. Arrien, Κυνηγητικός, c. 3; Cougny, t. III, p. 370.

(1) Teuffel-Schwabe, § 247-249, t. I, p. 558-568; Schanz, 2ᵉ partie, 1ʳᵉ section, § 291-313, p. 186-239; Petrie et Thomas Duffus Hardy, *Monumenta historica britannica*, t. I, p. LXXXIX.

(2) *Métamorphoses*, l. I, vers 533-538.

DIX-HUITIÈME LEÇON.

24 mai 1901.

§ 67.

Tous les auteurs dont il a été question dans la leçon précédente ont été contemporains d'Auguste. La liste des écrivains grecs et romains qui ont pu connaître le célèbre empereur n'est pas épuisée.

Nous parlerons d'abord du grammairien Verrius Flaccus, mort vieux sous Tibère (14-37 après J.-C.), et auteur, entre autres ouvrages, d'un traité « Du sens des mots, » *De verborum significatione*, qui a été écrit au plus tôt l'an 10 de notre ère. Ce traité est perdu ; mais au deuxième siècle de notre ère, Pompeius Festus en fit un abrégé, en y ajoutant quelques observations de son cru. De cet abrégé, une partie seulement est conservée ; mais nous avons encore au complet un abrégé de Pompeius Festus par Paul Diacre, mort vers l'année 797 (1).

---

(1) Teuffel-Schwabe, § 261, p. 609-613 ; Schanz, 2ᵉ partie, 1ʳᵉ section, § 340, 341, p. 319-326. La meilleure édition est celle qu'a donnée O. Müller à Leipzig, en 1839. Elle a été reproduite en 1846,

De Verrius Flaccus à Paul Diacre, nous allons du siècle d'Auguste à celui de Charlemagne, en passant par Pompeius Festus, c'est-à-dire par le siècle des Antonins.

Aux fragments de Pompeius Festus appartient l'explication du mot gaulois *peto[r]ritum* par « char à quatre roues (1). »

Pour d'autres mots gaulois, tels que *benna*, genre de voiture, *bulga*, « sac, » nous devons nous contenter de l'explication donnée dans l'abrégé de Paul Diacre ; la partie du traité de Pompeius Festus où le savant latin parlait de ces mots nous manque (2).

§ 68.

Jusqu'ici nous n'avons rencontré sur notre route aucun géographe romain. C'est en Grèce qu'est née la géographie. Nous avons dit (p. 13) qu'Anaximandre de Milet construisit, le premier, une carte géographique du monde alors connu. C'était au sixième siècle avant notre ère. Cette carte et les premières cartes du monde, telles qu'elles étaient en usage au siècle suivant, ainsi que le rapporte

---

à Paris, chez Panckoucke, par A. Savagner, qui y a joint une traduction ; cf. D. Bouquet, t. I, p. 817.

(1) Sur ce mot, voyez Holder, *Altceltischer Sprachschatz*, t. II, col. 974.

(2) Sur ces deux mots, voyez les textes réunis par M. Holder, *Altceltischer Sprachschatz*, t. I, col. 399, 630.

§ 68. AGRIPPA.

Hérodote, étaient rondes comme les mappemondes modernes. Elles avaient évidemment une faible dimension. Il était impossible d'y faire figurer tous les détails nécessaires aux généraux romains. Il fallait que ces généraux trouvassent sur leurs cartes, étalées dans leurs tentes, toutes les routes avec l'indication des gîtes d'étapes et les distances entre ces gîtes. De là l'idée romaine de réduire la hauteur des cartes géographiques et de développer leur longueur.

La copie d'une de ces cartes militaires romaines nous a été conservée. Cette copie date du treizième siècle; elle reproduit un exemplaire remontant au quatrième siècle. Cet exemplaire lui-même est la copie, mise plus ou moins au courant, d'un original datant de la fin du règne d'Auguste. Cet original était peint à Rome, sur la muraille d'un portique, et cela en conséquence du testament de M. Vipsanius Agrippa, mort en l'an 12 de notre ère, deux ans avant Auguste. Agrippa est l'auteur d'un traité de géograhie, *Chorographia*, aujourd'hui perdu, mais dont les fragments tirés de Pline et de Strabon, ont été réunis, en 1878, par M. A Riese, *Geographi. latini*, p. 1-8. Agrippa n'eut pas le temps de faire exécuter sa carte, mais il laissa ses instructions à sa sœur Paula qui réalisa les intentions du défunt. Malheureusement, l'original n'existe plus. Nous en avons seulement une copie du treizième siècle, copie elle-même d'une autre copie où, — sauf quelques additions remontant au quatrième siècle, telle la peinture représentant la ville de Constantinople, — on retrouve l'empire romain du temps d'Auguste, plus ce qu'alors on croyait connaître de l'Asie centrale et orientale.

La copie du treizième siècle, dite « Table de Peutinger, » du nom d'un savant du seizième siècle, qui le premier l'a fait connaître, est conservée en Autriche, à Vienne ; elle a été, en partie peinte, en partie écrite, sur des feuilles de parchemin. Il y avait originairement douze de ces feuilles ; la première à gauche a été perdue. La longueur totale des onze feuilles ou segments qui restent est de $6^m,82$. Quand le premier segment existait encore, la longueur totale devait être d'environ $7^m,44$, la hauteur moyenne est 0^m34 (1). Les gens les plus myopes peuvent lire sans difficulté toute cette carte, tandis que si elle avait une hauteur égale à sa longueur, près de 7 mètres et demi, il faudrait des yeux exceptionnellement bons ou des lunettes d'approche, pour lire les parties supérieures, sans compter la difficulté de trouver un appartement assez élevé pour qu'on puisse fixer sur une des parois une carte aussi monumentale. Mais la carte de Peutinger pouvait, quand elle était complète, se développer sur deux faces contiguës d'une pièce carrée dont les côtés auraient eu un peu

---

(1) Teuffel-Schwabe, § 220, 10-13 ; § 412, 6 ; t. I, p. 471-473 ; t. II, p. 1040-1042 ; Schanz, 2⁰ partie, 1ʳᵉ section, § 332-333, p. 285-292.

moins de 4 mètres de long, et dont la hauteur aurait été la hauteur ordinaire des chambres ou des tentes.

M. Konrad Miller a publié, en 1888, une réduction de cette carte, $4^m,40$ de long sur $0^m,22$ de hauteur. En 1869, Ernest Desjardins avait donné, avec un commentaire détaillé, cette carte de grandeur réelle, mais en onze feuilles, autant que de segments. C'est de même en onze feuilles et sans réduction qu'a paru, en 1888, l'édition photographique de Vienne ; tandis que dans l'édition de M. Konrad Miller, les onze segments sont réunis en une planche unique. Les deux procédés ont leur mérite. Dans l'atlas d'Ernest Desjardins et surtout dans la photographie de Vienne, on saisit mieux les détails et, dans la planche unique de M. Konrad Miller, on se rend mieux compte de l'effet que devrait produire l'ensemble.

Le segment qui est aujourd'hui le premier, en commençant par la gauche, comprend la Germanie occidentale, la plus grande partie de la Gaule, une petite partie de l'Espagne (1), la portion méridionale de la Grande-Bretagne (2) et une partie de l'Afrique romaine. Ce segment était originairement le second. Le premier segment, aujourd'hui perdu, renfermait la Grande-Bretagne presque tout en-

---

(1) D. Bouquet, t. I, p. 112-113 et planche.
(2) Petrie et Thomas Duffus Hardy, *Monumenta historica britannica*, t. I, p. XXII.

tière, l'Irlande, la presque totalité de la péninsule ibérique et l'extrémité occidentale de l'Afrique romaine. Il est évident que la Grande-Bretagne y paraissait comme couchée sur la péninsule ibérique, l'Irlande lui servant pour ainsi dire d'oreiller. Toutes deux n'étaient séparées de la péninsule ibérique que par un canal des plus étroits, une sorte de matelas bleu. Par là s'expliquent plusieurs textes historiques.

Tacite avait sous les yeux une copie de la carte peinte sur le portique d'Agrippa quand dans sa vie d'Agricola, écrite en l'année 98 de notre ère (1), il disait qu'une des populations de la Grande-Bretagne, les Silures établis sur la côte occidentale de cette grande île, à l'ouest de la Severn, *Sabrina*, étaient d'origine ibérique, et qu'une des preuves de cette origine était : *posita contra Hispania* (2) « l'Espagne située vis-à-vis de la Grande-Bretagne. »

Un peu plus de trois siècles après Tacite, vers l'année 417 de notre ère, Orose écrivait son ouvrage historique « contre les païens » *adversum paganos* (3).

---

(1) Teuffel-Schwabe, § 335, t. II, p. 836 ; cf. Schanz, 2ᵉ partie, 2ᵉ section, § 430, p. 222.

(2) Tacite, *Agricola*, c. 11 ; 4ᵉ édition de Tacite donnée chez Teubner par Charles Holm, t. II (1885), p. 251, l. 5-6. Petrie et Thomas Duffus Hardy, t. I, p. XLIII ; on trouve la même idée dans un passage du rhéteur Aelius Aristides reproduit par Petrie et Thomas Duffus Hardy, t. I, p. XCIII. Aelius Aristides mourut en 189. Christ, § 521-523, p. 718-723 ; Croiset, t. V, p. 572-582.

(3) Teuffel-Schwabe, § 455, 6 ; t. II, p. 1167.

§ 68. AGRIPPA.

Quoique Espagnol d'origine, c'est d'après notre carte géographique qu'il nous présente à l'angle nord-ouest de la péninsule ibérique, en Galice, une ville de *Brigantia* : « là, dit-il, s'élève un phare très haut, œuvre des plus merveilleuses ; de ce phare on voit la Grande-Bretagne (1). » *Brigantia* est aujourd'hui Coruña. Quelques lignes plus loin, Orose parle de l'Irlande : « cette île, dit-il, est située entre la Grande-Bretagne et l'Espagne ; or, l'Espagne est au sud, l'Irlande au nord, plus loin de l'Espagne que de la Grande-Bretagne ; les parties de l'Irlande les plus rapprochées de l'océan Cantabre regardent du nord-ouest au sud-ouest *Brigantia*, ville de Galice (2). » Du texte d'Orose dérive un passage du livre des Invasions, *Lebor Gabala*, composition irlandaise, probablement du huitième siècle (3). On y voit se préparer la conquête de l'Irlande par les Goidels ou Scots. Ils se sont d'abord établis en Espagne et c'est d'Espagne

---

(1) « Secundus angulus circium intendit, ubi Brigantia, Gallaeciae civitas, sita, altissimum pharum, et inter pauca memorandi operis, ad speculum Britanniae erigit. » Orose, l. I, c. 2, § 71, édition de Charles Zangemeister pour l'Académie impériale de Vienne, p. 27, l. 1-3.

(2) « Hibernia insula inter Britanniam et Hispaniam sita longiore ab africo in boream spatio porrigitur ; hujus partes priores intentae Cantabrico oceano Brigantiam Gallaeciae civitatem ab africo sibi in circium occurrentem spatioso intervallo procul spectant. » Orose, l. I, c. 2, § 80, 81, p. 29, l. 5-9.

(3) H. Zimmer, *Nennius vindicatus*, p. 215, 216 ; Mommsen' *Chronica minora*, p. 157.

qu'ils iront gagner l'Irlande. Avant le départ de cette expédition aussi célèbre que fabuleuse, Ith, un des chefs Goidels ou Scots, observa l'Irlande un soir du haut de la tour de Bregon, lisez *Brigantia*, « en effet, continue l'auteur, c'est par un beau » temps le soir en hiver, que de loin l'homme voit » le mieux (1). » Suivant les érudits irlandais du moyen âge, le Goidel Bregon est le fondateur de *Brigantia* en Espagne (2); et cette doctrine a persisté au dix-septième siècle : on la trouve dans l'histoire d'Irlande de Keating, *Forus feasa air Eirinn* (3), ouvrage dont le célèbre auteur est mort en 1650.

§ 69.

De la carte d'Agrippa est à peu près contemporaine la géographie de Strabon, Στράβων, qui paraît avoir terminé ce grand ouvrage l'an 19 de notre ère (4). Le titre était Γεωγραφικά, il y avait dix-sept livres dont une partie est perdue. Après deux livres de prolégomènes, Strabon consacre son

---

(1) « Ith, mac Bregoin, atchonnairc Herind artús fescor a-mulluch tuir Bregoin. Daig is-amal is ferr radharc duine glanfhescor gaimridh. » Livre de Leinster, p. 11, col. 2, l. 50, 51; p. 12, col. 1, l. 1; cf. Livre de Ballymote, p. 20, col. 2, l. 10-14.

(2) Poème de Gilla Coemain, auteur irlandais du onzième siècle, Livre de Leinster, p. 4, col. 1, l. 39; Livre de Ballymote, p. 21, col. 1, l. 38, 40. *The Annals of Clonmacnoise*, p. 23.

(3) Edition de 1811, p. 253, 254; traduction d'O'Mahony, p. 174.

(4) Christ, § 197, p. 684-687. Croiset, t. V, p. 383-394.

livre III à la péninsule ibérique, son livre IV à la Gaule Transalpine, aux îles Britanniques et aux Alpes, le chapitre Iᵉʳ du livre V à la Gaule Cisalpine, les deux premiers chapitres du livre VII à la Germanie, le chapitre cinquième du livre XII à la Galatie. Dans cet ouvrage, les renseignements sur les Celtes sont très nombreux, mais la description des mœurs et des institutions paraît manquer souvent d'originalité et être au moins en partie copiée sur Poseidonios (1).

§ 70.

Nous passerons rapidement sur Cornelius Celsus, qui au livre V, ch. 3, de son traité de médecine écrit sous Tibère, 14-37 après J.-C., parle des armes empoisonnées dont les Gaulois se servent à la chasse (2).

§ 71.

Nous parlerons aussi brièvement de Velleius Paterculus, dont les *Historiae Romanae* se termi-

---

(1) Nous citons Strabon d'après l'édition donnée par C. Müller et F. Dübner chez Didot, en 1853; cf. Cougny, t. I, p. 28-343; D. Bouquet, t. I, p. 1-49; Petrie et Thomas Duffus Hardy, p. III-VII, XC, CIV.

(2) Celse, éd. Daremberg, p. 202, l. 5-8; cf. Teuffel-Schwabe, § 280; t. II, p. 673-677; Schanz, 2ᵉ partie, 2ᵉ section, § 473, p. 326-331; article de M. Wellmann, dans *Paulys Realencyclopaedie*, édition Wissowa, t. IV, col. 1273-1276.

nent l'an 30 après J.-C. (1). Velleius Paterculus est cependant, au point de vue celtique, très intéressant à consulter. Par exemple, il est le plus ancien auteur qui nous donne la date à laquelle a été fondée la colonie de Narbonne, an 636 de Rome, 118 avant J.-C. (2) ; il parle, quoique en termes un peu courts, des révoltes en Gaule sous Tibère (3).

§ 72.

Nous serons également très brefs sur Valère Maxime, dont les neuf livres, *Factorum et dictorum memorabilium*, ont été achevés postérieurement à la mort de Séjan, 31 après J.-C. (4); c'est un ouvrage de rhétorique, mais où l'on trouve cependant des indications bonnes à recueillir, tel l'usage gaulois de prêter de l'argent à charge de le rendre dans l'autre monde, *apud inferos*, dit le

---

(1) Teuffel-Schwabe, § 278 ; t. II, p. 665-669; Schanz, 2ᵉ partie, 2ᵉ section, § 420 b-422 a, p. 186-195.

(2) Velleius Paterculus, l. I, c. 15, § 4 ; 2ᵉ éd. donnée chez Teubner par Fr. Haase, en 1874, p. 11; cf. *Corpus inscriptionum latinarum*, t. XII, p. 521.

(3) L. II, c. 121, § 1, 3 ; c. 129. § 5 ; éd. Haase, p. 88, 93, 94. Voir des extraits de Velleius Paterculus chez D. Bouquet, t. I, p. 669, et chez Petrie et Thomas Duffus Hardy, *Monumenta historica britannica*, t. I, p. xxxv.

(4) Teuffel-Schwabe, § 279 ; t. II, p. 669-673 ; Schanz, 2ᵉ partie, 2ᵉ section, § 423, p. 195-201. Des fragments de Valère Maxime concernant les Gaulois ont été réunis par D. Bouquet, t. I, p. 665-666 ; cf. Petrie et Thomas Duffus Hardy, *Monumenta historica britannica*, t. I, p. xxxiv-xxxv.

texte de l'auteur latin (1); mais non, ce n'était pas dans les enfers, sous terre, c'était au grand jour, dans le royaume mystérieux des morts, à l'extrême occident, que se devait faire la restitution.

§ 73.

Il y a dans la *Chorographia* de Pomponius Mela (2), qui semble avoir été écrite en 40 ou 41 après J.-C., des détails historiques d'une haute importance pour ceux qui conçoivent l'utilité de la chronologie.

Un sénatus-consulte rendu sur la proposition de l'empereur Tibère, par conséquent entre les années 14 et 37 de J.-C., avait supprimé les Druides, *sustulit Druidas* (3); c'est-à-dire les avait déclaré supprimés.

Le résultat de ce sénatus-consulte ne fut que la suppression du culte public et de l'enseignement au grand jour. Les Druides se cachèrent dans les cavernes et au fond des forêts, *aut in specu, aut in*

---

(1) Valerius Maximus, l. II, c. 6, § 10; édition donnée chez Teubner par Charles Halm (1865), p. 81, l. 19-24; cf. Pomponius Mela, l. III, § 19; édition donnée chez Teubner par Ch. Frick (1880), p. 60, l. 3-5.

(2) Sur Pomponius Mela, voyez Teuffel-Schwabe, § 296, p. 720-722; Schanz, 2ᵉ partie, 2ᵉ section, § 443, p. 362-364; cf. Préface de Charles Frick, édition précitée, p. v; D. Bouquet, t. I, p. 49-52; Petrie et Thomas Duffus Hardy, t. I, p. VII-VIII, CIV.

(3) Pline, l. XXX, § 13; édition Jan, t. IV (1859), p. 235, l. 7-10; D. Bouquet, t. I, p. 66 CD.

abditis saltibus; c'était là que sous Tibère et Caligula, 14-41 après J.-C., ils donnaient leur enseignement, un enseignement celtique, en concurrence avec l'enseignement officiel romain que recevaient à Autun, dès l'an 21 de notre ère, les jeunes nobles gaulois appartenant aux familles romanisées (1). Les Druides n'osaient plus sous Tibère et Caligula mettre à mort des victimes humaines : un sénatus-consulte de l'année de Rome 657, avant J.-C. 97, rendu exécutoire en Gaule, prohibait les sacrifices humains ; en conséquence, vers l'an 40 de notre ère, et probablement quelques années plus tôt, les Druides se contentaient de faire à leurs victimes humaines une petite saignée dont elles ne mouraient pas (2).

Mais l'empereur Claude, 41-54 après J.-C., interdit aux Druides toute cérémonie du culte, *Dryidarum religionem... penitus abolevit* (3). Leurs élèves constatant que leur enseignement ne menait à aucune fonction publique, les abandonnèrent ; aux Druides il ne resta que la médecine (4)

---

(1) Tacite, *Ab excessu Augusti*, l. III, c. 43, § 1 ; 4ᵉ édition donnée chez Teubner par C. Halm, t. I (1884), p. 105 ; D. Bouquet, t. I, p. 423 D.

(2) Pomponius Mela, l. III, § 18-20 ; édition de Charles Frick, p. 59 ; D. Bouquet, t. I, p. 51 B.

(3) Suétone, *Divus Claudius*, c. 25 ; édition donnée chez Teubner, en 1875, par Charles-Louis Roth, t. II, p. 161 ; D. Bouquet, t. I, p. 372 B.

(4) Pline, l. XVI, § 249-251 ; édition L. Jan, t. III (1857), p. 45, l. 1-21 ; D. Bouquet, t. I, p. 92 AB.

et leurs prétentions prophétiques (1). Les Druides sont une espèce de prophètes et de médecins, dit Pline vers l'an 77 de notre ère, *genus vatum medicorumque* (2). Que valaient leur médecine et leurs prophéties ? Tel était le rôle misérable auquel ils étaient réduits, après avoir cumulé les fonctions de prêtres, sacrificateurs, professeurs et juges, et avoir ainsi tenu un rang supérieur à celui des rois.

(1) Tacite, *Historiae*, l. IV, c. 54 ; 4ᵉ édition donnée par C. Halm chez Teubner, t. II (1885), p. 182 ; D. Bouquet, t. I, p. 439 E.
(2) Pline, l. XXX, § 13 ; édition L. Jan, l. IV (1859), p. 235, l. 7-10 ; D. Bouquet, t. I, p. 66 CD.

DIX-NEUVIÈME LEÇON.

31 mai 1901.

§ 74.

De Pomponius Méla a été contemporain Philon le Juif (1), envoyé en ambassade à l'empereur Caligula par la communauté judaïque d'Alexandrie en l'an 39 de notre ère. Dans ses écrits, le Rhin sépare la Gaule de la Germanie, et ce sont des Germains, non plus des Celtes comme dans le pseudo-Aristote, l. III, ch. 1 des Ἠθικὰ Εὐδήμεια, fin du quatrième siècle avant notre ère, qui vont, les armes à la main, au-devant des flots de la mer, quand elle déborde (cf. ci-dessus, p. 55 (2).

§ 75.

Sénèque, L. Annaeus Seneca, né à Cordoue l'an 4 de notre ère, élevé au consulat en 56 et

---

(1) Christ, § 505, p. 699-702; Croiset, t. V, p. 422-434.
(2) Aristote, éd. Didot, p. 210, l. 9-10; cf. Cougny, t. VI, p. 6, D. Bouquet, t. I, p. 652; Philon le Juif, Cougny, t. VI, p. 32.

mort d'une mort violente en 65 (1), parle dans une de ses lettres de l'incendie qui détruisit la ville de Lyon, vers la fin de l'année 64 ou au commencement de l'année 65, un siècle après la fondation de cette colonie par Plancus (2).

§ 76.

Lucain, M. Annaeus Lucanus, 39-65 (3), a consacré dans sa *Pharsale* soixante-treize vers de son premier livre à une brève description de la Gaule dont il nomme les principaux peuples, les cours d'eau les plus importants, deux chaînes de montagnes, sans négliger les traits les plus frappants de la religion, le druidisme et la croyance à l'immortalité de l'âme (4).

§ 77.

Pline le naturaliste, 23-79, offrit à l'empereur Titus, en 77, les trente-sept livres de son *Histoire*

---

(1) Teuffel-Schwabe, t. II, § 287-291, p. 692-707 ; Schanz, 2⁰ partie, 2⁰ section, § 452-472, p. 285-326.

(2) *Epistolae*, l. 14, ep. 91, § 1, 14; édition donnée chez Teubner par O. Henze, en 1898, t. III, p. 382, 387; D. Bouquet, t. I, p. 667; *Corpus inscriptionum latinarum*, t. XIV, p. 252, note.

(3) Teuffel-Schwabe, § 303, t. II, p. 737-742 ; Schanz, 2⁰ partie, 2⁰ section, § 389-392, p. 80-96.

(4) Lucain, v. 283-465 du livre I, *De bello civili*, édition donnée chez Teubner, en 1892, par Charles Hosius, p. 17-20; D. Bouquet, t. I, p. 668, 669; Petrie et Thomas Duffus Hardy, *Monumenta historica britannica*, t. I, p. xc-xci.

§ 77. PLINE L'ANCIEN.

naturelle, à laquelle il ne cessa de travailler pendant les deux ans qu'il vécut encore (1). Les livres III à VI contiennent un traité de géographie. Pline commence par la partie sud-est de la péninsule ibérique, l. III, § 6-30 (2); il continue par la Gaule Narbonnaise, même livre, § 31-37 (3). Vient ensuite l'Italie, même livre, § 38-75, 95-138 (4). Pline y rapporte, § 57, que Théopompe est le premier historien grec qui ait mentionné la ville de Rome et qu'il l'a fait pour dire que cette ville avait été prise par les Gaulois. Ensuite Pline parle de la Gaule Cisalpine aux § 112, 115-125, 130 (5); des populations alpines aux § 133-138 (6); des *Norici* au § 146 (7); des *Scordisci* au § 148 (8). Les îles Britanniques apparaissent au l. IV, § 102-104 (9), la *Gallia comata* au § 105, la Belgique au § 107, l'Aquitaine aux § 108 et 109 (10), la partie nord-

---

(1) Teuffel-Schwabe, § 312, 313, p. 756-764; Schanz, 2ᵉ partie, 2ᵉ section, § 490-494, p. 371-385; D. Bouquet, t. I, p. 52-68; Petrie et Thomas Duffus Hardy, *Monumenta historica britannica*, t. I, p. VIII-IX, CIV, CV.

(2) Edition donnée par C. Jan chez Teubner (1870), t. I, p. 123-129.

(3) C. Jan, t. I, p. 129-130; D. Bouquet, t. I, p. 53-54.

(4) C. Jan, t. I, p. 130-138, 144-151; D. Bouquet, t. I, p. 55.

(5) C. Jan, t. I, p. 145-149.

(6) C. Jan, t. I, p. 150-151; D. Bouquet, t. I, p. 55.

(7) C. Jan, t. I, p. 153.

(8) C. Jan, *ibid*.

(9) C. Jan, t. I, p. 178; Petrie et Thomas Duffus Hardy, t. I, p. VIII.

(10) C. Jan, t. I, p. 178-179; D. Bouquet, t. I, p. 56-57.

ouest de la péninsule ibérique aux § 110 et 118 ; et en face les îles Cassitérides, nom ancien des îles Britanniques, § 119 (1). La description de la Galatie arrive au l. V, § 146 (2). Les livres suivants contiennent sur les Gaulois une foule de détails curieux (3).

Nous signalerons au l. XVI, § 249, le passage relatif à la cueillette du gui par les Druides : le cérémonial établi exige le sacrifice de deux taureaux blancs, *candidi coloris tauros*, et c'est de blanc, *candida veste*, qu'est vêtu le prêtre officiant (4) ; est de même vêtu de blanc celui qui cueille l'herbe, appelé *selago*, panacée universelle, suivant les Druides (5). En Irlande, des Druides, en lutte avec saint Patrice, sont au nombre de neuf, tous vêtus de blanc, *induti vestibus albis* (6), et quand dans cette île les Druides célèbrent la fête du taureau, c'est un taureau blanc, *tarb find*, qu'ils immolent (7). Le rituel des Druides irlandais est donc au moins sur deux points identique à celui des Druides de Gaule.

---

(1) C. Jan, t. I, p. 180.

(2) C. Jan, t. I, p. 214 ; D. Bouquet, t. I, p. 57-58.

(3) D. Bouquet, t. I, p. 58-68.

(4) L. Jan, t. III, p. 45 ; D. Bouquet, t. I, p. 62.

(5) Pline, l. XXIV, § 103 ; L. Jan, t. IV, p. 52 ; D. Bouquet, t. I, p. 65.

(6) Tirechan, chez Whitley Stokes, *The tripartite Life*, t. II, p. 325-326 ; Hogan, *Documenta de sancto Patricio*, p. 83, l. 23-24.

(7) *Serglige Conculainn*, § 25 ; Windisch, *Irische Texte*, t. I, p. 213.

§ 78.

De Pline l'ancien, un contemporain connu est Dioscoride, Pedanios Dioscoridos, Διοσκορίδης, auteur d'un ouvrage intitulé Περὶ ὕλης ἰατρικῆς, « De la matière médicale, » en cinq livres, auxquels deux autres furent plus tard ajoutés (1). L'auteur mentionne beaucoup de noms gaulois de plantes, d'animaux et de divers produits, parmi lesquels la bière, qu'en son livre II, chap. 110, il appelle κοῦρμι (2), comme l'a fait plus tard Marcellus de Bordeaux (3); c'est exactement le *cuirm* irlandais hellénisé en κόρμα par Poseidonios (4), et, plus tard, latinisé en *curmen*.

§ 79.

Josèphe, Flavius Josephus, né en 37 après J.-C.,

---

(1) Christ, § 648, p. 861; Croiset, t. V, p. 711-712; Cougny, t. VI, p. 20-31; D. Bouquet, t. I, p. 683-684; Petrie et Thomas Duffus Hardy, *Monumenta historica britannica*, t. I, p. xc.

(2) *Medicorum graecorum opera quae extant*, editionem curavit Carolus Gottlobkühn, t. XXV, Leipzig, 1829; p. 237. Cougny, t. VI, p. 22.

(3) Marcellus, c. 16, § 33; édition donnée chez Teubner par George Helmreich, en 1889, p. 160, l. 33. Doit-on lire *curmi* au Digeste, 1. 33, titre 6, § 9 ?

(4) Poseidonios chez Athénée, l. IV, c. 36, édition donnée chez Teubner par Auguste Meineke, en 1858, t. I, p. 273, l. 11; Cougny, t. II, p. 322.

est l'auteur de deux ouvrages, l'un racontant la guerre des Juifs contre les Romains, 64-70 après J.-C., sous ce titre, Περὶ τοῦ Ἰουδαικοῦ πολέμου, l'autre est une histoire des anciens Juifs, Ἰουδαικὴ ἀρχαιολογία, qui a été terminée l'an 93 de notre ère (1). Il y est de temps en temps question de Gaulois (2).

Ainsi Josèphe a été le premier à notre connaissance qui ait donné pour ancêtre aux Gaulois Gomer, fils de Japhet (3), doctrine reproduite plus tard par saint Jérôme au l. XI, ch. 38 de son commentaire d'Ezéchiel (4), et qui de là a pénétré chez Isidore de Séville, l. IX, ch. 2, § 26 des *Origines* (5), et chez divers auteurs modernes.

Josèphe nous apprend que la fameuse Cléopâtre, dernière reine d'Egypte, avait, comme les anciens Ptolémée (voir plus haut, p. 86), des soldats gaulois à son service, et qu'Auguste, après la mort de Cléopâtre, 30 avant J.-C., donna quatre cents de ces soldats au roi juif Hérode Philippe, mari de la célèbre Hérodiade (6). Il y avait de ces soldats

---

(1) Christ, § 468, p. 645-648; Croiset, t. V, p. 434-445.
(2) Cougny, t. III, p. 2-41.
(3) *Antiquités judaïques*, l. I, c. 6, § 1, édition donnée chez Didot par Guillaume Dindorf, t. I, p. 14, l. 35-36; Cougny, t. III, p. 2; D. Bouquet, t. I, p. 373.
(4) Migne, *Patrologia latina*, t. 25, col. 356.
(5) Lindemann, *Corpus grammaticorum latinorum veterum*, t. III, p. 285; D. Bouquet, t. I, p. 817 II. Migne, t. 82, col. 330 C.
(6) *Antiquités judaïques*, l. XV, c. 7, § 3; édition donnée chez

gaulois aux funérailles d'Hérode le Grand, mort en l'an 4 avant notre ère ou un peu après ; c'était le quatrième des corps de troupe présents à cette cérémonie (1).

Le même historien Josèphe, dans sa *Guerre juive*, dit que le nombre des nations gauloises est de trois cent cinq et que douze cents soldats suffisent pour maintenir dans la servitude ces trois cent cinq nations (2). Il y avait au même moment quatre légions en Grande-Bretagne (3).

§ 80.

De Josèphe fut contemporain T. Catius Silius Italicus, qui vécut de l'année 25 à l'année 101 environ de notre ère, et qui est l'auteur d'une épopée sur la seconde guerre punique, *Punica*, en dix-sept livres (4).

Suivant les traces de Polybe, qui appelle les

Didot par G. Dindorf, t. I, p. 594, l. 27-31 ; Cougny, t. III, p. 5, D. Bouquet, t. I, p. 373.

(1) *Antiquités judaïques*, l. XVII, c. 8, § 3 ; édition Dindorf, t. I, p. 674, l. 50-52 ; Cougny, t. III, p. 4 ; cf. *Guerre juive*, l. I, c. 23 § 9 ; éd. Dindorf, t. II, p. 82, l. 19-22.

(2) *Guerre juive*, l. II, c. 16, § 4 ; éd. Dindorf, t. II, p. 119, l. 11-12, 21-22 ; Cougny, t. III, p. 22.

(3) *Guerre juive*, l. II, c. 16, § 4 ; éd. Dindorf, t. II, p. 119, l. 42-48 ; Petrie et Thomas Duffus Hardy, t. I, p. xxxv.

(4) Touffel-Schwabe, § 320, p. 775-780 ; Schanz, 2ᵉ partie, 2ᵉ section, § 403-405, p. 121-126 ; cf. D. Bouquet, t. I, p. 677-683 ; Petrie et Thomas Duffus Hardy, t. I, p. xci.

§ 80. SILIUS ITALICUS.

Gaulois tantôt Κελτοί, tantôt Γαλάται, il les désigne indifféremment tantôt par le nom de *Celtae*, tantôt par celui de *Galli*.

Dans son livre troisième, vers 415 et suivants, il raconte comment, de la péninsule ibérique, Annibal gagna l'Italie en traversant la Gaule méridionale (1). Une partie de l'armée d'Annibal se composait de troupes gauloises. Parmi ces troupes, Silius nous montre en son livre IV, vers 148 et suivants, Crixus, chef des Boii, qui, dit Silius, prétendait compter Brennus parmi ses ancêtres ; sur son bouclier étaient représentés les *Celtae*, pesant l'or stipulé comme prix de leur retraite après le siège du Capitole (2). C'est de la fiction. Le nom de Crixus apparaît pour la première fois dans la guerre servile en 73 avant J.-C., et son intervention en l'année 218 a la même valeur historique que celle de la déesse Vénus au livre III, vers 557, quand Annibal et son armée sont parvenus au sommet des Alpes.

Tout récemment un savant allemand, M. Max Rothstein, s'est appuyé sur un passage de Silius Italicus, l. IV, vers 150-151 :

> Ipse, tumens atavis, Brenni se stirpe ferebat
> Crixus,

---

(1) *Sili Italici Punica*, édition donnée chez Teubner, en 1890-1892, par Louis Bauer, t. I, p. 63, 65 ; D. Bouquet, t. I, p. 677-678.
(2) Edition Louis Bauer, t. I, p. 78 ; D. Bouquet, t. I, p. 679.

pour corriger un passage de Properce :

Virdomari ; genus hic Rheno jactabat ab ipso.

en substituant *Brenno* à *Rheno*, que donne la première main du manuscrit de Wolfenbüttel, connu sous le nom de Neapolitanus ; M. Max Rothstein suppose que Properce a ici servi de modèle à Silius. Silius, suivant M. Max Rothstein, n'aurait pu trouver tout seul l'idée de donner Brennus pour ancêtre à Crixus, il a dû emprunter cette idée à Properce (1). Je n'en suis pas convaincu et je trouve bien hardis les éditeurs qui substituent ainsi leurs hypothèses à la leçon des manuscrits.

§ 81.

Frontin, Sextus Julius Frontinus, qui a vécu de l'année 40 de notre ère à l'année 103 environ, a composé quatre livres de stratagèmes où sont rappelés un grand nombre de faits empruntés au récit des guerres des Romains contre les Gaulois (2).

---

(1) *Die Elegien des Sextus Propertius erklärte* von Max Rothstein, Berlin, Weidmann, 1898, t. II, p. 304, 380-381.

(2) Teuffel-Schwabe, § 327, t. II, p. 807-811 ; Schanz, 2ᵉ partie, 2ᵉ section, § 500, 500 a, p. 396-400 ; D. Bouquet, t. I, p. 686-688 ; Petrie et Thomas Duffus Hardy, *Monumenta*, t. I, p. xci ; voir dans l'édition donnée chez Teubner par André Dederich en 1855, l'index qui termine cette édition.

§ 82.

Martial, M. Valerius Martialis, écrivit quinze livres d'épigrammes à peu près à l'époque où Silius Italicus composait son épopée. Né à Bilbilis, en Espagne, vers l'an 40 de notre ère, il mourut vers 102-104 (1).

Dans ses épigrammes, on trouve quelques allusions à des usages spéciaux à la Gaule. Tandis qu'à Rome on a le goût des étoffes brunes, la Gaule préfère la teinte rouge ou rousse (2). Martial parle de la coule bardique de Langres et de Saintes, *Lingonicus bardocucullus* (3), *Santonicus bardocucullus* (4).

Cependant, depuis la conquête romaine, la Gaule est bien changée. Avant cette conquête, la culture de la vigne était inconnue en Gaule et personne n'y savait le latin. Maintenant, il y a des vignes aux environs de Vienne (Isère), que Martial qualifie de *vitifera* (5), et dans cette ville la connaissance du latin est assez répandue pour que tout

---

(1) Teuffel-Schwabe, § 321, p. 786-791; Schanz, 2ᵉ partie, 2ᵉ section, § 413-415, p. 150-163; cf. D. Bouquet, t. I, p. 684-686; Petrie et Thomas Duffus Hardy, *Monumenta historica britannica*, t. I, p. xci-xcii.

(2) L. XIV, ép. 129; édition donnée chez Teubner, en 1876, par F.-G. Schneidewin, p. 334.

(3) L. I, ép. 53, v. 5; édition Schneidewin, p. 24.

(4) L. XIV, ép. 128; éd. Schneidewin, p. 334; D. Bouquet, t. I, p. 685 E.

(5) L. XIII, ép. 107; éd. Schneidewin, p. 318.

§ 83. TACITE.

le monde, vieillards, jeunes hommes, jeunes garçons, jeunes filles, y lise les épigrammes de Martial (1).

§ 83.

Nous passerons rapidement sur Tacite, Cornelius Tacitus, né vers l'année 55 et mort en 120 (2). Nous avons encore de lui d'importants ouvrages historiques : sa *Vie d'Agricola*, écrite en 98 (3); sa *Germania*, même date (4); ses *Historiae*, contenant probablement, à l'origine, quatorze livres et le récit des événements pendant les années 69-96, mais réduits aujourd'hui à quatre livres et demi, concernant les années 69-70 (5); ses *Annales* ou *Ab excessu divi Augusti libri*, publiées vers l'année 115 et qui renfermaient en seize ou plus probablement dix-huit livres, l'exposé historique des années 14-68; mais les quatre livres 7-10, les livres 17-18 et une partie des livres 5 et 6 manquent (6).

---

(1) L. VII, ép. 88, éd. Schneidewin, p. 171; D. Bouquet, t. I, p. 684 E.

(2) Teuffel-Schwabe, § 333-339, p. 824-848; Schanz, 2ᵉ partie, 2ᵉ section, § 427-439 a, p. 210-252; D. Bouquet, t. I, p. 421-451; Petrie et Thomas Duffus Hardy, t. I, p. XXXVI-XLVIII, XCI.

(3) Quatrième édition donnée chez Teubner par Charles Halm, t. II (1885), p. 245-275.

(4) *Ibid.*, p. 220-244.

(5) *Ibid.*, p. 1-219.

(6) Pour les livres 1-6, 11-16, on peut consulter la 4ᵉ édition donnée chez Teubner, en 1884, par C. Halm, t. I, p. 1-373.

Les détails intéressants que Tacite donne sur les Celtes, tant du continent que des îles Britanniques, sont trop nombreux pour que nous en puissions donner ici l'indication.

§ 84.

Il faudra être tout aussi bref sur Plutarque, Πλούταρχος, 46-120 de notre ère (1). C'est un compilateur dont les écrits tirent toute leur valeur de celle des ouvrages perdus qu'il copie. Du reste, ses vies et ses écrits moraux sont une source trop abondante pour que nous puissions ici exposer même les plus importants des renseignements qu'on peut y puiser. Quelques-uns ont été signalés plus haut. Nous n'en dirons pas davantage ici.

§ 85.

Dion Chrysostôme, Δίων ὁ Κρυσόστομος, né vers le milieu du premier siècle, à Pruse en Bithynie, est mort après l'année 112 (2).

On a de cet écrivain grec quelques mots sur l'autorité exercée chez les Celtes par les Druides

---

(1) Christ, § 470-485, p. 648-669; Croiset, t. V, p. 484-538; D. Bouquet, t. I, p. 376-421; Cougny, t. III, p. 42-359; Petrie et Thomas Duffus Hardy, *Monumenta historica britannica*, t. I, p. XLVIII, XCII.

(2) Christ, § 520, p. 715-718; Croiset, t. V, p. 467-483; Cougny, t. VI, p. 34-37.

dont les rois, dit-il, sont les domestiques et les serviteurs, ὑπηρέτας καὶ διακόνους (1). Il emprunte probablement cette assertion à Poseidonios. En tout cas, elle se rapporte à la période royale de l'histoire des Gaulois qui, dans la Gaule centrale, était terminée au temps du proconsulat de Jules César, 58-50.

Dion Chrysostôme rapporte aussi que l'ambre vient de chez les Celtes (2). Il a pris ce renseignement chez un auteur qui écrivait antérieurement à la conquête par les Germains des côtes méridionales de la mer du Nord, entre le Rhin et l'Elbe, vers l'an 300 (?) avant J.-C.

(1) Discours 49; édition donnée chez Teubner, en 1857, par L. Dindorf, t. II, p. 147, l. 2-9.
(2) Discours 79, *ibid*, p. 287, l. 2-9.

VINGTIÈME LEÇON.

7 juin 1901.

§ 86.

Sous le règne de Trajan, 98-117 après J.-C., Julius Florus composa un abrégé d'histoire romaine depuis les origines jusqu'à Auguste. Sa source principale est Tite-Live ; cet abrégé, malgré ses défauts, est utile à consulter pour les événements que Tite-Live racontait dans des livres aujourd'hui perdus et pour lesquels nous n'avons plus que les courts sommaires connus sous le nom de *Periochae* (1). Par exemple le récit de la conquête de la Gaule par Jules César contient chez Florus nombre de traits intéressants qui font défaut dans les *Periochae* (2). C'est vraisemblablement à Tite-Live qu'ils sont empruntés, et ils ont ainsi la valeur d'un témoignage contemporain.

---

(1) Teuffel-Schwabe, § 348, p. 879-881. D. Bouquet, t. I, p. 521-536. Petrie et Thomas Duffus Hardy, *Monumenta historica britannica*, t. I, p. XLVIII-XLIX.

(2) Tite-Live, *Periochae*, l. 103-108 ; édition donnée par Otto Jahn (1853), p. 90-94 ; Tite-Live, 2ᵉ édition Weissenborn, par H. J. Müller, t. X, 2ᵉ livraison (1881), p. 169-172 ; cf. Florus, édition d'Otto Jahn (1853), p. 70-74.

§ 87.

En l'an 120 de notre ère, Suétone, C. Sueto-tonius Tranquillus, dédia au préfet du prétoire C. Sulpicius Clarus ses huit livres : *De vita Caesarum*, en commençant par Jules César et en finissant par Domitien (1). Il y a dans cet ouvrage un grand nombre d'indications importantes sur l'histoire des Celtes (2).

Tel est un passage de la vie de Jules César, ch. 54 : en Gaule, dit Suétone, le général romain dépouilla les temples des dieux, enrichis par de nombreux dons, et, lorsqu'il détruisit des villes, ce fut pour s'enrichir lui-même par le pillage, plus souvent que pour punir des crimes (3).

Dans son traité *De Grammaticis*, qui est un peu moins cité, Suétone donne le nom de cinq grammairiens originaires de la Gaule Cisalpine, Octavius Teucer, Pescennius Jaccus, Oppius Chares, M. Antonius Gnipho et P. Valerius Cato (4). M. An-

---

(1) Teuffel-Schwabe, § 347, 8-11; t. II, p. 876-877; Schanz, 3ᵉ partie, § 528-536, p. 42-56.

(2) D. Bouquet, t. I, p. 370-373; Pétrie et Thomas Duffus Hardy, *Monumenta historica britannica*, t. I, p. XLIX-L, CV.

(3) « In Gallia fana templaque deum donis referta expilavit, urbes diruit, saepius ob praedam quam ob delictum, unde factum ut auro abundaret, » édition donnée chez Teubner par C. L. Roth, en 1875, p. 23, l. 23-25.

(4) *De Grammaticis*, c. 3, 7, 11; édition de C. L. Roth, p. 258, l. 25-28; p. 260, l. 7-20, p. 262-263.

tonius Gnipho vécut, semble-t-il, de 114 à 64 avant J.-C; il compta Cicéron parmi ses élèves (1). Voyez plus bas sur M. Antonius Gnipho, le § 108.

§ 88.

Favorinus, Φαβωρῖνος, d'Arles, fleurit, suivant saint Jérôme, vers l'année 132 après J.-C. (2). Aulu-Gelle, *Noctes Atticae*, l. 2, ch. 22, § 20, raconte d'après lui que le nom gaulois du vent nord-ouest est *circius* (3); Favorinus était à la fois philosophe, rhéteur, grammairien, historien, et c'était en grec qu'il écrivait (4).

§ 89.

Dans les célèbres satires de Juvénal, qui paraît avoir vécu de l'an 60 à l'an 140 de notre ère (5), il y a un mot intéressant pour les linguistes, c'est l'accusatif singulier *Allobroga* du nom de la peu-

---

(1) Teuffel-Schwabe, § 159, 5; t. I, p. 267-268; Goetz dans *Paulys Realencyclopaedie*, édition Wissowa, t. I, col. 2618, 2619.

(2) Teuffel-Schwabe, § 151, 3; t. II, p. 885-886; Croiset, t. V, p. 539-542.

(3) *Auli Gellii noctium atticarum* libri XX, édition donnée par Martin Herz chez Teubner, 1871-1872, t. I, p. 96.

(4) Christ, § 510, p. 705; Ch. Müller, *Fragmenta historicorum graecorum*, t. III, p. 577-585.

(5) Teuffel-Schwabe, § 331, t. II, p. 816-823; Schanz, 2ᵉ partie, seconde section, § 418-420 a, p. 166-185; Petrie et Thomas Duffus Hardy, *Monumenta historica britannica*, t. I, p. XCI.

plade gauloise des Allobroges ; on lit dans la satire VII, les vers 213-214 :

> Sed Rufum atque alios caedit sua quemque juventus,
> Rufum, quem totiens Ciceronem Allobroga dixit.

Rufus, rhéteur, était probablement originaire de Vienne, Isère ; ses auditeurs disaient de lui qu'il était un Cicéron Allobroge ; à Rome, cette épithète était prise en mauvaise part (1), malgré l'assertion du même Juvénal, satire XV, vers 111 : « l'éloquente Gaule a formé des avocats en Grande-Bretagne » :

> Gallia causidicos docuit facunda Britannos.

L'accusatif singulier *Allobroga* est la conséquence de l'*e* bref de *Suessŏnĕs* chez Lucain, l. I, vers 423 :

> Et Biturix longisque leves Suessones in armis.

Les Romains appliquant au Gaulois, langue qu'ils ne savaient pas, les règles de la grammaire grecque qu'ils avaient apprise, faisaient bref l'*a* long dans la désinence de l'accusatif pluriel gaulois :

> Pugnaces pictis cohibebant Lingonas armis (2),

et en conséquence, également par application de la grammaire grecque, ils donnaient au nom de peu-

---

(1) Juvénal, édition donnée chez Hirzel par L. Friedländer, 1895, p. 395.
(2) Lucain, l. I, vers 398, éd. P. Lejay, p. 53.

ple *Allobrox* un accusatif singulier *Allobroga* au lieu d'*Allobrogen* ou *Allobrogin* qu'exige la grammaire comparée des langues celtiques.

C'est dans une glose de Juvénal que se trouve l'explication du nom des Allobroges par *broga*, en latin *agrum*, et par *alla*, en latin *aliud* (1).

Dans la satire VIII, vers 234, les *Sēnŏnes* qui ont pris Rome en 390, Σήνωνες chez Polybe sont changés en *Sĕnŏnes*,

> Ut bracatorum pueri, Senonumque minores (2).

Cette confusion est d'un usage général depuis la conquête de la Gaule Transalpine par Jules César : les habitants de Sens sont considérés comme identiques à ceux de Senigaglia.

§ 90.

Denis le Periégète, Διονύσιος περιηγητής, originaire d'Alexandrie, écrivit sous Hadrien, 117-158, une description du monde connu par les Grecs et les Romains, Περιήγησις τῆς οἰκουμένης, en 1187 vers hexamètres (3). C'est une compilation : mais l'auteur a eu entre les mains des documents qui remontent à une haute antiquité.

---

(1) Juvénal, éd. d'Otto Jahn, 1851, p. 303.
(2) Juvénal, éd. Friedländer, p. 428.
(3) Christ, § 499, p. 691; Croiset, t. V, p. 620; Cougny, t. I, p. 2-5; D. Bouquet, t. I, p. 90-91; Petrie et Thomas Duffus Hardy, *Monumenta historica britannica*, t. I, p. XVI-XVII.

Ainsi au vers 338, il parle des *Kempsi*, Κεμψοί, qui en Espagne ont précédé les Celtes. Il emprunte probablement cette mention au périple d'Himilcon qui remonte aux environs de l'an 500 avant J.-C. (1).

Conformément à l'erreur générale, il distingue des îles Britanniques, les îles de l'étain, c'est-à-dire les Cassitérides (2).

§ 91.

Ptolémée, Κλαύδιος Πτολεμαῖος, né en Egypte à Alexandrie, vivait sous Hadrien, 117-138, et sous Marc-Aurèle, 161-180 ; les observations qu'il a faites et qu'il rappelle, se placent entre les années 125 et 151 (3).

Il nous a laissé une géographie, Γεωγραφικὴ ὑφήγησις, qui est un des documents les plus importants que nous possédions sur les divisions politiques et administratives et sur la toponomastique du monde connu des Romains : on y voit décrites au l. II : l'Irlande, ch. 2 (4); la Grande-Bretagne, ch. 3 (5); la

---

(1) Pline, l. II, § 169 ; cf. Ch. Müller, *Geographi graeci minores*, t. II, p. 123.

(2) Denys le Periégète, v. 560-569 ; Ch. Müller, *Geographi graeci minores*, p. 139-140.

(3) Christ, § 498, p. 687 ; Croiset, t. V, p. 706-710 ; Cougny, t. I, p. 246-309 ; D. Bouquet, t. I, p. 68-94 ; Petrie et Thomas Duffus Hardy, *Monumenta historica britannica*, t. I, p. x-xvi, xciii.

(4) Edition donnée chez Didot par Ch. Müller, t. I, p. 74-81 ; Petrie et Thomas Duffus Hardy, *Monumenta historica britannica*, t. I, p. xi-xii.

(5) Müller, p. 82-106 ; Petrie et Thomas Duffus Hardy, *Monumenta historica britannica*, p. xii-xv.

péninsule Ibérique, ch. 4-6 (1); la Gaule, ch. 7-10 (2); la Germanie, ch. 11 (3); la Rétie, la Vindélicie, ch. 12 (4); le Norique, ch. 13 (5); la Pannonie, ch. 14, 15 (6).

Au l. III, ch. 1, nous trouvons l'Italie, avec des régions habitées des Celtes aux § 18, 19, 20, 22, 25, 27-36, 42 (7); ch. 5, § 15, *Carrodunum*, ville celtique de la Sarmatie (8), aujourd'hui dans la Russie méridionale; ch. 6 et 7, les deux Mésie, l'une supérieure, l'autre inférieure avec des villes celtiques telles que : *Singidunum*, Belgrade, Serbie, ch. 6, § 3 (9); *Noviodunum*, Isaaktscha, Dobrudscha, ch. 7, § 2 (10); *Durostorum*, Silistrie, Bulgarie, ch. 7, § 5 (11).

Au l. V, ch. 4, la Galatie est décrite (12).

Dans le l. VIII, reparaissent d'abord les îles Britanniques, ch. 3 (13); ensuite la péninsule Ibé-

---

(1) Müller, p. 106-198; Cougny, t. I, p. 248-249.
(2) Müller, p. 198-247; Cougny, t. I, p. 248-281.
(3) Müller, p. 247-276.
(4) Müller, p. 277-284.
(5) Müller, p. 285-289.
(6) Müller, p. 289-302; Cougny, t. I, p. 280-281.
(7) Müller, p. 333-335, 337-346; Cougny, t. I, p. 282-289.
(8) Müller, p. 434.
(9) Müller, p. 453.
(10) Müller, p. 458; cf. § 5, p. 468.
(11) Müller, p. 466.
(12) Edition donnée chez Tauchnitz en 1843-1845, par Charles-Frédéric-Auguste Nobbe, t. II, p. 18-22; Cougny, t. I, p. 288-297.
(13) Nobbe, t. II, p. 196-197.

rique, ch. 4 (1) ; la Gaule, ch. 5 (2) ; enfin au ch. 6, la Germanie (3) ; au ch. 7, la Rétie, la Vindélicie, les deux Pannonie (4) ; au ch. 8, l'Italie (5) ; au ch. 17, § 26-29, la Galatie (6).

§ 92.

Appien, Ἀππιανὸς, venu d'Alexandrie à Rome sous l'empereur Hadrien, 117-138, écrivit plus tard, c'est-à-dire vers la fin du règne d'Antonin, 138-161, un recueil d'études historiques sur l'histoire romaine, Ῥωμαϊκά (7).

Son livre IV était spécialement consacré aux relations des Romains avec les Celtes depuis la prise de Rome jusques et y compris la conquête de la Gaule Transalpine par Jules César. Malheureusement il ne nous en est resté que des fragments (8), où se trouvent reproduites les erreurs

(1) Nobbe, t. II, p. 198-199.
(2) Nobbe, t. II, p. 199-201 ; Gougny, t. I, p. 298-301; D. Bouquet, t. I, p. 87-88.
(3) Nobbe, t. II, p. 201-202.
(4) Nobbe, t. II, p. 202-204.
(5) Nobbe, t. II, p. 204-206; Cougny, t. I, p. 302-303.
(6) Nobbe, t. II, p. 226-227; Cougny, t. I, p. 304-305; D. Bouquet, t. I, p. 89-90.
(7) Christ, § 488, p. 673-674; Croiset, t. V, p. 672-678; article de Schwartz dans *Paulys Realencyclopaedie*, édition Wissowa, t. II, col. 215-237; Cougny, t. IV, p. 2-133; D. Bouquet, t. I, p. 451-462; Petrie et Thomas Duffus Hardy, *Monumenta historica britannica*, t. I, p. L, XCIII.
(8) Appien, éd. Didot, p. 24-30; Cougny, t. IV, p. 8-35; D. Bouquet, t. I, p. 459-461.

traditionnelles sur M. Furius Camillus, Manlius Torquatus, Valerius Corvus et la confusion des Celtes avec les Germains, lors de l'invasion des Cimbres et des Teutons.

Nous signalerons en outre dans les fragments du livre III, qui traite des Samnites, les quelques lignes consacrées à la destruction des Senons d'Italie en 283 (1).

Le livre VI intitulé *affaires ibériques*, Ἰϐηρική, est très important pour l'histoire des Celtes de la péninsule ibérique (2).

Le livre VII concernant Annibal, Ἀννιϐαϊκή, et le livre VIII, Λιϐυκή, où il est question des guerres des Romains contre Carthage sont à consulter sur le rôle des Celtes dans la seconde guerre punique (3).

Dans les livres consacrés à la Syrie, Συριακή, à Mithridate, Μιθριδάτειος, il y a des renseignements intéressants sur les Gaulois d'Asie (4).

Le livre qui traite de l'Illyrie, Ἰλλυρική, donne quelques indications sur la principale population celtique de l'Europe orientale, nous voulons parler des Scordisques (5).

---

(1) Appien, éd. Didot, p. 18; Cougny, t. IV, p. 6-9.
(2) Appien, éd. Didot, p. 34-74. Les extraits donnés par Cougny, t. IV, p. 37-41, sont tout à fait insuffisants.
(3) Appien, éd. Didot, p. 75-164: Cougny, t. IV, p. 40-59.
(4) Appien, éd. Didot, p. 175-270; Cougny, p. 62-75.
(5) Appien, éd. Didot, p. 271-283; Cougny, p. 74-83; D. Bouquet, t. I, p. 461-462.

Dans les cinq livres des guerres civiles, Ἐμφυλίων, de Sylla à Auguste, le nom des Galates et des Celtes apparaît souvent (1); la plus récente mention qui concerne la Gaule est celle de la victoire d'Agrippa, sur les Aquitains, l'an 38 avant J.-C. (2).

§ 93.

Arrien, Φλάουιος Ἀρριανός, Flavius Arrianus, 95-175 environ, originaire de Nicomédie (3), est surtout connu par son histoire de l'expédition d'Alexandre. Il y mentionne les deux ambassades envoyées par les Celtes à Alexandre le Grand, l'une au début de son règne le trouve sur les bords du Danube (4), l'autre peu de temps avant sa mort se présente à lui pendant son séjour à Babylone (5).

Les traités de la tactique et de la Cynégétique dus au même auteur ne manquent pas d'intérêt au point de vue celtique.

Arrien, au traité de la tactique, ch. 33, § 1, constate que les Romains ont emprunté aux Celtes

---

(1) Appien, éd. Didot, p. 284-573; Cougny, t. IV, p. 82-133; D. Bouquet, t. I, p. 451-461.

(2) Mommsen, *Römische Geschichte*, t. V, 2ᵉ éd. p. 72.

(3) Christ, § 487, p. 669-673; Croiset, t. V, p. 661-672; Schwartz, dans *Paulys Realencyclopaedie*, édition Wissowa, t. II, col. 1230-1247; Cougny, t. I, p. 244-245; t. III, p. 360-375; t. VI, p. 56-57.

(4) L. I, c. 4, § 6-8; édition donnée chez Didot par Ch. Müller, p. 5; Cougny, t. III, p. 360, 361.

(5) L. VII, c. 15, § 4; éd. Ch. Müller, p. 190; Cougny, t. III, p. 362-363.

un certain nombre de mots concernant l'art de la guerre, tel est le mot *petrina* (1), désignant une certaine manière de lancer le javelot.

Le traité de la Cynégétique, ch. 3, nous apprend que les Celtes ne se servent pas de filets à à la chasse, et il nous parle de leurs chiens qu'ils appelent *segusii*, ἐγουσίαι, et *vertragi*, οὐέρτραγοι (2). Aux chapitres 19-21, il raconte comment la chasse aux lièvres se pratique chez les Celtes (3). Le chapitre 34, § 1, traite du culte rendu à la déesse celtique de la chasse, à laquelle Arrien donne un nom grec, Artémis (4).

§ 94.

Aulu-Gelle, Aulus-Gellius écrivit, vers l'année 160 (5), ses *Noctes Atticae* en vingt livres qui, sauf le huitième, nous sont tous parvenus. C'est un recueil de mélanges où abondent les citations de textes plus anciens que le compilateur. Celui-ci est le principal auteur par lequel nous connaissons les annales de Q. Claudius Quadrigarius, étu-

---

(1) Arrien, éd. Ch. Müller, p. 280, l. 27-32; Cougny, t. III, p. 362-365. Pour d'autres mots, voir c. 42, § 4; c. 43, § 3; Müller, p. 285, l. 22-38; p. 286, l. 1-5; Cougny, t. III, p. 364-365.

(2) Arrien, éd. Ch. Müller, p. 288, l. 41; p. 289, l. 7; Cougny, t. III, p. 368-373.

(3) Arrien, éd. Ch. Müller, p. 297-298; Cougny, t. III, p. 372-373.

(4) Arrien, éd. Ch. Müller, p. 302-303; Cougny, p. 374-375.

(5) Teuffel-Schwabe, § 365, t. II, p. 913-916; Schanz, 3ᵉ partie, § 607-609, p. 158-162.

diées au § 45. Mais Aulu-Gelle ne cite pas d'autorité quand il explique l'expression proverbiale *aurum tolosanum* pour dire « porte malheur, » en rappelant le pillage de l'or sacré de Toulouse par le consul Q. Servilius Caepio, en 106 avant notre ère, et la fin malheureuse de ce magistrat romain qui périt avec son armée l'année suivante (1). C'est également par Aulu-Gelle que nous connaissons un usage gaulois : teindre d'ellébore les flèches dont on se servait à la chasse (2).

§ 95.

Polyen, Πολύαινος, dédia aux empereurs Marc-Aurèle et Lucius Verus, 161-168, huit livres de stratagèmes (3). Nous avons perdu une partie du sixième et du septième. Nous avons conservé le reste. Il y est souvent question des Gaulois (4). Par exemple on y voit comment Camma, en s'empoisonnant elle-même volontairement, empoisonna

---

(1) Aulu-Gelle, l. III, c. 9, § 7 ; édition donnée chez Teubner par Martin Herz, 1871, t. I, p. 123 ; cf. Mommsen, *Römische Geschichte*, 6ᵉ édit., t. II, p. 175-176.

(2) Aulu-Gelle, l. XVII, c. 15, § 7, éd. Martin Herz, t. II, p. 191.

(3) Christ, § 493, p. 680-681 ; Croiset, t. V, p. 683-684 ; D. Bouquet, t. I, p. 696-703.

(4) Nous citerons d'après l'édition donnée chez Teubner, en 1860, par Edouard Woelflin, l. IV, c. 6, § 17, p. 151-152 ; c. 8, § 1, p. 157-158 ; c. 20, p. 169 ; l. VII, c. 35, p. 272, 273 ; c. 50, p. 280 ; l. VIII, c. 7, § 2, p. 286 ; c. 23, § 2-11, p. 298-302 ; c. 25, § 1, p. 308 ; c. 39, p. 316-317 ; c. 50, p. 325 ; c. 61, p. 333.

le tétrarque Sinorix qui l'avait rendue veuve en tuant le tétrarque Sinatos son mari, qui fut ainsi vengé.

§ 96.

Pausanias, Παυσανίας, qui écrivait aux environs de l'année 173 après J.-C. (1), est une des sources à consulter sur l'invasion celtique en Grèce, 279 avant notre ère. Il y copie probablement Jérôme de Cardie.

Mais il nous donne aussi sur les Celtes quelques renseignements d'une autre origine. Il dit, par exemple, que chez les Galates de Pessinunte, c'est-à-dire du centre de l'Asie Mineure, l'usage était de ne pas manger de cochon (2). Ce respect du cochon était probablement le résultat de son identité avec le sanglier, porté sur les enseignes gauloises et probablement divinisé. Ce sanglier reparaît au moyen âge, d'abord dans la bizarre composition qu'on attribue à Nennius, puis dans la littérature galloise et dans la littérature française qui en est imitée ; c'est un animal fantastique, le *porcus troit*, poursuivi par Arthur dans une chasse

---

(1) Christ, § 501, p. 692-695; Croiset, t. V, p. 679-683; cf. D. Bouquet, t. I, p. 462-478; Cougny, t. IV, p. 134-201.

(2) « Ὑῶν οὐχ ἁπτόμενοι; » édition donnée chez Didot par Louis Dindorf, l. VII, c. 17, § 10, p. 344, l. 2; Cougny, p. 448; D. Bouquet, t. I, p. 466.

célèbre (1). Cette chasse est racontée dans le *Mabinogi* de Kulhwch et Olwen, où l'animal merveilleux s'appelle *twrch trwyth* (2). Cet animal imaginaire paraît identique au « blanc sengler » du lai de Guingamor (3) ; il était connu des Irlandais sous le nom d'*orc treith*, « sanglier du roi. » Déjà à l'époque romaine, *Moccus*, « cochon, » est le surnom de *Mercurius*, dans une inscription de Langres (4). Les Gallo-Romains avaient donc une divinité assimilée au Mercure romain et qu'ils se représentaient sous la forme d'un cochon, c'est-à-dire probablement sous la forme d'un cochon sauvage ou d'un sanglier. Peut-être y a-t-il un rapport entre la croyance religieuse que cette inscription atteste et une tradition milanaise rapportée par Claudien et Sidoine Apollinaire. Claudien appelle les remparts de Milan :

                                  moenia Gallis
Condita, lanigeri suis ostentantia pellem (5).

(1) Nennius chez Mommsen, *Chronica minora*, t. III, p. 217, l. 18 et note ; cf. *Revue celtique*, t. XVII, p. 100 ; J. H. Todd, *The irish versio of the Historia Britonum*, p. 117, note 5 ; Rhys, *Hibbert Lectures*, p. 29, et *Transactions of the honorable society Cymmrodorion*, session 1894-1895, p. 1-34.

(2) Traduction des Mabinogion par J. Loth, *Cours de littérature celtique*, t. III, p. 252-281.

(3) F. Lot, cité dans *Revue celtique*, t. XVIII, p. 124.

(4) Holder, *Altceltischer Sprachschatz*, t. II, col. 606.

(5) *De nuptiis Honorii et Mariae*, vers 182-183 ; édition donnée chez Teubner par Louis Jeep (1876), t. I, p. 109.

Chez Sidoine Apollinaire, les champs milanais sont les

> Rura...
> ... quae lanigero de sue nomen habent (1).

Milan aurait donc connu comme Langres le culte du sanglier, et ce sanglier semble avoir été une forme d'une divinité celtique que les conquérants romains ont prétendu identifier à leur Mercure.

§ 97.

Le célèbre médecin Galien, Claudius Galenus, né vers 130 à Pergame, mort au plus tôt en 201 (2), a écrit sur sa profession plusieurs ouvrages. Il y prétend qu'il reçoit de la Celtique des demandes de consultation. Il parle de la blancheur du teint des Celtes. Il donne le nom d'un certain Abascantos qui exerça la médecine à Lyon, etc...

§ 98.

Lucien, Λουκιανός, né vers l'an 120, écrivait encore

---

(1) *Epistolarum*, l. VII, ep. 17, vers 19-20; édition donnée par Chrétien Luetjohann, dans *Monumenta Germanica historica*, *Auctorum antiquissimorum* t. VIII (1887), p. 124. On a cru dans l'antiquité que *Medio-lanum* était un nom composé dont le second terme venait du latin *lana*, et que dans ce composé le second terme désignait le poil ou les soies du sanglier ou du cochon. C'est une étymologie absurde.

(2) Christ, § 645, p. 858-860; Croiset, t. V, p. 715-726; Cougny, t. VI, p. 38-53.

§ 98. LUCIEN.

après l'année 180 de notre ère (1). Dans le livre intitulé *Zeuxis* ou *Antiochos*, il raconte une bataille livrée par le roi grec Antiochos Sôtér aux Gaulois qui avaient quatre-vingts chars armés de faux (2) : c'était entre les années 278 et 275 av. J.-C. (3). Dans l'*Apologie*, il parle des sophistes qui, en Celtique, gagnent beaucoup d'argent (4). Tout le monde sait ce que, dans son discours sur Héraclès, il dit du dieu gaulois Ogmios (5). Enfin il nous apprend qu'en Asie Mineure le faux devin Alexandre, son contemporain, recevait quelquefois des questions en langue celtique, κελτιστί (6).

(1) Christ, § 533, 534, p. 738-747 ; Croiset, t. V, p. 585-616 ; cf. D. Bouquet, t. I, p. 691-696 ; Cougny, t. VI, p. 66-81, 170-171.

(2) Cougny, t. VI, p. 68 ; D. Bouquet, t. I, p. 691-692 ; édition Didot, p. 247. En Irlande Cúchulainn eut, suivant la légende, un char armé de faux.

(3) Paulys *Realencyclopaedie*, édit. Wissowa, t. I, col. 2453, article de M. Wellmann.

(4) *Apologia*, § 15 ; édition Didot, p. 203.

(5) Edition Didot, p. 598 ; D. Bouquet, t. I, p. 694-695 ; Cougny, t. VI, p. 76-81.

(6) Edition Didot, p. 341, § 51 ; Cougny, t. VI, p. 171.

VINGT ET UNIÈME LEÇON.

§ 99.

Athénée, Ἀθήναιος, compila après la mort de l'empereur Commode, 193 de notre ère, les quinze livres de son festin des philosophes, Δειπνοσοφισταί, où se trouvent notamment d'importants extraits de Poseidonios, de Théopompe, de Nicolas de Damas, de Polybe. Nous en avons déjà parlé. Mentionnons en outre une citation de Sopatros de Paphos qui, dans la première moitié du troisième siècle avant J.-C., accusa les Gaulois de tuer les prisonniers de guerre (1).

§ 100.

En l'année 208 avant J.-C., Tertullien, dans son

---

(1) Christ, § 532, p. 734-738; Croiset, t. V, p. 778-780; D. Bouquet, I, p. 703-710; cf. l'édition donnée chez Teubner, en 1858, par Auguste Meineke, l. II, c. 51; l. II, c. 34, 36, 37, 40, 51; l. V, c. 22, 40; l. VI, c. 23, 25, 49, 54, 60; l. VIII, c. 4; l. X, c. 60; l. XIII, c. 64; t. I, p. 104, 170, 272-274, 276, 287, 346, 367, 414, 415, 436, 441, 447; t. II, p. 103, 303; t. III, p. 69; Petrie et Thomas Duffus Hardy, *Monumenta historica britannica*, t. I, p. xciv.

livre *Adversus Judaeos*, c. 7, § 22, donne la liste des peuples convertis au christianisme ; il y place, évidemment avec un peu d'exagération, toutes les Espagnes, les diverses nations des Gaules et, dans les îles Britanniques, des régions où les Romains n'étaient pas encore parvenus (1). Dans son Apologétique écrite un peu antérieurement, il affirme, après Minucius Félix, que les Gaulois immolaient à Mercure des victimes humaines ; et dans son ouvrage, *De cultu feminarum*, l. II, c. 6, il blâme les femmes romaines qui, étant brunes, teignent leurs cheveux en jaune pour ressembler aux femmes celtes et germaines (2). Dans son traité *Divinarum institutionum*, l. I, c. 21, *De falsa religione*, il répète, d'après Lucain, que les Gaulois immolent

---

(1) Edition donnée à Leipzig, chez Weigel, par François Oehler, t. II (1854), p. 713 ; Migne, *Patrologia latina*, t. II, col. 610 ; Haddan and Stubbs, *Councils and ecclesiastical documents relatings to Great Britain and Ireland*, t. I, p. 3. La date que nous donnons est celle qu'indiquent les savants anglais. Suivant la dissertation imprimée en tête de l'édition de Migne, t. I, col. 58, il faudrait dire 199. Saint Pothin, premier évêque de Lyon, mourut en 177 ; Duchesne, *Les fastes épiscopaux de l'ancienne Gaule*, t. I, p. 7 ; t. II, p. 161. Sur Tertullien, voyez Teuffel-Schwabe, § 373, p. 939-945 ; Schanz, 3ᵉ partie, § 659-704, p. 240-302.

(2) Edition donnée à Leipzig, chez Weigel, par François Oehler, t. I (1853), p. 721-722. Pour les textes de Tertullien, voyez Migne, *Patrologia latina*, t. I, col. 316-322. Pour celui de Minutius Félix, même collection, t. III, col. 334, et l'édition donnée par C. Halm, dans le tome II du *Corpus* de l'Académie de Vienne, p. 43-44. Minucius Félix se place entre les années 138 et 193 ; Teuffel-Schwabe, § 368, p. 927-931.

des victimes humaines à Esus et à Teutates (1). Il y a là, comme plus haut, une erreur de date : au temps de Tertullien, les sacrifices humains avaient depuis longtemps cessé en Gaule.

Au point de vue de l'histoire du christianisme dans les îles Britanniques, le passage de Tertullien cité en premier lieu est le texte le plus ancien que nous possédions. Pour cette histoire pendant le quatrième siècle, Haddan et Stubbs ont réuni des textes d'Origène, 239, 246 ; de saint Athanase, 350-363 ; de saint Hilaire de Poitiers, 358-367 ; de saint Chrysostôme, 386-407 ; de saint Jérôme (2).

§ 101.

Sous l'empereur Caracalla, 211-217 de notre ère, vivait Oppien, Ὀππιανός, auteur d'une cynégétique grecque, où, l. IV, vers 468-480, il vante les chiens bretons (3), comme le fera plus tard Némésien, ainsi qu'on verra au § 109.

---

(1) Migne, *Patrologia latina*, t. VI, col. 259 ; D. Bouquet, t. I, p. 710 ; édition de l'Académie de Vienne, t. XIX, p. 79.

(2) *Councils and ecclesiastical documents relating to Great Britain and Ireland*, t. I, 1869, p. 4-11. Une partie de ces textes avait été donnée déjà, en 1848, par Petrie et Thomas Duffus Hardy, *Monumenta historica Britannica*, t. I, p. xciv, xcv, xcvi.

(3) Sur Oppien, voyez Christ, § 456, p. 629-630 ; Croiset, t. V, p. 621-622 ; Petrie et Thomas Duffus Hardy, *Monumenta historica Britannica*, t. I, p. xciii ; le passage cité se trouve aux pages 9-10 de l'édition d'Oppien, donnée par F. S. Lehrs et K. Lehrs, à la suite du *Théocrite* de Didot.

§ 102.

Dion Cassius, né vers l'année 150, mort vers 235, écrivit de 211 à 230 environ une histoire romaine Ῥωμαϊκὴ ἱστορία en quatre-vingts livres (1). On a conservé les livres 36-60 contenant le récit des événements qui ont eu lieu pendant un peu plus d'un siècle de l'an 68 avant J.-C. à l'an 46 après J.-C. Pour les temps postérieurs il faut se contenter d'un abrégé écrit au onzième siècle par Xiphilin; pour les temps antérieurs, on est réduit à un autre abrégé rédigé au douzième siècle par Zonaras (2) et à un certain nombre d'extraits du texte original qui ont été recueillis par divers compilateurs byzantins.

Dion Cassius, Δίων ὁ Κάσσιος ὁ Κοκκηιανός, a eu par exemple pour la guerre des Gaules des renseignements intéressants sur divers points de détail qui font défaut dans les commentaires de Jules César. Nous ne citerons qu'un exemple, nous le prendrons dans le récit de la capitulation d'Alise, l'an 52 avant J.-C. Jules César avait exigé une capitulation sans condition : on devait d'abord lui livrer

(1) Christ, § 489, p. 675-677; Croiset, t. V, p. 806-810; D. Bouquet, t. I, p. 487-531; Cougny, t. IV, p. 202-395; t. V, p. 2-49; Petrie et Thomas Duffus Hardy, *Monumenta historica Britannica*, t. I, p. L-LXIV, XCIV-XCV.

(2) Sur Xiphilin et sur Zonaras, voyez Karl Krumbacher, *Geschichte der byzantinischen Litteratur* (1891), § 61, 62, p. 141-146.

les armes et les chefs : *jubet arma tradi, principes produci.* Il s'assit en avant de son camp, en dedans des fortifications qu'il avait fait élever ; là on lui amena les généraux, Vercingétorix vint se livrer à lui, on jeta les armes de la garnison : *Ipse in munitione pro castris consedit; eo duces producuntur, Vercingetorix deditur, arma projiciuntur* (1). Voici le récit d'Amédée Thierry : « Vercingétorix
» n'attendit point que les centurions romains le
» traînassent pieds et poings liés aux pieds de Cé-
» sar. Montant sur son cheval enharnaché comme
» dans un jour de bataille, revêtu lui-même de sa
» plus riche armure, il sortit de la ville et traversa
» au galop l'intervalle des deux camps jusqu'au
» lieu où siégeait le proconsul. Soit que la rapi-
» dité de sa course l'eût emporté trop loin, soit
» qu'il ne ne fît par là qu'accomplir un cérémonial
» usité, il tourna en cercle autour du tribunal,
» sauta de cheval, et, prenant son épée, son jave-
» lot et son casque, les jeta aux pieds du Romain
» sans prononcer une parole. » Les mots dont se sert Plutarque, auquel ce récit est emprunté, ἡσυχίαν ἦγεν (2), sont susceptibles de deux traductions, « il garda le silence » ou « il resta sans mouvement. » La seconde traduction est seule admissible ici, car il est certain que Vercingétorix

---

(1) *De bello gallico*, l. VII, c. 88.
(2) Plutarque, *César*, c. 27 ; Cougny, t. III, p. 252 ; *Vies*, éd. Didot, p. 860.

parla ; comme Florus le raconte dans son *Epitoma*; Vercingétorix dit à César : « Prends un brave ; toi, brave des braves, tu as vaincu : » *Habe, inquit, fortem virum ; vir fortissime, vicisti* (1) ; et il demanda grâce, il était suppliant, *supplex*, dit Florus, copiant Tite-Live, et comment était-il *supplex?* Il s'était mis à genoux (2) et avait joint les mains : ce fut par ce double geste seulement qu'il demanda grâce : en ce moment sa bouche resta muette, il n'implora pas autrement le pardon de César son ancien ami ; c'est à ce moment que s'appliquent les paroles de Dion, εἶπε μὲν οὐδέν. Il ne résulte pas de là qu'il n'ait point prononcé avant de se mettre à genoux les paroles que lui attribue Florus. Du passage précité de Plutarque, il n'y a qu'un membre de phrase important à retenir, c'est celui où il est rapporté que Vercingétorix fit faire à son cheval un cercle autour de César (3). On peut ajouter qu'il lui fit faire ce cercle en commençant par la droite pour finir par la gauche. C'était dans la croyance celtique un moyen de s'assurer une heureuse chance (4). Hélas ! cette manœuvre d'équita-

---

(1) *Epitoma*, l. I, c. 44 ; édition d'Otto Jahn, p. 74, l. 1-3.
(2) Il était à genoux, πεσὼν δὲ ἐς γόνυ (Dion Cassius, l. XL, ch. 41, § 2 ; éd. d'Emmanuel Bekker, t. I, p. 230 ; Cougny, t. IV, p. 330 ; D. Bouquet, t. I, p. 713 E), et non assis, καθίσας, aux pieds de César, comme le dit Plutarque, *César*, c. 27 ; Cougny, t. III, p. 252-253 ; D. Bouquet, t. I, p. 410 C ; *Vies*, éd. Didot, p. 860.
(3) « Κύκλῳ περὶ τὸν Καίσαρα καθεζόμενον ἐλάσας. »
(4) *Cours de littérature celtique*, t. VI, p. 143, 255.

tion ne fut pas plus utile à Vercingétorix que la génuflexion, les mains jointes et le souvenir de l'ancienne amitié qui l'avait lié avec César.

§ 103.

Philostrate II et Philostrate III. Φιλόστρατοι, ont été contemporains de Dion Cassius. Philostrate II enseigna à Rome sous Septime Sévère, 193-211. Il écrivit une vie d'Apollonius de Tyane à la demande de Julia Domna, morte en 217, et un recueil de vies des sophistes un peu après l'année 229. Philostrate III, gendre de Philostrate II, fut exempté d'impôts par Caracalla (211-217) et écrivit un livre des images, Εἰκόνες (1). Dans ces trois ouvrages il est quelquefois question des Celtes. Nous citerons dans les vies des sophistes ce qui est dit du Gaulois Favorinos (2) et dans les *Images* les quelques lignes qui nous apprennent que les Celtes, au troisième siècle de notre ère, connaissaient la peinture en émail sur le cuivre (3).

(1) Christ, § 524-526, p. 724-728; Croiset, t. V, p. 761-773; Cougny, t. V, p. 86-97.
(2) *Vies des sophistes*, l. I, c. 8, § 1, édition de Philostrate donnée chez Didot par Westermann, p. 199-200; l. I, c. 25, § 12, 23, p. 221, 223, 224; l. II, c. 1, § 34, p. 234; c. 5, § 12, p. 240; c. 6, p. 240. Cougny, t. V, p. 90-93.
(3) L. I, c. 27 (28), § 3; édition Westermann, p. 361; Cougny, t. V, p. 96-97.

§ 104.

Diogène Laërce, Διογένης ὁ Λαέρτιος, Diogenes Laertios, ou Laertios Diogenes, paraît avoir écrit entre 180 et 222 (1). Nous lui devons, entre autres renseignements, la traduction en grec de la plus ancienne triade celtique que nous connaissions ; il l'attribue aux Druides : « Honorer les dieux, ne pas faire de mal, être brave (2). »

§ 105.

Elien, Αἰλιανός, Claudius Aelianus rédigea, après la mort de l'empereur Héliogabale, 222 de notre ère, un traité de la nature des animaux en dix-sept livres, et quatorze livres d'histoires diverses, où il y a quelques mots qui concernent les Gaulois (3). On y trouve par exemple reproduit le tableau du Celte en armes marchant contre les flots (cf. ci-dessus, § 16, p. 55, § 74, p. 267), et ce ta-

---

(1) Christ, § 314, p. 707-709; Croiset, t. V, p. 818; Cougny, t. V, p. 82-85.

(2) Diogène Laërce, Vies des philosophes, préambule, § 6; édition donnée chez Didot par C. G. Cobet, p. 2, l. 21-23 : « Σέβειν θεούς, μηδὲν κακὸν δρᾶν καὶ ἀνδρείαν ἀσκεῖν, » Cougny, t. V, p. 84-85.

(3) Christ, § 529, p. 730-733; Croiset, t. V, p. 773-777; Cougny, t. V, p. 102-107; édition donnée chez Didot par R. Hercher, p. 108, l. 36-40; p. 213-214; p. 227, l. 26, 29; p. 263, l. 2-7; p. 287, l. 5-16; Petrie et Thomas Duffus Hardy, Monumenta historica britannica, t. I, p. xciv.

bleau suit un passage où il est dit que la mort glorieuse des guerriers est chez les Gaulois un sujet de chants (1).

§ 106.

Le jurisconsulte Ulpien, Ulpianus, mort en 228, avait écrit un traité des fidéicommis ; il y déclare que les fidéicommis peuvent être rédigés en gaulois, *gallicana [lingua]* (2).

§ 107.

Hérodien, Ἡρωδιανός, a composé un ouvrage, Τῆς μετὰ Μάρκον βασιλείας ἱστορίαι, qui comprend l'histoire de cinquante-neuf ans, depuis la mort de Marc-Aurèle jusqu'à l'avènement de Gordien III, 180-238 (3). Il y donne des détails sur les guerres faites

---

(1) « Τῶν ᾀσμάτων οὖν ὑποθέσεις ποιοῦνται τοὺς ἀνθρώπους τοὺς ἀποθανόντας ἐν τῷ πολέμῳ καλῶς. » Elien, *Variae historiae*, l. XI, c. 23; édition Hercher, p. 391, l. 15-29; comparez en Irlande les morceaux épiques intitulés *Orgain*, « mort violente, » *Essai d'un catalogue de la littérature épique de l'Irlande*, p. 179-192, et chez Tite-Live, l. VI, c. 26, § 11, édition Weissenborn, 1863, partie II, p. 176, où l'on voit apparaître les Gaulois *ovantes moris sui carmina*. Il s'agit de l'année 295 avant J.-C., de Rome 459.

(2) Digeste, l. XXXII, titre 1, *De legatis et fideicommissis*, § 11. Sur Ulpien, voir Teuffel-Schwabe, § 376, t. II, p. 952-955; Schanz, 3ᵉ partie, § 621-624, p. 182-185.

(3) Christ, § 490, p. 677-678; Croiset, t. V, p. 813-826; D. Bouquet, t. I, p. 485-487; Cougny, t. V, p. 82-85; Petrie et Thomas Duffus Hardy, *Monumenta historica Britannica*, t. I, p. LXII.

en Gaule et en Grande-Bretagne par l'empereur Septime-Sévère, 193-211.

§ 108.

Solin, C. Julius Solinus, écrivait, suivant M. Mommsen, sous le règne de Valérien et de Gallien, 253-268. Il est l'auteur d'un livre intitulé *Collectanea rerum memorabilium* (1). Il y consacre quelques lignes à la Gaule, à l'Irlande, à la Grande-Bretagne, à la péninsule ibérique, aux îles Cassitérides (2).

Il accuse les Gaulois de faire des sacrifices humains, ce qui ne peut être vrai de son temps, et atteste un compilateur. C'est par Solin qu'on sait que suivant un certain M. Antonius, probablement M. Antonius Gnipho, les Ombriens seraient de race gauloise (3). M. Antonius Gnipho, Gaulois cisalpin, professait à Rome, dans la première moitié du premier siècle avant J.-C. Cf. plus haut, § 87.

§ 109.

Némésien, M. Olympius Nemesianus, aux vers 222-223 de sa *Cynégétique*, composée sous

---

(1) Teuffel-Schwabe, § 389, p. 979-982; Schanz, 3ᵉ partie, § 636, p. 201-203; D. Bouquet, t. I, p. 97; Petrie et Thomas Duffus Hardy, *Monumenta historica Britannica*, t. I, p. IX-X.

(2) Edition de Solin, donnée par Th. Mommsen, 1864, p. 111-117.

(3) Edition de Th. Mommsen, p. 37, l. 9-10; cf. p. XVI.

l'empereur Carus et sous ses fils, 282-284, fait comme Oppien, ainsi qu'on l'a vu au § 101, l'éloge des chiens bretons (1).

§ 110.

Porphyre, Πορφύριος, de Tyr, 233-304 environ après J.-C., composa des chroniques où il y a quelques mots sur les Gaulois dans la péninsule des Balkans au troisième siècle avant notre ère (2).

§ 111.

De l'année 297 date une liste des provinces qui alors composaient l'empire romain, *Nomina provinciarum omnium.* Suivant ce document, connu sous le nom de « liste de Vérone, » il y avait alors en Grande-Bretagne quatre provinces, en Gaule deux diocèses, celui des Gaules, *Galliarum,* et la Viennoise, *Viennensis,* le tout comprenant quatorze provinces (3). On peut en rapprocher les *Nomina*

---

(1) Sur Némésien, voyez Teuffel-Schwabe, § 386, t. II, p. 976-978; Schanz, § 517-518, 3ᵉ partie, p. 29-32. Le texte cité se trouve chez Petrie et Thomas Duffus Hardy, *Monumenta historica Britannica,* t. I, p. xcv; cf. *Poetae latini minores,* publié chez Teubner, par Emile Baehrens, t. III (1881), p. 198.

(2) Christ, § 621; p. 829-831; Croiset, t. V, p. 831-841; Cougny, t. V, p. 108-109; C. Müller, *Fragmenta historicorum graecorum,* t. III, p. 689-725.

(3) A. Riese, *Geographi latini minores* (1878), p. 127-129. Cf. Desjardins, *Géographie historique et administrative de la Gaule romaine,* t. III, p. 462-463; Teuffel-Schwabe, § 392, 9, p. 991.

omnium provinciarum ex laterculo Polemii Silvii, qui date de 385 environ (1), qui compte en Gaule dix-sept provinces, et, en Grande-Bretagne, cinq. Ce sont les chiffres que nous offre, vers 410, la *Notitia dignitatum*. Mais on retrouvera les chiffres de la liste de Vérone ci-dessous, § 119.

§ 112.

Le moment est venu de parler de deux collections très importantes pour l'histoire de l'empire romain : l'« Histoire Auguste » et les « Panégyriques. »

L' « Histoire Auguste » est un recueil de biographies des empereurs depuis Hadrien (117-138 de notre ère) inclus jusqu'à l'avènement de Dioclétien en 284. Ces vies ont été rédigées sous Dioclétien, 284-305, et sous Constantin, son successeur, mort en 337 (2).

Parmi les renseignements qu'elles donnent sur les Celtes, citons la construction des murs qui séparaient la Bretagne romaine de la Bretagne bar-

---

(1) Riese, *ibidem*, p. 130-132. Th. Mommsen, *Mémoire sur les provinces romaines et sur les listes qui nous en sont parvenues*, traduction d'Emile Picot, 1867, p. 44-46.

(2) Teuffel-Schwabe, § 392, 1-8, p. 987-991; § 402, p. 1014-1016; Schanz, 3ᵉ partie, § 545-548, p. 69-75; D. Bouquet, t. I, p. 536-541; Petrie et Thomas Duffus Hardy, *Monumenta historica Britannica*, t. I, p. LXIV-LXVI.

§ 112. HISTOIRE AUGUSTE. 309

bare ; l'un fut bâti par l'ordre d'Hadrien (1) ; l'autre est dû à Septime-Sévère, 193-211 (2).

On y voit qu'au III° siècle, en Gaule, où le druidisme avait disparu, il y avait des femmes qui prétendaient annoncer l'avenir et qu'on qualifiait de *Dryades;* l'une aurait prédit, en 235, la fin prochaine d'Alexandre Sévère, et ce serait en gaulois que, s'adressant à l'empereur lui-même, elle aurait fait cette prédiction (3).

Plus tard, l'empereur Aurélien, 270-275, aurait consulté des prophétesses gauloises, *Gallicanas Dryadas*, sur l'avenir de sa postérité (4). Une de ces femmes, *Dryas*, aurait prédit à Dioclétien qu'il deviendrait empereur (5).

Dans le livre où nous est racontée l'histoire des trente tyrans figurent les deux empereurs gaulois Esuvius Tetricus, le père et le fils, 268-273 (6). Le

---

(1) *De vita Hadriani*, c. 11, § 2 ; édition de l' « Histoire Auguste, » donnée chez Teubner par Hermann Peter, 1865, t. I, p. 12, l. 15-16 ; Petrie et Thomas Duffus Hardy, *Monumenta historica britannica*, t. I, p. LXV.

(2) *Severus*, c. 18, § 2 ; Hermann Peter, t. I, p. 138, l. 1-3 ; Petrie et Thomas Duffus Hardy, *Monumenta historica britannica*, t. I, p. LXV.

(3) *Alexander Severus*, c. 60, § 6 ; Hermann Peter, t. I, p. 271, l. 15-17 ; D. Bouquet, t. I, p. 538 B.

(4) *Aurelianus*, c. 44, § 4 ; Hermann Peter, t. II, p. 167, l. 25-28 ; D. Bouquet, t. I, p. 540 B et note d.

(5) *Numerianus*, c. 14, 15 ; Hermann Peter, t. II, p. 223, l. 7-31 ; p. 224, l. 1-2 ; D. Bouquet, t. I, p. 541 D.

(6) *Tyranni triginta*, c. 24-25 ; Hermann Peter, t. II, p. 113-114 ; D. Bouquet, t. I, p. 539 D.

gentilice Esuvius est dérivé du nom divin gaulois *Esus* que j'ai proposé de considérer comme le nom primitif du héros irlandais Cúchulainn. Il est question des Tetricus dans d'autres vies que les leurs, dans celles de Lollianus (1), de Claude (2), d'Aurélien (3). On voit dans la dernière que Tetricus vaincu figura à Rome dans le triomphe d'Aurélien; il y portait un manteau rouge sur une tunique jaune et sur des culottes à la mode gauloise, *bracae gallicae*. Il devint ensuite correcteur de Campanie, et son fils sénateur de Rome. Ainsi Aurélien les traita mieux que Jules César n'avait agi à l'égard du malheureux Vercingétorix.

§ 113.

La collection des panégyriques date des règnes de Dioclétien et de Constantin, sauf le premier adressé à Trajan par Pline le jeune, l'an 100 de notre ère, et sauf les deux derniers adressés aux empereurs Julien et Théodose, l'un en 362, l'autre en 389 (4). Les indications historiques sur la Gaule,

---

(1) *Tyranni triginta*, c. 5, § 3, 5; Hermann Peter, t. II, p. 94, l. 10, 11, 20, 21; D. Bouquet, t. I, p. 539 B.

(2) *Claudius*, c. 7, § 5; Hermann Peter, t. II, p. 127, l. 28-29.

(3) *Aurelianus*, c. 32, § 3, 4; c. 32, § 2; c. 39, § 1; Hermann Peter, t. II, p. 159, l. 9-15; p. 160, l. 12-15; p. 163, l. 16-17; D. Bouquet, t. I, p. 540 B.

(4) Teuffel-Schwabe, § 391, p. 983-987; § 401, 6, p. 1012; § 417, 7, p. 1052-1053; § 426, 5, p. 1086; Schanz, 3ᵉ partie, § 578-591,

§ 113. PANÉGYRIQUES. 311

les îles Britanniques y sont très nombreuses.

Citons le discours adressé par le rhéteur Eumène au *praeses provinciae Lugdunensis primae*, en 297, pour la restauration des écoles d'Autun (1) qui, comme on l'a vu plus haut, existaient déjà sous l'empereur Tibère, en l'an 21 de notre ère (2).

Sur les invasions des Pictes et des Irlandais dans la partie romanisée de la Grande-Bretagne, il y a un passage intéressant dans le panégyrique adressé à Constance Chlore par un auteur inconnu, probablement le même Eumène, aussi en 297, où il est dit que les habitants de la Grande-Bretagne n'ont pas d'autres ennemis que les Pictes et les Irlandais encore à demi nus et qu'ils sont habitués à leurs hostilités (3).

p. 121-138; D. Bouquet, t. I, p. 710-722; Petrie et Thomas Duffus Hardy, *Monumenta historica britannica*, t. I, p. LXVI-LXX.

(1) Edition donnée chez Teubner, en 1874, par Emile Baehrens, p. 117-131; D. Bouquet, t. I, p. 711-712.

(2) Tacite, *Ab excessu Augusti*, l. III, c. 43; édition donnée chez Teubner par C. Halm, t. I, 1884, p. 105; D. Bouquet, t. I, p. 423 D.

(3) « Solis [Britanni] Pictis modo et Hibernis assueta hostibus adhuc seminudis; » édition Baehrens, p. 140, l. 10-11; Petrie et Thomas Duffus Hardy, *Monumenta historica britannica*, t. I, p. LXVII.

POST-SCRIPTUM.

§ 114.

C'est du commencement du quatrième siècle que paraît dater l'itinéraire dit d'Antonin, si important pour la géographie de l'empire romain ; l'itinéraire de Bordeaux à Jérusalem remonte à l'année 333 (1).

§ 115.

Julien l'Apostat, Ἰουλιανός, né en 331, eut de 356 à 360 le gouvernement de la Gaule avec le titre de César et fut empereur de 360 à 363 date de sa mort (2).

---

(1) Teuffel-Schwabe, § 412, 1, 2, t. II, p. 1039-1040; D. Bouquet, t. I, p. 102-111 ; Petrie et Thomas Duffus Hardy, *Monumenta historica Britannica*, t. I, p. xx-xxii. Pour la Galatie, voir dans l'édition Parthey et Pinder, Berlin, 1848, les p. 91-95. Sur les régions celtiques d'Europe, on peut consulter surtout, dans la même édition, les pages 103-106, 108-142, 162-190, 197-234, 241, 249, 261-267, 272, 289, 290.

(2) Christ, § 603, 604, p. 809-813; Croiset, t. V, p. 895-902 ; D. Bouquet, t. I, p. 722-731; Petrie et Thomas Duffus Hardy, *Monumenta historica Britannica*, t. I, p. lxx, lxxi; Cougny, t. VI, p. 122-123.

Il est souvent question de la Gaule et des Gaulois dans ses écrits.

Ainsi, dans le livre intitulé Μισοπώγων, « Ennemi de la barbe », il parle de la petite ville, πολίχνη des Parisii, cette *Lucetia* qu'il aime, τὴν φίλην Λουκετίαν: c'est une petite île dans un fleuve, cette île est entourée d'un mur, et on y pénètre des deux rives du fleuve par des ponts de bois; l'eau de ce fleuve est excellente à boire; dans cette ville il ne fait pas froid l'hiver, le voisinage de l'Océan en est cause; on y a de la vigne et des figuiers, qu'on empaille en hiver (1).

Dans sa lettre seizième, adressée à son ami le philosophe Maxime, il lui parle d'un usage celtique mentionné aussi dans l'anthologie grecque : quand le mari dont la femme vient d'accoucher craint de n'être pas le père de l'enfant qui vient de naître, il met cet enfant sur un bouclier et pose le bouclier sur le Rhin. Si le bouclier et l'enfant surnagent, l'enfant est déclaré légitime (2).

§ 116.

Le rhéteur Libanios 314-393 (3) était lié avec Ju-

---

(1) Edition donnée chez Teubner, 1875-1876, par F. C. Hertlein, t. II, p. 438; D. Bouquet, t. I, p. 728 DE.

(2) Edition Hertlein, t. II, p. 495; D. Bouquet, t. I, p. 730 DE; cf. *Anthologia palatina*, IX, 125, édition donnée chez Didot par F. Dübner, t. II (1872), p. 24-25.

(3) Christ, § 599, 600, p. 803-809; Croiset, t. V, p. 876-883; D.

lien ; il lui a composé une oraison funèbre où il raconte les exploits de Julien en Gaule.

§ 117.

Aurelius Victor est l'auteur de deux écrits, l'un intitulé *Caesares* raconte l'histoire des empereurs d'Auguste à Constance, mort en 360, et l'autre, dont le titre est *Epitome*, va d'Auguste à Théodose Ier, mort en 395. On lui a attribué à tort un traité *De viris illustribus* (1). Dans les deux premiers ouvrages, nous signalerons les passages relatifs au développement du vignoble en Gaule, sous l'empereur Probus, 276-282, et à l'empereur de Bretagne Carausius, 286-293 (2).

§ 118.

Eutrope, Eutropius, a écrit sous l'empereur Valens, 364-379, un abrégé d'histoire romaine, *Breviarium ab urbe condita* (3). Il y a aussi dans cet

---

Bouquet, p. 731-734; Cougny, t. VI, p. 176-215; Petrie et Thomas Duffus Hardy, *Monumenta historica Britannica*, t. I, p. xcv-xcvi.

(1) Teuffel-Schwabe, § 414, t. II, p. 1044-1047; D. Bouquet, t. I, p. 564-566; Petrie et Thomas Duffus Hardy, *Monumenta historica Britannica*, t. I, p. LXXI-LXXII, xcv.

(2) Holder, *Altceltischer Sprachschatz*, t. I, col. 775.

(3) Teuffel-Schwabe, § 415, t. II, p. 1048-1049; D. Bouquet, t. I, p. 569-572; Petrie et Thomas Duffus Hardy, *Monumenta historica Britannica*, t. I, p. LXXII.

ouvrage quelques mots sur l'empereur gaulois Carausius (1).

§ 119.

[Rufius] Festus rédigea vers la même date qu'Eutrope, en 369, un autre *Breviarium* (2). Il y donne la liste des quatorze provinces de la Gaule et des quatre de la Grande Bretagne (cf. ci-dessus, § 111).

§ 120.

Ammien Marcellin, Ammianus Marcellinus, 330-400, écrivit une histoire romaine, qui commençait à l'avènement de Nerva, 96, et se terminait à la mort de Valens, 378. Il n'en reste que les livres XIV-XXXI, de 353 à 378 (3). Nous lui devons notamment un important extrait de Timagène sur les origines celtiques (voir plus haut, § 53), et il est à consulter, pour l'histoire de la Gaule au quatrième siècle.

(1) L. IX, c. 21 ; édition donnée chez Teubner, en 1871, par R. Dietsch, p. 68 ; cf. Holder, *Altceltischer Sprachschatz*, t. I, col. 775-776.

(2) Teuffel-Schwabe, § 416, t. II, p. 1049-1050 ; D. Bouquet, t. I, p. 563 ; Petrie et Thomas Duffus Hardy, *Monumenta historica Britannica*, t. I, p. LXXII. Th. Mommsen, *Mémoire sur les provinces romaines et sur les listes qui nous en sont parvenues*, traduction d'Emile Picot, 1867, p. 44-46.

(3) Teuffel-Schwabe, § 429, t. II, p. 1092-1097 ; D. Bouquet, t. I, p. 542-563 ; Petrie et Thomas Duffus Hardy, *Monumenta historica Britannica*, t. I, p. LXXII-LXXV.

§ 121.

Ausone, D. Magnus Ausonius, né à Bordeaux vers l'année 310, mourut en 395, après avoir été consul en 379 (1). On peut signaler comme spécialement intéressants ses vers sur les professeurs de Bordeaux (2), son poème sur la Moselle (3), celui qui est intitulé *Ordo urbium nobilium* (4) où figurent Milan, Arles, Toulouse, Narbonne et Bordeaux. Son ami Paulin de Nole voulant parler d'une propriété appelé Lucaniacus, se sert de la terminologie administrative romaine et fait usage du mot *fundus*,

> Aut cum Lucani retineris culmine fundi (5).

A *fundus* Ausone, suivant déjà l'usage qui devait plus tard prévaloir en Gaule, et moins bon latiniste que Paulin de Nole, substitue le mot *villa* :

> Invenies praesto subjuncta petorrita mulis :
> Villa Lucani — mox potieris — aco (6).

---

(1) Teuffel-Schwabe, § 421, t. II, p. 1062-1071 ; D. Bouquet, t. I, p. 735-743 ; Petrie et Thomas Duffus Hardy, *Monumenta historica Britannica*, t. I, p. xcvi-xcvii.

(2) *Monumenta Germaniae historica. Auctorum antiquissimorum tomi V pars posterior. D. Magni Ausonii opuscula* recensuit C. Schenkl, 1883, p. 55-71 ; D. Bouquet, t. I, p. 735 D-736 B.

(3) C. Schenkl, *ibid.*, p. 82-97 ; D. Bouquet, t. I, p. 738 E-740 C.

(4) C. Schenkl, *ibid.*, p. 98-103 ; D. Bouquet, t. I, p. 736 B-738 E.

(5) Poème X, vers 256, Migne, *Patrologia latina*, t. 61, col. 459 ; cf. D. Bouquet, t. I, p. 743 A.

(6) *Epistola* V, vers 36 ; édition Schenkl, p. 163 ; D. Bouquet,

Par une première faute de grammaire il fait bref l'*a* long du suffixe *acus*, et par une seconde il laisse au masculin l'adjectif *Lucaniacus* qui devait être masculin quand il s'accordait avec *fundus*, mais qui, restant masculin quand il est juxtaposé au substantif féminin *villa*, a dû mettre en fureur les maîtres de l'école de Bordeaux.

§ 122.

Marcellus Empiricus, originaire de Bordeaux (1), écrivit sous Théodose, 392-395, un traité *de medicamentis* où apparaissent le nom gaulois de la bière *curmi* (2), et celui de la fougère, *ratis* (3).

Le moyen âge commence. Je m'arrête ici. Je crois avoir donné une liste à peu près complète des auteurs antérieurs au cinquième siècle qui sont à consulter quand on veut étudier l'histoire des population celtiques.

t. I, p. 741 A. On trouve *Lucaniacus* écrit au nominatif en un seul mot dans l'*Epistola* XXII, § 1, Schenkl, p. 183; et, dans la même lettre, § 2, vers 43, apparaît l'accusatif *Lucaniacum*. Il s'agit de Lugaignac, Gironde. Longnon, *Atlas historique de la France*, p. 29.

(1) Teuffel-Schwabe, § 446, t. II, p. 1147-1148.

(2) C, XVI, § 33; édition donnée chez Teubner, en 1889, par George Helmreich, p. 160, l. 33.

(3) C. XXV, § 37; *ibidem*, p. 252,

INDEX

NOMS GÉOGRAPHIQUES

Abydène, 168.
Achaïe, 37.
Achéenne (ligue), 114, 115.
Actium, 237.
Adriatique, 56, 79, 92, 97, 98, 101, 102, 140, 154, 155.
Aedui, 141, 178, 179, 224.
Aequi, 119.
Afrique, 14, 35, 37, 56, 65, 86, 115, 116, 122, 203, 257.
Aigosages, 168, 169.
Aigos Potamoi. 117, 118.
Aix en Provence, 178.
Albe, 130, 134, 220.
Albion, 54, 216.
Albiones, 38.
Alemtejo, 144.
Alexandrie d'Egypte, 86, 101, 105, 267, 285, 286, 288.
Alexandrie de Troade, 168.
Algarve, 30, 44, 45, 144.
Alise, 300.
Allemagne, 53, 142, 192, 224, 225, 245.
Allia, 47, 51, 112, 118, 119, 121, 197.
Allobroges, 177, 178, 182, 206, 207, 208, 211, 213, 214, 282, 283.
Alpes, 22, 23, 25, 26, 53, 56, 101, 107, 139, 140, 141, 142, 143, 153, 178, 191, 233.
Alpis, 25.
Alpis Julia, 240-244.

Alyba, 36.
Anamares, 153.
Ananes, 153, 154.
Anares, 153.
Anas, 43, 147.
Andalousie, 144.
Anio, 129, 131, 132.
Aoste, 142, 191.
Apamée, 180.
Apulei, 125.
Aquae Sextiae, 178.
Aquitaine, 269.
Aquitains, 234, 290.
Arabie, 18, 35, 76.
Arbucala, 146.
Arcadie, 113.
Arcynia, 53, 54, 89. Voyez *Hercynios*, *Orcynie*.
Ardyes, 141.
Arevaci, 146, 147.
Argolide, 48.
Argos, 105.
Arimaspes, 20, 21.
Ariminum, 140, 155.
Arles, 317.
Arméniens, 18.
Arvernes, *Arverni*, 178, 179, 182, 224.
Asie, 14, 18, 19, 116, 289.
Asie Mineure, 7, 20, 28, 60, 82, 85, 105, 106, 158, 166-175, 249, 293, 296.
Assyrie, 185.

Athènes, 22, 25, 28, 29, 50, 87.
Athéniens, 117.
Atlantique (Océan), 27, 30, 41, 42, 45, 90, 144.
Atlas (mont), 26.
Aude, 139.
Aulerci Cenomanni, 192.
Ausones, 36.
Autriche (empire d'), 140, 142, 224, 225, 245.
Autun, 141, 186, 264, 311.
Axanthos, 68.

Babylone, 32, 80, 185, 290.
Bade (grand duché de), 140.
Baetica, 37.
Baetis, 147.
Balkans, 165, 166. Voyez Péninsule Balkanique.
Basilia, 73, 74.
Bavière, 140, 238.
Belerion (promontoire), 69, 70, 71.
Belges, 160, 223.
Belgique, 269.
Belgrade, 167.
Belli, 146, 147.
Béotie, 95.
Béotiens, 47, 48, 49.
Bergame, 152, 191, 247.
Birnbaumerwald, 240.
Bithynie, 107, 168.
Bodio-casses, 5.
Boi, Boii, 143, 151, 154, 185, 194, 234, 245.
Bolerion (promontoire), 70.
Bologne, 154, 186.
Bononia, 154.
Bordeaux, 313, 317, 318.
Borysthènes, 159.
Bram (Aude), 210.
Brescia, 152, 247.
Bretagne continentale ou française, 38, 67, 69.
Bretagne (Grande-). Voyez Grande-Bretagne.

Breton, 160, 162.
Βρεττανικαί νῆσοι, 69.
Βρεττανική, 6.
Breuni, 238.
Brigantia, 259, 260.
Brindisi, 7.
Brittones, 70.
Brundusium, 7.
Bulgarie, 167, 287.
Byzance, 14, 15, 166.

Cabanac, 193.
Cadix, 35, 38, 40, 45, 58, 64, 90, 92, 180.
Caelius, colline de Rome, 128.
Cahors, 207.
Caithness (comté de), 71.
Calais, 70.
Calpe, 36.
Campanie, 130, 149, 150, 310.
Campaniens, 150.
Cannes, 131, 163, 168.
Cape Lands End, 70.
Cap Finisterre, 66, 144.
Capitole romain, 117, 125, 126, 197, 198, 210, 215, 235.
Capoue, 149, 150, 151.
Cappadociens, 18.
Cap Saint-Vincent, 66.
Cardie, 81.
Cariens, 13.
Carni, 153.
Carniole, 143.
Carpathes, 22, 25, 26.
Carpis, 25.
Carrodunum, 167, 287.
Cartare, 44, 45.
Carthage, 35, 115, 116, 146, 289.
Carthaginois, 30, 32, 33, 35, 36, 38, 42, 49, 58, 65, 69, 122, 144, 211. Voyez Puniques (guerres).
Caspapyros, 64.
Caspienne (mer), 18.
Cassitérides (îles), 6, 8, 9, 99, 216, 270, 286, 306.
Casteggio, 153.

NOMS GÉOGRAPHIQUES.

Castel Roussillon, 139.
Castulo, 147.
Cavanac, 193.
Cavanago, 193.
Cavari, 232.
Cazlona (S. Maria de), 147.
Celtes, 9, 11, 12, 14, 15, 24, 26, 27, 29, 30, 31, 32, 34, 35, 36, 37, 40, 41, 45, 46, 48, 49, 51, 52, 54, 55, 56, 57, 58, 59, 60, 61, 65, 66, 79, 80, 83, 84, 85, 86, 89, 97, 103, 105, 106, 108, 113, 122, 144, 145, 149, 150, 151, 152, 153, 162, 167, 175, 179, 185, 193, 199, 217, 220, 222, 223, 224, 261, 267, 286, 287, 288, 289, 290, 291, 293, 303.
Celtibères, 115, 144, 145, 146, 147, 148, 200.
Celtibérie, 145, 147.
Cellici, 144.
Celtique, 14, 19, 53, 56, 57, 66, 70, 89, 90, 179, 195, 196, 216, 225, 237, 246. Voyez Gaule.
Cempses ou Kempses, 34, 35, 37, 43, 44, 45, 46, 286.
Cenomani, 152, 153, 192, 247.
Cenomanni, 152, 192.
Ceraunii (monts), 102.
Chaldéens, 32.
Chalon-sur-Saône, 141.
Chalybes, Χάλυβες, 7, 8.
Chavenat, 193.
Chavenay, 193.
Chypre, 6.
Cilbiceni, 44, 45.
Ciliciens, 18.
Cimbres, 132, 195, 212, 213, 289.
Cimmériens, 20.
Cisalpins, 152.
Clastidium, 153.
Cluny (musée de), 88.
Cobiomachus, 209, 210.
Colonnes d'Hercule, 29, 36, 37, 38, 43.

Colubraria, 44.
Columbretes, 44.
Come, 247.
Constance (lac de), 104.
Constantinople, 256.
Corbilon, 75, 138.
Corcyre, 102.
Cordoue, 267.
Corinthe, 49.
Cornouaille anglaise, 70.
Coruña, 259.
Crémone, 152.
Crodunum, 209.
Cruithni, 69.
Cularo, 214.
Cumes, 150.
Cynesii, 29, 30.
Cynètes, 29, 30, 42, 43.
Cyrène, 86.

Danube, 14, 22, 23, 24, 25, 26, 27, 29, 30, 52, 53, 79, 92, 97, 105, 142, 153, 167, 195, 237, 290.
Dardanelles, 168.
Deciates, 177.
Délos, 86.
Delphes, 83, 86, 165, 166, 167.
Dniéper, 159.
Dniester, 167.
Dobrutscha, 167, 287.
Domo d'Ossola, 142, 191.
Don, 90.
Douarnenez (baie de), 68.
Douvres, 70.
Draganes, 43, 44.
Drilônios, 60.
Dunnet Head, 71.
Durostorum, 167, 287.

Ebre, 145.
Ebromagus, Eburomagus, 210.
Eburons, 247.
Ecosse, 9, 71, 160.
Egypte, 14, 28, 79, 101, 105, 114.
Elbe, 72.

Electride (île), 102.
Elleporos, 117.
Elmantike, 146.
Elne, 139.
Ephèse, 101.
Epidaure, 48.
Epire, 81, 84, 85, 102, 105.
Eridan, Eridanos, 40, 98, 99, 100, 102.
Espagne, 9, 18, 29, 30, 31, 55, 75, 88, 92, 115, 131, 144, 145, 177, 180, 203, 221, 222, 246, 257, 259, 260, 286, 298. Voyez Péninsule Ibérique.
Esquiliae, colline de Rome, 128.
Estramadure, 144.
Ethiopie, 14, 18.
Ethiopiens, 11, 57.
Etoliens, 165.
Etrurie, 100.
Etrusques, 119, 149, 150, 151, 154, 239, 248.
Europe, 5, 14, 18, 19, 22, 24, 25, 29, 31, 36, 37, 41, 42, 64, 75, 83, 89, 98, 104, 159, 168, 180, 237, 289.

Felsina, 154.
Ferrare, 154.
Fesule, 157.
Finistère (département du), 67.
Finisterre (cap), 66, 144.
Finnois, 21.
Forêt Noire, 22, 23, 26, 27.
Forli, 154.
Formentera, 44.
France, ix, 57, 225.
Francs, ix, 238.

Gabaion (promontoire), 68.
Γάδειρα, 40. Voyez Cadix.
Gaesatae, Gaesati, 107, 158. Voyez Gésates.
Galates, 35, 42, 83, 84, 85, 86, 92, 106, 108, 179, 185, 211, 214, 290, 293.

Galatie, 90, 106, 168, 169, 174, 261, 270, 287, 288.
Galice, 144, 259.
Gallia, 245, 269. Voyez Gaule.
Gandarae, 64.
Gaule, 68, 74, 88, 152, 156, 177, 179, 180, 181, 187, 190, 191, 194, 203, 205, 206, 207, 209, 210, 211, 213, 222, 224, 225, 231, 232, 237, 238, 239, 244, 245, 246, 247, 248, 257, 261, 262, 267, 268, 269, 282, 284, 285, 287, 288, 298, 299, 306, 307, 313, 314, 315, 316. Voyez Celtique.
Gaulois, 9, 14, 15, 35, 47, 51, 60, 81, 82, 84, 86, 91, 92, 107, 112, 113, 117, 118, 119, 120, 121, 122, 129, 131, 151, 153, 157, 158, 161, 162, 163, 166, 168, 172, 187, 190, 198, 199, 201, 204, 210, 212, 213, 218, 220, 221, 235, 236, 240, 244, 245, 247, 261, 269, 289, 292, 296, 297, 298, 307, 314. Voyez Celtes.
Germains, 65, 66, 77, 103, 162, 192, 212, 213, 222, 223, 289.
Germanie, 195, 223, 257, 267, 287, 288.
Gésates, 107, 139, 140, 158.
Gibraltar, 36, 37, 64.
Goidels, 9, 259, 260.
Γονομάνοι, 152.
Goths, 72, 73, 74.
Grande-Bretagne, 5, 9, 10, 11, 68, 70, 71, 72, 88, 160, 187, 215, 216, 217, 219, 221, 257, 258, 259, 284, 286, 306, 307, 308, 309, 311, 315, 316. Voyez Iles Britanniques.
Grèce, 18, 27, 28, 36, 41, 57, 60, 81, 85, 86, 87, 116, 159, 161, 165, 166, 169, 189, 293.
Grecs, 8, 9, 14, 40, 42, 47, 59, 64, 98, 105, 167, 168, 169, 192, 211, 215, 285.

NOMS GÉOGRAPHIQUES. 325

Grenoble, 214.
Grypes, 21.
Guadalete, 45.
Guadalquivir, 37, 45, 144, 147, 148.
Guadiana, 43, 147.
Guipuzcoa, 45.

Haemus, 166.
Halicarnasse, 28.
Hellènes, 36, 86.
Hellespont, 168.
Hercynies (monts), 53, 54, 104. Voyez Arcynia, Orcynie.
Hierni, 38.
Hindus, 63.
Hyères (îles d'), 104.
Hyperboréens, 19, 20, 21, 22, 24, 25, 26, 30, 52, 103, 216.

Ibères, 32, 33, 36, 48, 49, 56, 122, 192. Voyez Péninsule Ibérique.
Ibérie, 66.
Ἱέρα νῆσος, 42.
Ierné, 54, 216.
Ἱερὸν ἀκρωτήριον, 66.
Iles Britanniques, 9, 27, 37, 39, 40, 41, 69, 75, 92, 99, 137, 138, 216, 217, 269, 286, 287, 298, 299.
Iles Cassitérides, 6, 8, 9, 99, 216, 270, 286, 306.
Iles d'Hyères, 104.
Iles *Stoïchades*, 104.
Iliturgis, 200.
Illiberis, 138.
Illyrie, 289.
Illyriens, 60, 248.
Inde, 17, 18, 63, 185.
Indous, 57, 63.
Indus, 63.
Inn, 143.
Insubres, 151, 152, 200, 232, 234, 245, 247.
Intercatia, 146.

Ioniens, 13, 18,
Iraniens, 21.
Irlandais, 9, 95, 183, 311.
Irlande, 38, 42, 54, 71, 96, 171, 173, 174, 221, 258, 259, 286, 306.
Isaaktscha, 167, 287.
Isère, 178.
Isombres, 152.
Issédons, 20, 21.
Ἴστρος, *Istros*, 29, 52, 92, 97. Voyez Danube.
Italie, 14, 24, 25, 28, 29, 36, 56, 58, 87, 104, 107, 139, 149-163, 177, 191, 192, 212, 214, 240, 244, 248, 269, 287, 288, 289.
Itône, 84, 85.
Iverio, 42.
Ivrée, 142, 191.

Jérusalem, 313.
Juifs, 249, 267, 271-273.
Julia Alpis, 240, 241, 243, 244.
Jutland, 74.

Kabaion (promontoire), 68.
Kantion, 70.
Κασσιτέριδες, 6, 8. Voyez Iles Cassitérides, Iles Britanniques, Grande-Bretagne.
Κασσίτερος, 11.
Kempses. Voyez Cempses.
Kent (comté de), 70, 71.
Κυνήσιοι, 30.
Κύνητες, 30. Voyez Cynètes.

Labici, 130.
Lac de Constance, 104.
Lacédémone, 105. Voyez Sparte.
Lacédémoniens, 47, 48, 117.
Lac Léman, 104.
Laconie, 48.
Laevi, 151.
Langres, 154, 294, 295.
Lanuvium, 109.
La Rochelle, 68.

Latium, 50, 134.
Laumello, 152.
Lebecii, 151, 152.
Leinster, 173, 174.
Léman (lac), 104.
Lepontii, 142, 144, 152, 191.
Leros (île de), 12.
Lesbos, 23, 27, 28.
Lestrygons, 10.
Leuctres, 117, 118.
Libye, 14.
Ligures, 11, 12, 27, 39, 40, 43, 55, 56, 122, 151, 191, 192, 193, 239.
Ligurie, 14, 19, 39, 57.
Lingones, 154. Voyez Langres.
Loire, 75, 138.
Lucaniacus, 317.
Lucetia, 314.
Lùgaignac, 318.
Lydie, 158.
Lydiens, 18.
Lyon, 141, 268, 295.
Lyon (golfe de), 98. Voyez Mer de Sardaigne.

Macédoine, 81, 82, 114, 115, 116, 165.
Mâcon, 186.
Mainland, 72.
Man (île de), 9.
Manche (mer), 72, 90.
Marseillais, 75.
Marseille, 14, 19, 27, 56, 57, 64, 65, 150, 177, 183, 191, 248.
Matieni, 18.
Médie, 18, 169.
Méditerranée, 5, 8, 9, 11, 13, 19, 20, 39, 56, 75, 90, 98, 101, 104, 191, 225.
Mégalopolis, 113.
Melpum, 112, 151, 234, 245.
Mer de Marmara, 21.
Mer de Sardaigne, 103, 141. Voyez Lyon (Golfe de).
Mer du Nord, 20, 27, 39, 59, 72, 90, 99, 102, 142.

Mer Glaciale, 72.
Mer Ionienne, 103.
Mer Noire, 92.
Mésie, 287.
Messène, 113.
Milan, 140, 152, 245, 247, 294, 295, 317.
Milet, 12, 13, 17, 27, 84, 158, 232.
Modène, 154, 186.
Moselle, 317.
Murviedro, 147, 148.
Mutina, 154.

Narbon, fleuve, 139.
Narbonne, 75, 138, 178, 208, 209, 262, 317.
Naucratis, 101, 105.
Nauportus, 143.
Neumarkt, 143, 195, 245.
Nicomédie, 290.
Nil, 86.
Nole, 149.
Noreia, 142, 195, 245.
Norici, 142, 143, 195, 269.
Noricum, 195, 196.
Norique, 14, 196, 287.
Novare, 192, 193.
Noviodunum, 167, 287.
Numance, 115, 145, 146, 194, 200.
Nyrax, 14.

Oberlaibach, 143.
Océan, 9, 19, 36, 37, 75, 90, 97, 98, 99, 103, 178, 220.
Océan Atlantique, 27, 30, 41, 42, 45, 90, 144.
Oestrymnicae (insulae), 39.
Oestrymnicus (sinus), 38.
Oestrymnides (insulae), 38, 41, 69.
Oestrymnis, 38, 67.
Oistrumnis, 38, 67.
Ombriens, 306.
Ophiussa, 43, 44.
Orca, Orcas (cap), 71.

NOMS GÉOGRAPHIQUES.   327

Orcynia, 92. Voyez *Arcynia*, Hercynie, *Hercynios*.
Oretani, 147.
Oscela, 142.
Osismi, 67.
Ossismi, 67, 153.
Ostiaci, 67.
Ostidamnii, 67.
Ostimii, 67, 92.
Ostiones, 67.
Ouessant, 68.
Οὐξισάμη, 68.
Oxybii, 177.

Paelanium, 45.
Pannonie, 142, 287, 289.
Paris, 314.
Parme, 186.
Pavie, 151, 153.
Pays-Bas, 55, 59, 223.
Péloponnèse, 48, 113.
Péninsule balkanique, 248, 249, 307. Voyez Balkans.
Péninsule ibérique, 31, 34, 35, 36, 43, 44, 45, 58, 59, 66, 92, 131, 144-148, 200, 225, 258, 259, 261, 269, 287, 289. Voyez Espagne.
Pergame, 168, 179, 295.
Perses, 12, 17, 32, 33, 49, 117, 158, 159.
Persique (golfe), 18.
Perte du Rhône, 57.
Phéniciens, 5, 8, 9, 32, 33, 39, 72, 73, 98.
Phrygiens, 18.
Pictes, 69. 311.
Pô, 40, 100, 101, 102, 150, 151, 152, 153, 234, 239, 245.
Pointe du Raz, 68.
Pont-Euxin, 13, 92, 97.
Portugal, 30, 44, 144.
Πρετανικαί νῆσοι, 41, 69.
Πρεττανικαί νῆσοι, 69.
Proconnèse, 21, 27.
Puniques (guerres), 24, 107, 115, 116, 121, 122, 131, 289.

Pydna, 114.
Pygmées, 19.
Pyrène, montagne, 52, 53.
Pyrène (ville de), 25, 29, 52.
Pyrénées (monts), 25, 29, 36, 44, 45, 56, 100, 139, 178.

Quirini (*collis*), une des collines de Rome, 128.

Ravenne, 154.
Raz (Pointe du), 68.
Rétie, 287, 289.
Rhegium, 117, 118.
Rhin, 39, 40, 76, 90, 99, 102, 103, 104, 105, 142, 178, 213, 219, 220, 222, 223, 231, 237, 267, 314.
Rhipées (monts), 19, 21-27, 30, 53.
Rhodes, 101, 104, 180.
Rhône, 56, 57, 100, 101, 103, 104, 105, 139, 140, 141, 178, 225, 237, 244.
Rimini, 140, 155.
Rodez, 209.
Romains, 50, 51, 112, 113, 114, 116, 118, 119, 120, 121, 131, 139, 140, 151, 157, 158, 161, 169, 177, 195, 197, 200, 289, 298.
Rome, 28, 47, 50, 51, 52, 60, 109, 110, 112, 114, 115, 116, 117, 118, 121, 125, 129, 150, 161, 189, 191, 198, 199, 201, 215, 219, 238, 239, 269, 284, 285, 289, 306, 310.
Rouergue, 207.
Ruscino, 138.
Russie, 159, 167, 287.
Ruteni, 207.

Sabrina, 258.
Sacra insula, 38, 42.
Sacrum promontorium, 66.
Saefes, 34, 35, 37, 43, 45, 46.

328   NOMS GÉOGRAPHIQUES.

Sagonte, 147.
Saint-George (canal), 72.
Salamanque, 146, 148.
Salassi, 142, 144, 152, 191.
Salluvii, 177.
Salmantica, 146.
Samnites, 125, 150, 289.
Samnites *Quirinales*, 125.
Samos, 40, 65.
S. Maria de Cazloña, 147.
Saône, 141.
Sardes en Asie Mineure, 13, 171.
Sarmates, 159, 162.
Sarmatie, 287.
Scandinavie, 73.
Schleswig-Holstein, 72, 73, 74.
Scordisci, Scordisques, 143, 269, 289.
Scots, 259.
Scythes, 11, 18, 20, 49, 57, 74, 76, 159, 162, 195.
Scythie, 18, 73, 74.
Sebagini, 206.
Segodunum, 209.
Segusiavi, 141.
Semnones, 156.
Sena Gallica, 155.
Senigaglia, 285. Cf. 155.
Sennones, 156.
Sénones, 151, 155, 234, 245, 289.
Sens, 156, 285.
Sentinum, 157.
Serbie, 167, 287.
Severn, 258.
Shetland (îles), 72.
Sicile, 47, 87, 91, 109, 121, 122, 207, 216.
Sicyone, 48.
Sigée, 21, 27.
Silistrie, 167, 287.
Silures, 222, 258.
Sindhus, 63.
Singidunum, 167, 287.
Sinigaglia, 155. Cf. 285.
Skolotes, 159.

Sontiates ou *Sotiates*, 249.
Sparte, 17, 18, 114, 158. Voyez Lacédémone.
Spolète, 109.
Stagyre, 50.
Stoïchades (îles), 104.
Styrie, 143, 245.
Suessones, 284.
Suisse, 57.
Suse, 17, 18.
Sybaris, 24.
Sygambri, 238.
Syracuse, 47, 60, 117, 122.
Syrie, 169, 289.

Tage, 144.
Tanaïs, 90.
Tartesse, 36, 37, 38, 43.
Tartessii, Tartessiens, 43, 45.
Taurini, 240-245.
Taurisci, 142, 143, 152, 153, 191, 195.
Tectosages, 168, 169.
Telamon, 108, 140, 143, 157.
Teutons, 72, 74, 212, 213, 289.
Thébains, 48, 117.
Thèbes aux sept portes, 95, 96.
Thessalie, 84.
Thrace, 18, 81, 166.
Thraces, 49, 79, 195, 212.
Thule, 72.
Thurii, 24, 29.
Tibre, 129.
Tibur, 130.
Ticinum, 151, 152.
Titti, 146, 147.
Tolistobogii, 169.
Tolosa, 208. Voyez Toulouse.
Tornaro, 193.
Toro, 146.
Toulouse, 208, 209, 249, 292, 317.
Tournai, 193.
Trans, 192.
Transalpine, 152.
Transalpins, 140, 153, 214.

NOMS GÉOGRAPHIQUES.

Transpadane, 151.
Tredendum ou *Tredentum*, 192.
Trente, 191, 192, 247.
Triballes, 79, 80.
Tridente ou *Tridentum*, 192.
Trieste, 153.
Troade, 168.
Trocmi, 168.
Troie, 95.
Turdetani, 155.
Turin, 240.
Turnacus, 193.
Tusci. Voyez Etrusques.
Tusculum, 130, 220.
Tyla, 166.
Tyr, 32.
Tyriens, 33.
Tyrol, 238.

Ὑπερϐόρεοι, 19, 22, 52.
Uxantis, 68.
Uxisama, 68, 92.

Vaccaei, 146, 148.
Vaison, 246.
Valence (Drôme), 232.
Veies, Veii, 112, 151, 197, 234.
Veneti, 248.
Verceil, 152.
Vérone, 152, 247, 307.
Vicence, 247.
Vidu-casses, 5.
Vienne (Autriche), 256.
Viennoise, 307.
Vindelici, 238.
Vindélicie, 287, 289.
Vocontii, 177, 246.
Volcae, 191, 192, 207.
Volcae Tectosages, 223.
Volsques, 119.
Vulcalo, 209.

Wurtemberg, 140.

Zuyderzée, 59.

NOMS D'HOMMES

(Les noms d'auteurs sont précédés d'un astérisque.)

Abascantos, 295.
Achaios, 168.
Achille, 4, 5.
* Acusilas, 28.
Adiatunnus, 249.
C. Aelius Paetus Staienus, 198.
L. Aemilius Paulus, 114. Cf. Paul Emile.
Agamemnon, 4.
* Agathémère, 13.
Agricola, 221.
* Agrippa, 255-260.
Ajax, 85.
* Albius Tibullus, 234.
Alexandre, devin, 296.
Alexandre le Grand, 32, 64, 79, 80, 81, 290.
Alexandre Sévère, 309.
Ambicatus, 223-226, 248.
Ambiorix, 247.
Amergin, 88.
* Ammien Marcellin, 220, 248, 316.
* Anaximandre de Milet, 13, 19, 254.
* M. Annaeus Lucanus, 268, 284, 298.
* L. Annaeus Seneca, 267, 268.
Annibal, 58, 116, 146, 289.
Antalcidas, 117, 118.

Antigone Gonatas, roi de Macédoine, 81, 84, 85.
Antii, 135.
Antiochos Ier Soter, roi de Syrie, 296.
Antiochos III le Grand, roi de Syrie, 169.
Antoine, 215, 237.
Antonii, 135.
Antonin, 288.
M. Antonius Gnipho, 282, 283, 306.
Anvalos, 186.
* Apollodore d'Athènes, 177-179.
Apollon, 85, 86, 103, 210.
* Apollonios de Rhodes, 23, 95-105.
Apollonios de Tyane, 303.
* Appien, 288-290.
Aquila, 135.
L. Aquilius Corvus, 134.
* Aratos, 98.
Ariamnès, 106, 182.
Aristagoras, 17, 18, 158.
* Aristée de Proconnèse, 21, 27.
* Aristide de Milet, xvi.
* Aristodème de Nysée, xvi.
* Aristote, 50-56, 57, 89, 92, 93, 104, 185, 216, 267.

NOMS D'HOMMES.

* Arrien, xi, 79, 80, 290, 291.
Arruntii, 135.
Artaphernes, gouverneur de Sardes, 12-13.
Artémis, 291.
Arthur, 293.
Asina, 135.
Asinius Pollion, 219, 220.
Asklépios, 103.
Atepomaros, xvi.
* Athanase (saint), 299.
Athéna, déesse, 84, 85.
* Athénée, 53, 54, 63, 65, 106, 107, 139, 297.
Atlas, 26.
Attale Ier, roi de Pergame, 168.
Attale II, roi de Pergame, 179.
Auguste, 58, 219, 237, 238, 250, 253, 254, 255, 281, 290, 315.
* Aulu-Gelle, 249, 283, 291, 292.
Aurélien, 309, 310.
* Aurelius Victor, 315.
* Ausone, 187, 317.
Autaritos, 122.
Aventinensis, 128.
* Avienus, 37-46, 66.

Barcides, 58, 146.
* Beatus Rhenanus, 241.
Belenus, 187.
Bethsabée, 171.
Bituitos, 182.
* Bouquet, ix, x, xiii.
Bregon, 260.
Brennus, 5, 87, 165, 201, 239.
Brogitaros, 211.
D. Brutus, 215.

Caeliomontanus, 128.
* C. Caesar, 212. Voyez Jules César.
Caligula, 264, 267.
* Callimaque, poète alexandrin, 85-87, 91, 101.
Calypso, 222.
Cambyse, 32.

Camille, 120. Voyez M. Furius Camillus.
Camma, 292.
Capitolinus, 126, 127, 128.
Caracalla, 299, 303.
Carausius, 315, 316.
Carus, 307.
Casses, 5.
Cassi-gnatos, 5.
Cassi-mara, 5.
Castor, 88, 89.
Catilina, 211.
* Caton l'Ancien, 28, 136, 142, 189-194, 207.
* Catulle, 215-217, 234, 245.
Catulus, 135.
Cavara, xvi.
Cavaros, roi de Tyla, 167.
Cernunnos, 88.
* César. Voyez * Jules César.
Charlemagne, 223, 254.
Charybde, 96.
Chiomara, 170, 171, 175.
* Chrysostome (saint), 299.
* Cicéron, 28, 29, 98, 111, 132, 146, 180, 198, 206-215, 216, 249 n., 282, 284.
Cissidas, 48.
Claude Ier, 186, 264.
Claude II, 310.
* Claudien, 294.
Appius Claudius, 200.
* Claudius Aelianus, 304, 305.
M. Claudius Marcellus, 200, 235, 236.
* Q. Claudius Quadrigarius, 119, 132, 133, 196-200, 238, 291.
Cléomène, roi de Sparte, 17, 105, 158.
Cléopatre, 272.
* Clôdios, 199, 200.
Clodius, 200.
* Clodius Licinus, 110.
* Clodius Paulus, 110.
Colaïos de Samos, 40, 65.
Cominia (gens), 197.

L. Cominius, 198.
P. Cominius, 198.
Commode, 297.
Comontorios, roi de Tyla, 166.
Conall Cernach, 88, 89.
Conchobar, 171, 172.
Constance Chlore, 311.
Constance, empereur, 315.
Constantin le Grand, 308, 310.
Cornelii, 135.
A. Cornelius Arvina, 125.
* Cornelius Celsus, 261.
* Cornelius Nepos, 112, 231, 233, 234, 245, 246.
P. Cornelius Scipio Aemilianus, 115, 145, 146.
Cornelius Scipio Asina, 135.
* Cornelius Sisenna, 196, 201.
L. Cornelius Sulla Faustus, 219.
* Cornelius Tacitus. Voyez Tacite.
C. Cornelius Verres, 136.
Corvus, 134, 136.
* Cosmas Indicopleustes, 57.
* Cougny (Edmond), x, xi, xii, xiii.
Publius Crassus, 9, 216.
Crésus. Voyez *Kroisos*.
Crixus, 212, 213.
Cûchulainn, 88, 89, 310.
Curtii, 135.
C. Curtius, 150.
Cyclope, 90.
Cydias, 83.
Cyrus, 32, 158.

* Damastès de Sigée, 21, 23, 24, 27, 34.
Dareios, 158, 159.
Darfhine, 173.
David, 171.
Dechtere, 89.
Déiotaros, 211, 214.
* Delisle (Léopold), ix.
Démétrios Poliorcète, roi de Macédoine, 81.

* Denys d'Halicarnasse, 110, 111, 129, 133, 193, 231, 237, 238, 239, 240.
Denys l'Ancien, tyran de Syracuse, 47, 48, 49, 60, 117, 118.
* Denys le Périégète, xi, 36, 100, 285, 286.
Derdriu, 171, 172, 175.
* Desjardins (Ernest), 257.
Déviciacos, 215.
* Dicéarque, géographe, 82.
Dioclétien, 6, 308, 309, 310.
* Diodoro de Sicile, 6, 8, 12, 48, 69, 70, 71, 73, 74, 82, 85, 88, 90, 117, 118, 119, 120, 127, 155, 163, 184, 187, 188, 204-206, 217.
* Diogène Laerce, 185, 188, 304.
* Dion Cassius, 249 n., 300-302.
* Dioscoride, 271.
Dioscures, 88.
Dispater, 221.
Domitien, 100, 282.
Cn. Domitius Ahenobarbus, 177.
* Drakenborch, 243.

* Elien, 303, 304.
Emchatus, 225.
Eochaid, roi de Leinster, 173, 174.
Eogan, 171, 172.
Epaminondas, 117.
* Ephore, 48, 49, 52, 55, 57-59.
* Eratosthènes, 11, 34, 35, 66, 82, 91-93, 104.
* Eschyle, 7, 8, 22, 23, 30, 53, 96, 100, 101.
Esculape, 103.
Esquilinus, 128.
Esus, 88, 299, 310.
Esuvius Tetricus, 309, 310.
* Etienne de Byzance, xiv, 15, 22, 166, 179, 209.
* Eudème, 55.
* Eumène, rhéteur, 311.

Eumène, lieutenant d'Alexandre le Grand, 81.
* Eustathe, XI.
Euthymènès, 65.
* Eutrope, 108, 315, 316.
* Evhémère, 26, 98.
* Ezéchiel, 272.

M. Fabius Ambustus, 125.
Q. Fabius Maximus, 125, 177.
* Fabius Pictor, 28, 107-108, 109, 149, 153, 196, 207, 208.
* Favorinus, 283, 303.
* Festus (Pompeius), 253, 254.
* Festus (Rufius), 316.
Findchoem, 88, 89.
Finnachta Fledach, 174.
Fithir, 173, 174.
Flavii, 135.
* Flavius Josephus, 271-273.
* Florus, 281, 302.
M. Fonteius, 206-209, 211.
L. Fulvius Curvus, 125.
M. Fulvius Flaccus, 177.
L. Furius Camillus, 50, 51, 133.
M. Furius Camillus, 51, 119, 120, 198, 234, 239, 289.

Aulus Gabinius, 219.
Galatée, 90.
Galatès, 90.
* Galien, médecin, 295.
Gallien, empereur, 306.
Gallus, 135.
Genucii, 128.
M. Genucius, 50.
* Giles (J.-A.), XII, XIII.
* Godefroy (Fr.), 160.
Gomer, 272.
Gordien III, 305.
* Grattius Faliscus, 231, 250.
* Gronovius (Jean-Frédéric), 242.

Hadrien, 100, 285, 286, 308, 309.
Hannibal, 58, 116, 146, 289.

* Hannon, 35, 36.
* Hearne (Tho.), 242.
* Hécatée d'Abdère, 216.
* Hécatée de Milet, XIII, 12-15, 17-19, 24, 27, 63, 208, 209.
Héliades, 102, 103.
* Hellanicos de Lesbos, 23, 24, 27, 28.
Helvius Mancia, 131.
Héphaistos, 4.
Héra, 97, 104.
Héraclès, 296.
* Héraclide de Pont, 52.
* Hermolaos, XIV, 14, 15.
Hérode le Grand, 249, 273.
Hérode-Philippe, 272.
Hérodiade, 272.
* Hérodien, 305, 306.
* Hérodote, 8, 12, 17, 19, 20, 24-32, 34, 35, 52, 65, 99, 100, 101, 158, 159, 255.
* Hésiode, 11, 20, 101.
Hiéron, tyran de Syracuse, 122.
* Hiéronyme. Voyez * Jérôme.
* Hilaire de Poitiers (saint), 299.
* Himilcon, 34-46, 67, 69, 92, 286.
* Hippocrate, 159.
* Hirschfeld (Otto), 208.
* Hirtius, 203.
* Homère, *Iliade*, *Odyssée*, 4, 11, 13, 95, 96, 101, 104, 191; ἐπίγονοι, 20.
* Horace, 231, 237, 238.
Hystaspe, 158, 159.
M. Cornelius Fronto, 196.

Imchad, 224.
* Isidore de Séville, 160, 272.
Ith, 260.

Japhet, 272.
* Jérôme (saint), 272, 283, 299.
* Jérôme de Cardie, 41, 81-85, 293.
* Josèphe, 271-273.
* Jules César, 184, 187, 188, 203,

NOMS D'HOMMES.

204, 205, 211, 212, 213, 214, 215, 216, 217, 219, 221, 222, 223, 237, 246, 247, 249, 281, 282, 285, 288, 300-303, 310.
Julia Domna, 303.
Julien l'Apostat, 310, 313, 314, 315.
Julii, 135.
Julius Florus, 281.
* C. Julius Solinus, 306.
* M. Junianus Justinus, 247.
Junii, 135.
Junon Sospita, 109.
Jupiter, 210.
* Justin, 247-249.
* Juvénal, 283-284.

* Keating, 260.
Kolaïos de Samos, 40, 65.
Kroisos, 158.
Kulhwch, 294.

Léda, 88, 89.
* Libanios, 314, 315.
Licinii, 128.
L. Licinius Lucullus, 145.
* T. Livius. Voyez * Tite-Live.
Livius Drusus, 194.
Lollianus, 310.
* Loritus Glareanus (Henricus), 242.
* Lucain, 268, 284, 298.
L. Lucceius, 146.
* Lucien, polygraphe grec, 81, 295, 296.
* Lucilius, 161.
Lucius Verus, empereur, 197, 292.
Lucrèce, 172.
Luernios, 182, 183.
Lugus, 89.
Lupus, 135.
C. Lutatius Catulus, 135.

* Mabillon, xv.
* Madvig, 243.

Mael Duin, 222.
Q. Mamilius Vitulus, 135.
Mamurra, 217.
Manlia (gens), 126.
L. Manlius Capitolinus, 127.
M. Manlius Capitolinus, 126, 131, 198, 235.
L. Manlius Torquatus, 199.
T. Manlius Torquatus, 129, 130 131, 198 (p. 198, *au lieu de* Publius, *lisez* Titus), 239, 289.
Cn. Manlius Vulso, 170.
Marc Aurèle, 286, 292, 305.
* Marcellus Empiricus, 271, 318.
Q. Marcius Philippus, 115.
C. Marius, 132, 212.
Mars, 186.
* Martial, 160, 276-277.
Maxime, philosophe, 314.
* Mola, 263-265, 267.
P. Melius Capitolinus, 128.
Mercure, 294, 295, 298.
* Michelet, 124.
Milo, 222.
* Miller (Konrad), 257.
Minucii, 128.
* Minucius Felix, 298.
Moccus, 294.
* Mommsen, 306.
P. Mucius Scaevola, 111, 112.
* Müller (C. et Th.), xiii, 208.
L. Munatius Plancus, 214.

Nebukadnezar, 32.
* Némésien, 299, 307.
* Nennius, 293.
Nerva, 316.
* Nicéphore le Blemmide, xi.
* Nicolas de Damas, 231, 249, 250, 297.
Nicomaque, 55.
* Nonnos, 98.
Norbaneius Thallus, 186.
Numidii, 135.

Octavius Teucer, 282.

Ogmios, 296.
Oïbares, 158.
Olwen, 294.
* M. Olympius Nemesianus, 306, 307.
* Oppien, 299, 306.
Oppius Chares, 282.
Orgiagon, 170, 173.
* Origène, 299.
* Orose, 258, 259.
Ortiagon, 170, 172, 173.
* Ovide, 231, 251.

Cn. Papirius Carbo, 195.
* Paris (G.), 160.
* Parthenios de Nicée, XVI.
Patrice (saint), 175, 276.
Patrocle, 5.
* Paul Diacre, 253, 254.
Paul Emile, 114, 115.
* Paulin de Nole, 317.
Paura, 64.
* Pausanias, géographe, 41, 82, 85, 293-295.
* Pedanios Dioscorides, 271.
Persée, roi de Macédoine, 114, 115, 116.
Pescennius Jaccus, 282.
* Peter (Hermann), XIII.
* Petrie, X, XII, XIII.
* Peutinger, 256.
Phaeton, 40, 98, 99, 102.
* Phérécyde, 28.
* Philon le Juif, 267.
* Philostrate, 303.
* Phylarque, 105-107.
Phylochoros, 182; lisez * Phylarque.
Philopémen, 113.
* Pindare, 89, 97.
* Pison, 28.
M. Plaetorius, 207.
Plancus, 268.
* Platon, 49, 52, 55.
* Pline l'Ancien ou le Naturaliste, 6, 7, 10, 35, 36, 66, 68, 72, 73, 74, 100, 142, 143, 193, 245, 255, 265, 268-270.
* Pline le Jeune, 310.
* Plutarque, 51, 52, 85, 90, 110, 120, 121, 156, 199, 223, 301, 302.
C. Poetelius Balbus, 130.
C. Poetelius Libo Visolus, 130.
* Polemius Silvius, 308.
Pollux, 88, 89.
* Polybe, 50, 51, 74, 75, 82, 108, 111-175, 177, 180, 181, 189, 201, 239, 297.
* Polyen, 292-293.
Polyphème, 90.
Pompée (le Grand), 180, 246.
T. Pompeius, 233.
* Pompeius Festus, 253, 254.
* Cn. Pompeius Trogus, 246-249.
* Pomponius Mela, 263-265, 267.
C. Pomptinius, 213.
Pontia (gens), 197.
Pontii, 135.
L. Pontius, 197.
Pontius Cominius, 197.
M. Popilius Laenas, 133.
Porcia (gens), 136.
* M. Porcius Cato. Voyez Caton l'Ancien.
Poros, 64.
* Porphyre de Tyr, 307.
* Poseidonios d'Apamée, 53, 145, 179-189, 194, 201, 204, 206, 216, 261, 271, 297.
L. Postumius, 186.
Pothin (saint), 298 n.
Probus, empereur, 315.
* Properce, 231, 235, 236.
Prusias, roi de Bithynie, 168.
* Ptolémée, géographe, 8, 68, 70, 71, 139, 142, 151, 156, 247, 286-288.
* Ptolémée I, fils de Lagos, roi d'Egypte, 79-81.
Ptolémée II Philadelphe, roi d'Egypte, 86, 91.

NOMS D'HOMMES.

Ptolémée III Evergète, roi d'Egypte, 35, 91.
Ptolémée V Epiphane, roi d'Egypte, 101, 114.
Ptolémée Keraunos, roi de Macédoine, 165.
Pyrrhus, roi d'Epire, 81, 84, 85, 105.
* Pythéas, 40, 41, 64-77, 82, 83, 90, 92, 99, 138, 142, 215.

P. Quinctius, 206.
T. Quinctius Capitolinus, 127.
T. Quinctius Pennus, 129, 130.
* Quintilien, 31, 32.
Quirinius, 128.
* Reinach (Salomon), 5, 27.
* Renan, 76.
* Rufius Festus Avienus. Voyez * Avienus.
Rufus, rhéteur allobroge, 284.
Rutilii, 135.

* Salluste, 213, 218.
* Saserna, 232.
Scipion Emilien, 75, 145, 200. Voyez Cornelius.
Scipion l'Africain, 145. Voyez Cornelius.
Scipions, 145, 146. Voyez Cornelius.
* Scylax, XI, XII, 52, 56-57, 92, 192.
Scylla, 96.
* Scymnus de Chio, XI, 59.
C. Secundius Vitalis Appa, 186.
Séjan, 262.
* Sempronius Asellio, 194-196, 245.
Tib. Sempronius Gracchus, 145.
* Sénèque, 267, 268.
Septime Sévère, 303, 306, 309.
Sergii, 128.
Sertorius, 246.
Q. Servilius Caepio, 249, 292.
P. Sestius Capitolinus, 128.

C. Sextius Calvinus, 177.
L. Siccius Dentatus, 128.
* Sidoine Apollinaire, 294, 295.
* Sigonius (Carolus), 241.
Sinatos, 293.
Sinorix, 293.
Sirènes, 96.
Smertullos, 88.
* Solin, 306.
* Soltau (Wilhelm), 246.
* Sopatros de Paphos, 297.
* Sophocle, 7.
* Sotion d'Alexandrie, 184-188.
Spartacus, 212.
* Spartien, 7.
* Strabon, XI, 6, 8, 12, 31, 32, 35, 57, 58, 59, 66, 67, 68, 70, 71, 72, 73, 80, 82, 92, 93, 138, 142, 144, 155, 156, 160, 184, 188, 195, 209, 249 n., 255, 260, 261.
* Suétone, 203, 282, 283.
Sulla. Voyez Sylla.
Sulpicii, 128.
Sylla, 197, 219.

* Tacite, 10, 221, 258.
Targitaos, 159.
Sp. Tarpeius Montanus Capitolinus, 128.
Tarquin l'Ancien, 150, 248.
Tarquin (Sextus), 172.
* M. Terentius Varro. Voyez Varron.
Tertullien, 297-299.
Tethra, 221.
Teutatès, 299.
Thalès de Milet, 13.
* Théocrite, 90.
Théodose Ier le Grand, 310, 315, 318.
* Théopompe, 28, 48, 49, 52, 60-61, 93, 269, 297.
* Thierry (Amédée), 301.
Tibère, 187, 253, 261, 262, 264, 311.

NOMS D'HOMMES.

* Tibulle, 234.
* Tillemont, xv.
* Timagène, 188, 219-231, 245, 246, 247, 248, 316.
* Timée, 87-91, 116, 149.
Titans, 86.
* Tite-Live, 50, 87, 107, 108, 109, 110, 120, 121, 124-136, 150, 153, 157, 158, 162, 170, 172, 185, 197, 198, 199, 207, 223, 231, 240-246, 281.
Q. Titurius Sabinus, 247.
Titus, empereur, 268.
Torquatus, 129. Voyez Manlius.
Trajan, empereur, 36, 100, 281, 310.
Trebatius, 216.
* Trogue Pompée, 231, 246-249.
Tuathal Techtmar, roi suprême d'Irlande, 173, 174.
* M. Tullius Cicero. Voyez Cicéron.
Q. Tullius Cicero, 216.
Tyndare, 88.

* Ulpien, 305.
Ulysse, 96, 97, 191.

Valens, 315, 316.
* Valère Maxime, 262, 263.
Valeria (gens), 134.
Valérien, 306.
Valerii, 136.
* Valerius Antias, 196, 200.
Valerius Cato, 282.

* C. Valerius Catullus, 215-217.
M. Valerius Corvus ou Corvinus, 132, 199, 239, 289.
M. Valerius Messala Corvinus 199, 234.
* Varron, 31-33, 231.
Vedii, 135.
Velleius Paterculus, 261, 262.
Vercingétorix, 210, 224, 301, 303, 310.
* P. Vergilius Maro. Voyez
* Virgile.
Verginii, 128.
Verres, 135, 136, 207.
* Verrius Flaccus, 253, 254.
* M. Vipsanius Agrippa, 255-260.
Virdomaros, 235, 236.
* Virgile, 231, 235.
Virii, 135.
* Vitruve, 231, 236, 237.
Vitulus, 135.
P. Volumnius Amentinus Gallus, 135.
Weissenborn, 244.

* Xénophon, célèbre historien grec, 47-49, 117.
* Xénophon de Lampsaque, 73, 74.
Xerxès, 159, 166.
* Xiphilin, 300.

Zeus, 82, 88, 89, 103, 159.
* Zonaras, 300.

NOMS DE CHOSES

acier, 7, 8.
Acta triumphorum, 125, 130, 133.
adultère, 239, 314.
aèdes, 96.
airain, 5, 17.
alla, 285.
ambre, 39, 40, 65, 66, 72, 74, 99, 102, 103.
amende, 59.
amphore, 209, 210.
âne, 56.
animaux marins, 41, 42, 83.
animaux (noms d') servant de surnoms à Rome, 135; de noms d'homme en France et en Allemagne, 136.
annales des pontifes romains, 109-113.
Annales maximi, 109-113.
architecture des Galates, 106.
architecture gauloise, 236.
argent, 174, 216, 249.
Argo (navire), 96, 97, 103, 104.
Argonautes, 90, 95-105.
aristocratie grecque, 113, 115.
armes empoisonnées, 261, 292.
armes gauloises. Voyez bouclier, épée, javelot, lance.
astronomie, 65.
avocat, 28, 284.

bardes, 181, 183, 276.
belliqueuses (nations), 49, 55.

bibliothèque d'Alexandrie, 86, 101, 105.
bière, 183, 271, 318.
blé, 71, 214.
bœufs, 109, 233.
bouclier, 4, 83, 84, 86, 126, 235.
bráca, 160-162.
bragou braz, 162.
bravoure des Celtes, 55, 59, 238, 267, 304, 305.
breeches, 162.
briques cuites, 232.
broga, 285.
bronze, 7, 65.
bulga, 254.

cartes géographiques, 13, 14, 17, 18, 19, 254-260.
ceinture, 59.
ceinturon gaulois, 86.
chaînes d'argent, 174.
chants gaulois, 157, 305.
chars gaulois, 157, 168, 183, 216, 233, 235, 254; armés de faux, 296.
chasse gauloise, 233, 250, 251, 261, 291, 292, 293, 294.
chaudrons, 106, 174.
chevaux gaulois, 238.
chevelure gauloise, 235, 298.
chiens bretons, 299, 307.
chiens gaulois, 250, 251, 291.
circumnavigation, 34, 35, 65.

cochons, 106, 174, 232, 233, 293, 294, 295.
collier. Voyez *torques*.
colonnes du ciel, 26.
combat singulier, 129, 130, 146, 184.
Commentarii pontificum, 110.
commerce, 8, 38, 39, 42, 65, 72, 210, 211.
copper, 7.
corbeaux, 109.
corma, 183, 271.
cotte de mailles, 233.
coule, *cucullus*, 276.
crane servant de coupe, 186.
creta, 232.
croix (supplice de la), 122.
cuirasse, 4, 5.
cuirm, 271.
cuivre, 6, 7, 106, 303.
culotte gauloise, 160-162, 236, 310.
culture des champs, 214, 232.
culus, 162.
cuprum, 6, 7.
curmi, 271, 318.
cyprium aes, 7.

débordement de la mer, 55, 59.
démocratie grecque, 113, 114.
deurus, 161.
dictionnaire géographique, 14-15.
dies Alliae ou *alliensis*, 112.
dieu celte de la guerre, 84, 86.
droit canonique irlandais, 175.
droit gaulois, 250.
droite (tour à), 183, 184.
Druides, 185-188, 215, 220, 221, 227, 263-265, 268, 270, 304, 309.
dryades, 309.
duels, 129, 130, 146, 184.

échanson, 183.
éclipse de lune, 111.

écoles d'Autun, 264, 311; de Bordeaux, 317, 318.
écueils, 41, 42, 83.
églantier, 63.
electron. Voyez ambre.
ellébore, 292.
éloquence gauloise, 190, 283, 284, 311.
émail sur cuivre, 303.
enseignes gauloises, 293.
épée espagnole, 131.
épée gauloise, 86, 131, 162.
épidémies, 111, 232.
épopée gauloise, 223-230.
épopées grecques et irlandaises, 95-97, 171-174, 220, 221.
érudition romaine, 31.
essedarii, 216.
essedum, 157, 216.
étain, 4-8, 38, 65, 66, 75, 99, 286.
évhémérisme, 26, 40, 98, 221, 222.

fastes romains, 112.
femme celtique, 54, 170-175, 227, 292.
festin, ruse de guerre, 60.
festins gaulois, 106, 182, 183, 184.
figuier, 314.
fougère, 318.
fumure, 232.
fundus, 317, 318.
funérailles romaines, 223, 224.

gaesum, *gaison*, 107, 139, 158, 235, 236.
gauloise (langue), 296, 305.
grammairiens, 282, 283, 303.
grand pontife, 109-111.
granges, 71.
guerres puniques, 24, 107, 115, 116, 121, 122, 131, 289.
gui, 270.
gutuatros, 186, 187.
gymnosophistes, 185.

Histoire auguste, 308-310.

NOMS DE CHOSES.

historiens, 28, 29.
hydrographie, 64.
hydromel, 71.

imagines, 123, 124.
immortalité de l'âme, 262, 263, 268.
incinération, 3.
inhumation, 3, 4.
Itinéraires, 313.
ivrognerie, 49.

jambons, 232.
javelot, 107, 139, 235, 236, 291.
journées de dix-sept heures, 10.
juments laitières, 11.

κασσίτερος, 4, 5, 27.
κόρμα, 183, 271.
Kupfer, 7.

lac sacré, 249.
lances gauloises, 157, 158, 201.
langue celtique, 296, 305, 309.
langue latine en Gaule, 276, 277.
langue tirée, 133.
laudationes funebres, 110, 222-236.
légendes romaines, 51, 109, 110, 119, 120, 121, 122-136.
lévrier gaulois, 250.
lièvres, 233, 291.
liste de Vérone, 307.
logographes, 12, 28.
lucidae noctes, 10.

mages, 185.
magie, 187.
maisons gauloises, 236.
manteau gaulois, 158, 235, 310.
   Voyez *sagulum, sagum*.
marchands romains, 210.
marché celtique, 209.
marée, 41, 42, 83.
mariage celtique, 170-175, 292, 293, 314.

materis, 201.
médecine, 261, 264, 265, 270, 271, 295, 318.
mercenaires celtos, 47-49, 60, 84, 86, 121, 122, 139.
meurtre, 250.
miel, 72.
mine des Gaulois à Rome, 215.
miroirs de bronze, 7.
monogamie en Galatie et en Irlande, 170-175.
monstres marins, 42. Cf. animaux.
morceau du guerrier, 184.
moutons, 106.
murs romains en Grande-Bretagne, 308, 309.
mythologie celtique, 88, 89, 220, 221, 222, 262, 263.
mythologie grecque, 26, 27, 40, 84, 85, 88, 89, 90, 91, 96, 97, 98, 99, 103, 104.

neiges éternelles, 21-24.
nids de corbeaux, 109.
Nomina provinciarum, 307, 308.
noms d'animaux servant de surnoms à Rome, 135.
noms propres de personnes français provenant de noms d'animaux, 136.
nouveaux-nés, 55.
nox clara, 10.

oies sacrées, 126.
olivier, 214, 232.
or, 183, 186, 216, 235, 249, 292.
or (mines d'), 143.
orc treith, 294.

pain, 106, 183.
panacée, 270.
Panégyriques, 310, 311.
parc de chasse, 233.
pédérastie, 54.
περιήγησις, 13, 36.

περίοδος, 13, 82.
périple, 34, 35, 42.
petorritum, 233, 254.
petrina, 291.
peupliers, 102.
philosophie celtique, 185, 283. Voyez Druides.
philhellènes, 59.
philosophie grecque, 13, 49, 50-56, 283.
pillage, 249, 282.
πίναξ, 13.
plèbe gauloise, 221.
plomb, 38.
poètes gaulois, 181.
pontifes romains, leurs annales, 109-113.
pontifex maximus, 109.
portoria, 209.
praefectus fabrum, 217.
prédictions, 265, 309.
prêtres gaulois, 186-187. Voyez druides, gutuatros.
prêts d'argent, 262, 263.
prisonniers de guerre tués, 168, 297. Voyez victimes humaines.
procès publics et privés, 188.
prodiges romains, 109, 111.
purgatif, 60.

ratis, 318.
reflux, 42.
religion des Gaulois, 186, 187, 239, 249, 268, 282, 292, 299, 314. Voyez Druides, gutuatros, sacrifices humains.
repas gaulois, 106, 183.
rois gaulois, 106, 279.
ruses de guerre, 60, 275.

sacrifices humains, 188, 214, 239, 264, 297, 298, 299, 306.
sagulum, 235.
sagum, 158.

salle de festin, 182.
sanglier, 293, 294, 295.
segusios, 291.
sel, 232.
selago, 270.
semnothées, 185.
soldurii, 249.
sophistes gaulois, 296, 303.
stratagèmes, 60, 275.
suffixe -asco, -asca, -asche, 193.
Surnoms romains tirés de noms d'animaux, 135.

tables rondes, 183.
taureaux, 95, 106, 270.
temples gaulois, 186, 187.
têtes coupées, 157, 181.
toitures gauloises, 236.
torques, 129, 198, 235, 236.
tour à droite, 183, 184, 301, 302.
trebus, 160, 161.
tremblements de terre, 55.
triade, 304.
tribuces, tribuci, 160.
trirèmes, 47.
triubhas, trius, 160, 161.
troupeaux, 232.
trubuci, 160.
iubraci, 161.
tubruci, 160.
tunique gauloise, 235, 310.
twrch trwyth, 294.

vaches en Irlande, 174.
vent du nord, 24-26.
vertragos, 250, 291.
viande, 183.
victimes humaines, 188, 214, 239, 264, 297, 298, 299, 306.
vierges de Milet, 84.
vigne, 214, 231, 314, 315.
villa, 317, 318.
vin, 49, 106, 183, 209.
voyage autour du monde, 13, 36.

TABLE DES MATIÈRES

INTRODUCTION, p. IX.
§ 1. Préambule, p. 1.
§ 2. *Iliade*, p. 4.
§ 3. *Odyssée*, p. 9.
§ 4. Hésiode, p. 11.
§ 5. Hécatée de Milet, p. 12.
§ 6. Hécatée de Milet, suite, p. 17.
§ 7. Aristée de Proconnèse, p. 19.
§ 8. Damastès de Sigée, p. 21.
§ 9. Eschyle, p. 22.
§ 10. Hellanicos de Lesbos, p. 23.
§ 11. Hérodote, p. 24.
§ 12. Préambule au § 13, p. 31.
§ 13. Himilcon, p. 34.
§ 14. Xénophon, p. 47.
§ 15. Platon, p. 49.
§ 16. Aristote, p. 50.
§ 17. Périple dit de Scylax, p. 56.
§ 18. Ephore, p. 57.
§ 19. Théopompe, p. 60.
§ 20. Pythéas, p. 63.
§ 21. Ptolémée, fils de Lagos, p. 79.
§ 22. Jérôme de Cardie, p. 81.
§ 23. Callimaque, p. 85.
§ 24. Timée, p. 87.
§ 25. Eratosthène, p. 91.
§ 26. Apollonios de Rhodes, p. 95.
§ 27. Phylarque, p. 105.
§ 28. Fabius Pictor, p. 107.
§ 29. *Annales maximi*, p. 109.
§ 30. Polybe, p. 113.
§ 31. Polybe et les *Laudationes Funebres*, p. 123.
§ 32. Polybe. Iles Britanniques, p. 137.
§ 33. Polybe. Gaule Transalpine, p. 138.
§ 34. Polybe. Est du Rhin, p. 142.
§ 35. Polybe. Péninsule Ibérique, p. 144.
§ 36. Polybe. Italie, géographie, p. 149.
§ 37. Polybe. Italie, histoire, p. 156.
§ 38. Polybe. Péninsule des Balkans, p. 165.
§ 39. Polybe. Asie Mineure, p. 167.
§ 40. Apollodore, p. 177.
§ 41. Poseidonios, p. 179.
§ 42. Sotion et Poseidonios, p. 184.
§ 43. Caton l'Ancien, p. 189.
§ 44. Sempronius Asellio, p. 194.
§ 45. Claudius Quadrigarius, p. 196.
§ 46. Valerius Antias, p. 200.
§ 47. Cornelius Sisenna, p. 201.
§ 48. Jules César, p. 203.
§ 49. Diodore de Sicile, p. 204.
§ 50. Cicéron, p. 206.
§ 51. Catulle, p. 215.
§ 52. Salluste, p. 217.

§ 53. Timagène, p. 219.
§ 54. Varron, p. 231.
§ 55. Cornelius Nepos, p. 233.
§ 56. Tibulle, p. 234.
§ 57. Virgile, p. 235.
§ 58. Properce, p. 235.
§ 59. Vitruve, p. 236.
§ 60. Horace, p. 237.
§ 61. Denys d'Halicarnasse, p. 238.
§ 62. Tite-Live, p. 240.
§ 63. Trogue Pompée, p. 246.
§ 64. Nicolas de Damas, p. 249.
§ 65. Grattius Faliscus, p. 250.
§ 66. Ovide, p. 251.
§ 67. Verrius Flaccus, p. 253.
§ 68. Agrippa, p. 254.
§ 69. Strabon, p. 260.
§ 70. Cornelius Celsus, p. 261.
§ 71. Velleius Paterculus, p. 261.
§ 72. Valère Maxime, p. 262.
§ 73. Mela, p. 263.
§ 74. Philon le Juif, p. 267.
§ 75. Sénèque, p. 267.
§ 76. Lucain, p. 268.
§ 77. Pline l'ancien, 268.
§ 78. Dioscoride, p. 271.
§ 79. Josèphe, p. 271.
§ 80. Silius Italicus, p. 273.
§ 81. Frontin, p. 275.
§ 82. Martial, p. 276.
§ 83. Tacite, p. 277.
§ 84. Plutarque, p. 278.
§ 85. Dion Chrysostome, p. 278.
§ 86. Florus, p. 281.
§ 87. Suétone, p. 282.
§ 88. Favorinus, p. 283.
§ 89. Juvénal, p. 283.
§ 90. Denys le Périégète, p. 285.
§ 91. Ptolémée, géographe, p. 286.

§ 92. Appien, p. 288.
§ 93. Arrien, p. 290.
§ 94. Aulu-Gelle, p. 291.
§ 95. Polyen, p. 292.
§ 96. Pausanias, p. 293.
§ 97. Galien, p. 295.
§ 98. Lucien, p. 295.
§ 99. Athénée, p. 297.
§ 100. Tertullien, p. 297.
§ 101. Oppien, p. 299.
§ 102. Dion Cassius, p. 300.
§ 103. Philostrate, p. 303.
§ 104. Diogène Laerce, p. 304.
§ 105. Elien, p. 304.
§ 106. Ulpien, p. 305.
§ 107. Hérodien, p. 305.
§ 108. Solin, p. 306.
§ 109. Némésien, p. 306.
§ 110. Porphyre, p. 307.
§ 111. *Nomina provinciarum*, p. 307.
§ 112. Histoire auguste, p. 308.
§ 113. Panégyriques, p. 310.
§ 114. Itinéraire d'Antonin, p. 313.
§ 115. Julien l'Apostat, p. 313.
§ 116. Libanios, p. 314.
§ 117. Aurelius Victor, p. 315.
§ 118. Eutrope, p. 315.
§ 119. [Rufius] Festus, p. 316.
§ 120. Ammien Marcellin, p. 316.
§ 121. Ausone, p. 317.
§ 122. Marcellus Empiricus, p. 318.

INDEX, p. 319.
NOMS GÉOGRAPHIQUES, p. 321.
NOMS D'HOMMES, p. 331.
NOMS DE CHOSES, p. 339.

ERRATA

P. 182, l. 11, *au lieu de* Philochoros, *lisez* Phylarque.
P. 198, l. 12, *au lieu de* Publius, *lisez* Titus.

TOULOUSE. — IMP. A. CHAUVIN ET FILS, RUE DES SALENQUES, 28.

www.ingramcontent.com/pod-product-compliance
Lightning Source LLC
Chambersburg PA
CBHW070905170426
43202CB00012B/2208